Friedrich Zimmer

Johann Gottlieb Fichtes Religionsphilosophie

Verlag
der
Wissenschaften

Friedrich Zimmer

Johann Gottlieb Fichtes Religionsphilosophie

ISBN/EAN: 9783957002303

Auflage: 1

Erscheinungsjahr: 2014

Erscheinungsort: Norderstedt, Deutschland

Hergestellt in Europa, USA, Kanada, Australien, Japan
Verlag der Wissenschaften in Hansebooks GmbH, Norderstedt

Verlag
der
Wissenschaften

Vorwort.

Zur Herausgabe der vorliegenden Darstellung der Religionsphilosophie J. G. Fichte's — einer Erweiterung und Umarbeitung seiner Halle'schen Inauguraldissertation — bestimmte den Verfasser zumeist die Hoffnung, dass sie in mehrfacher Hinsicht ein Wort zur rechten Zeit sein möchte.

Zunächst rein theoretisch, indem sie vielleicht zur Klarstellung des Wesens des Fichte'schen Systems überhaupt einiges beizutragen geeignet ist. Denn die Religionsphilosophie hat innerhalb der Wissenschaftslehre eine so hervorragende Bedeutung, dass man das religiöse Prinzip die immanente und eigentlich treibende Kraft des Fichte'schen Denkens wie seiner Denkart nennen könnte. Zeitgemäss aber erscheinen Studien über die Wissenschaftslehre, nicht als ob Fichte zu den gegenwärtig viel genannten und gekannten philosophischen Schriftstellern gehöre, aber weil zu erwarten steht, dass nicht lange mehr der tiefsinnige und gedankenkühne, urdeutsche Denker, der „Mann aus einem Gusse“ — mag er auch zwischen den mannigfachen wissenschaftlichen, politischen und kirchlichen Parteien unserer Tage oft als ein Januskopf erscheinen

— für die Vorüberziehenden ein fremd gewordenes Bild sein wird. *)

Aber auch der spezielle Gegenstand der vorliegenden Arbeit wird heutzutage in weiteren Kreisen einem mehr als vorübergehenden Interesse begegnen. Offenbaren doch die brennenden Tagesfragen der Gegenwart mehr wie gewöhnlich einen religiösen Charakter, sofern überall hervortritt, dass es ein religiöses Prinzip ist, auf dem sie ruhen und von dem aus sie ihre Lösung erwarten.

Wie weit nun freilich die Fichte'sche Religionsphilosophie die Jetztzeit anzusprechen vermöge, wird abzuwarten sein. Jedenfalls wollen die vorliegenden Blätter nur diese nach den Grundzügen ihrer Entwickelung in ungetrübter Objektivität darbieten und verzichten deshalb auf jede, die rechte Objektivität so leicht schädigende, Einmischung subjektiver Kritik und damit zusammenhängend auf die Hervorhebung übrigens naheliegender Parallelen und aller der Anknüpfungspunkte, die Fichte zu den verschiedensten Richtungen der deutschen Religionsphilosophie — man denke an Lessing, Kant, Jakobi, an Schelling, Schleiermacher und Hegel, an Feuerbach und Schopenhauer — in seltener Fülle gewährt.

---

*) Wie Loewe (Dr. J. H., Die Philosophie Fichte's nach dem Gesammtergebnisse ihrer Entwickelung und in ihrem Verhältnisse zu Kant und Spinoza. Stuttgart 1862, S. 267) das Verhältniss der Gegenwart zu Fichte charakterisirt. — Uebrigens ist es recht anzuerkennen, dass die Redaktion der „Universalbibliothek" von Ph. Reclam jun. in Leipzig durch ihre billigen Einzelausgaben zunächst der populären Werke Fichte's für dessen allgemeineres Bekanntwerden Sorge trägt.

Aber schon eine ungeschminkte, so weit möglich klare und wahre Darlegung der blossen Anschauungen Fichte's wird, wenn dieselben auch nirgends absichtlich in Beziehung zu den Fragen der Gegenwart gesetzt sind, mit derselben doch oft genug zusammentreffen, sofern Fichte Recht hatte zu glauben, dass die Prinzipien für die öffentliche Religion eines Zeitalters der Zustand der Wissenschaft und insbesondere der der Philosophie in dem nächstvorhergehenden Zeitalter seien [7,227]. *)

Man mag über die Fichte'sche Religionsphilosophie und ihre Bedeutung sehr verschiedener Meinung sein, zweierlei wird man aber rückhaltslos anerkennen müssen: sie hat in eindringlichster Weise auf den engen Zusammenhang von Religion und Sittlichkeit hingewiesen — wodurch sie sich z. B. fundamental von der Schleiermacher'schen Gefühlstheorie unterscheidet und für diese die nöthige Ergänzung bietet — und andererseits ist niemals so sehr die Religion als eine Macht im Völker- wie im Einzelleben erkannt worden, wie gerade durch Fichte, dem das wirkliche Sein und Dasein eines Menschen davon abhing, ob er zu einem religiösen Leben gekommen sei, und der den Zustand eines Zeitalters nach seiner Religiosität bestimmte.

In diesem Sinne schliesst der Verfasser mit einem Worte Fichte's [7,245] als dem Ausdrucke auch seines Bestrebens

---

*) Verweisungen ohne Buchtitel beziehen sich auf J. G. Fichte's sämmtliche Werke, herausgegeben von J. H. Fichte, Berlin 1848, 8 Bde., wozu als Bd. 9—11 J. G. Fichte's nachgelassene Werke, herausgegeben von demselben, Bonn 1834; wenn zugleich ohne Bandangabe betreffen sie den 5. Band.

und Wunsches: „Das, was durch diese Untersuchungen Prinzip geworden sein könnte, wäre die herrschende Tendenz und Gewohnheit, alle Erscheinungen ohne Ausnahme aus dem religiösen Standpunkte anzusehen!“

Köln, im Februar 1878.

Inhalt.

Einleitung

Vorliegende Blätter wollen versuchen, die Religionsphilosophie des älteren Fichte nach den Grundzügen ihrer
Entwicklung darzustellen.

Es kann kein Zweifel sein, dass in dem ganzen Verlaufe
des Fichte'schen Denkens, in seinem Ausgangspunkte, seiner
Entwicklung und seinen Ergebnissen die Religionsphilosophie
eine ganz hervorragende Bedeutung gehabt hat. Waren doch,
charakteristisch genug, selbst für die äusseren Lebensschick-
sale des Mannes gerade seine religionswissenschaftlichen Arbeiten von entscheidender Wichtigkeit. [1]

Der folgenden Darstellung selbst muss es überlassen
bleiben, das Verhältniss der Wissenschaftslehre in ihrer Grundlegung und Ausbildung zur Religionsphilosophie klar zu stel-

---

[1] Die nachher zu behandelnde erste philosophische Schrift, die
uns überhaupt von Fichte erhalten ist — zur Religionsphilosophie
gehörig, da sie das Verhältniss des Philosophen zur Religion behandelt — ist vielleicht jene theologische Abhandlung gewesen, auf die
hin der Präsident von Sachsen Fichte „für die Kanzel fürchtete, aber
durch gute Aussichten für das Katheder zu bestimmen suchte." (Vgl.
edoch Note 5, S. 11 f.) Durch ein religionsphilosophisches Werk
ferner — den „Versuch einer Kritik aller Offenbarung" 1792 — wurde
sein schriftstellerischer Ruhm gegründet. Und eine religionswissen-
schaftliche Abhandlung endlich — sein Aufsatz „Ueber den Grund
unseres Glaubens an eine göttliche Weltregierung" 1798 — wurde
die Veranlassung zum Verluste seiner Jenaer Professur.

len. Nur so viel mag hier schon erwähnt sein, dass jede weitere Entwickelungsstufe des ganzen Fichteschen Systems am klarsten und unmittelbarsten in der allmählichen Vertiefung seiner religionswissenschaftlichen Anschauungen zu Tage tritt.

Daraus aber ergibt sich als das erste Erforderniss einer Darstellung der Fichte'schen Religionsphilosophie eine sorgfältige Sonderung ihrer verschiedenen Entwicklungsstufen.

Da Fichte selbst seine Religionsphilosophie nie in einem vollständigen abgerundeten System dargestellt, sondern nur in einzelnen kleineren Schriften gewisse Hauptfragen und Begriffe aus derselben erörtert hat, so war es möglich, entweder dem gegebenen Stoffe folgend nach geschichtlicher Reihenfolge die in den einzelnen Schriften ausgesprochenen Ansichten wiederzugeben; oder im Interesse systematischer Anordnung die bei Fichte zerstreuten Gedanken einheitlich zusammen zu fassen. Im ersteren Falle war aber Gefahr, dass bei chronologischer Genauigkeit im Einzelnen der Zusammenhang des Ganzen dunkel blieb, im letzteren, dass die Einzelheiten dem zu Grunde gelegten System sich nicht fügen wollten, und mehr noch, dass die allmähliche Entwicklung und Umbildung des Systems nicht zur klaren Darstellung gelangte. Die Einseitigkeiten dieser beiden Wege dürften am ehesten vermieden werden, wenn im Ganzen die erstere, chronologische Eintheilung, in den einzelnen Perioden aber, durch Zusammenfassung des Inhalts zusammengehöriger Schriften, die zweite systematische Anordnung befolgt wird.

Bei einer chronologischen Eintheilung wird zuerst die Vorbereitungszeit von der Zeit der Ausbildung eines selbständigen Systems (hier der Wissenschaftslehre) zu unterscheiden sein. Im vorliegenden Falle wird ausserdem jede dieser beiden Perioden sich naturgemäss in zwei Unterabtheilungen gliedern, was im Einzelnen die Ausführung selbst zu rechtfertigen hat.

Die Darstellung des Wesens der Fichteschen Religionsphilosophie geschieht demnach am zweckmässigsten in folgender
Gruppirung:

I. Die Grundlegung: Fichte's Religionsphilosophie vor
Ausbildung seiner Wissenschaftslehre.

A. Der deterministische Idealismus.

B. Der subjektive ethische Idealismus.

II. Die Ausbildung: Fichte's Religionsphilosophie innerhalb seiner Wissenschaftslehre.

A. Der objektive ethische Idealismus.

B. Der absolute ethische Idealismus.

Erster Theil.
Die Grundlegung.

Fichte's Religionsphilosophie vor Ausbildung
seiner Wissenschaftslehre.

A. Der deterministische Idealismus.

Theoretische Voraussetzungen.

Jedem Ausbau eines Systems geht eine Grundlegung, der Ausbildung geht eine Vorbereitung voraus. So ist das Fichte'sche System, im tiefsten Grunde auf des Denkers ureigner Individualität ruhend, aufgebaut zumeist mit Kantischem Material. Zumeist, aber nicht ausschliesslich. Denn bevor Fichte zum Studium Kant's kam, hatte er sich bereits mit dem deterministischen Systeme Spinoza's beschäftigt. Und auch in der späteren Entwicklung hat die Wissenschaftslehre viel Berührungspunkte mit dem Spinozismus gemeinsam behalten.

In der ersten Periode seines philosophischen Denkens war Fichte durch den Spinozismus für den Determinismus gewonnen. Aber er ist demselben augenscheinlich nicht gern gefolgt und nur, weil die Konsequenz der Schlüsse dazu zu zwingen schien. Manche Stellen zeigen, wie sich sein Herz gegen die Ergebnisse seiner Spekulation sträubte. Eine eingehende Schilderung solchen Zwiespalts zwischen Verstand und Gemüth gab er rückschauend noch 1800 in seiner „Bestimmung des Menschen." Eben aber in diesem Festhalten an dem durch das Denken Gefundenen gegenüber dem anders wollenden und fühlenden Herzen müssen wir die eigene Charakterfestigkeit Fichte's bewundern. Mit Recht durfte er von sich sagen, er habe der Spekulation seit sehr früher Zeit getrost und kalt unter die Augen gesehen. „Ungeachtet es freilich kein geringes Gut für mich ist, einer Philosophie mich bemächtigt zu haben, die mein Herz in Uebereinstimmung mit meinem Kopfe setzt, so würde ich doch keinen Augenblick mich besinnen, sie aufzugeben, wenn man mir ihre Unrichtigkeit zeigte; eine völlig diese Eintracht störende Lehre dafür annehmen, wenn sie richtig wäre, und auch dann meine Pflicht zu thun glauben." [1])

So war er trotz der Einreden seines Herzens vor seiner Bekanntschaft mit dem Kritizismus dem Determinismus gefolgt wegen der unerbittlichen Konsequenz, die er in demselben herrschend fand; wie er denn auch später stets behauptet hat, dass die Schlüsse des Determinismus richtig und stricte bindend sein würden, wenn nicht das Princip, aus dem geschlossen wird, falsch wäre. [2]) „Ich überrede mich nicht", sagt er, [3]) „dass vor der Kantischen Kritik irgend Jemand, der seinen Verstand selbständig zu gebrauchen wusste, anders gedacht hat, als ich, und ich erinnere mich nicht, irgend Jemand gefunden zu haben, der gegen mein (deterministisches) System etwas Gründliches eingewendet hätte. Ehrliche Leute habe ich oft genug gefunden, die anders nicht dachten — denn das konnten sie überhaupt nicht — sondern fühlten. So täuschte es mich durch die scheinbare Konsequenz, und so täuscht es vielleicht noch tausend."

Zu bedauern ist, dass der Andeutungen über diese erste deterministische Stufe des Fichte'schen Denkens nur wenige sind. Was sich noch findet, ist in kurzem folgendes.

Ausgegangen wird von der Annahme Gottes als eines ewigen, also unveränderlichen und keiner Leidenschaft fähigen [vgl. S. 3, N. 4] Wesens, dessen Existenz und dessen Art zu existiren nothwendig ist. Was unter der Nothwendigkeit eines

---

[1]) Brief an Reinhold, 1795. Siehe J. H. Fichte, J. G. Fichte's Leben und literarischer Briefwechsel. 2. Aufl. 1862. 2 Bde. Bd. 2. S. 212.

[2]) Leben u. Briefwechsel 1, 82. Vergl. sämmtliche Werke 1, 120; 5, 22 u. s.

[3]) Wann? Brief an Weisshuhn, Leben und Briefwechsel 1, 110 f.

ewigen Wesens zu denken sei, wird nicht weiter ausgeführt;
doch scheint selbstverständlich, dass von einer äusseren Nö-
thigung durch irgend ein anderes, demgemäss höheres Wesen
(oder Kraft) nicht die Rede sein kann. Denn dieses ewige
Wesen ist das schlechthin ursprüngliche, das absolut erste,
von dem erst die Welt ihr Dasein empfängt. Die Nothwendigkeit Gottes wird daher, entsprechend den Ausführungen
Spinoza's, als eine innere Wesensnothwendigkeit anzusehen
sein, in der Nothwendigkeit und Freiheit (nur nicht Willkür)
eins sind. — Eine Abweichung von dem Spinozismus tritt aber
sofort hervor in der anderen Auffassung des Verhältnisses
Gottes zur Welt. Nach Spinoza, ist Gott die Substanz, und
die Welt die Modi. Demgemäss tritt bei Spinoza die Welt
zufolge innerer Wesensnothwendigkeit nicht sowohl aus der
unendlichen Substanz heraus, sondern ist derselben immanent.
Fichte dagegen nimmt eine Art Schöpfung an. Denn er
meint, nach und durch den ewigen und nothwendigen Gedanken des ewigen Wesens entstand die Welt. — Diese ist
somit das Gedankensystem der Gottheit. Innerhalb der Entwicklung derselben herrscht, nicht minder wie in ihrem Ursprunge, strenge Nothwendigkeit. — Die erste Ursache jeder
Veränderung ist der Urgedanke der Gottheit. Die durch diesen
hervorgebrachte Veränderung wirkt nothwendig wieder als
Ursache eine neue Veränderung, die in derselben Weise weiter
wirkt, und so fort.

Auch hier scheint Fichte von Spinoza sich zu unterscheiden, indem seine Aeusserungen eine causa transiens, eine wirkliche Kausalwirkung, nicht blos die Spinozische causa seu
ratio, die lediglich logische Begriffsverknüpfung voraussetzen
lassen. Da die ganze Welt nothwendig existirt und nothwendig so existirt, wie sie existirt, so steht auch jedes den-
kende und empfindende Wesen unter dieser Nothwendigkeit,
d. h. der Mensch ist in allem Thun und Leiden, in allem
Wollen, Fühlen und Denken nothwendig bestimmt. Weil er

keine Freiheit hat, hat er naturgemäss auch keine Möglichkeit, seine Freiheit zu missbrauchen, d. h. es gibt keine Sünde.
Denn auch was wir Sünde nennen, ist schliesslich aus dem
Urgedanken der Gottheit entsprungen. — Das Sündenbewusstsein ist nichts als Empfindung der (doch nothwendigen)
grösseren oder kleineren Einschränkung der endlichen Wesen.

Dies die Grundzüge jenes frühesten Fichteschen Systems,
das sich vom Spinozismus bereits in den beiden Hauptpunkten
unterscheidet, auf welche später Fichte's Kritik desselben zu-
rückzugehen pflegte. Einerseits ist die Welt bei ihm der
Substanz nicht immanent, sondern tritt aus derselben heraus;
andrerseits, was damit zusammenhängt, die Substanz ist nicht
ein starres und todtes Sein, sondern die Urkraft, das unendliche Leben, durch dessen Denken alles Andere wird.

So zeigt sich, dass dieser Gegensatz zu Spinoza, den
Fichte stets festgehalten und mehrfach bestimmt ausgesprochen
hat,[*]) schon in seinem frühesten Denken besteht. Und dadurch erhalten die wenigen Blätter, denen diese Grundzüge
des Fichteschen Determinismus entnommen wurden und zu
deren näherer Besprechung wir jetzt übergehen, ein besonderes Interesse. Es sind dies die

Aphorismen über Religion und Deismus.

abgedruckt in den sämmtlichen Werken, B. 5, S. 3—8 und
„Leben und literarischer Briefwechsel", B. 2, S. 15—19. Sie
stammen aus dem Jahre 1790 und verrathen bereits die Bekanntschaft mit Kant, der „der grösste Denker des 18. Jahrhunderts" genannt wird [N. 13]. Was wir von diesem erfahren, ist, dass er bei „Untersuchung des objektiven Wesens
Gottes" die Grenze für die Spekulation zieht, ferner, dass er

---

[*]) Vgl. Löwe, die Philosophie Fichte's nach dem Gesammtergebnisse ihrer Entwickelung, Stuttgart 1862, S. 247 ff.

in seinen „Antinomien etc." als Vertheidiger der Freiheit (und zwar als „scharfsinnigster, der je war") auftritt. Aber der Begriff der Freiheit überhaupt folge in seinem System nicht aus dem Grundprinzipe des Ganzen, sondern sei ein neues Prinzip, das ihm irgend wo anders her gegeben sei und zwar von der „Empfindung, ohne Zweifel." [N. 15*.] Daraus erhellt, dass Fichte bei Abfassung der Aphorismen nur mit der „Kritik der reinen Vernunft" bekannt war, noch nicht mit der der praktischen, wo die Freiheit, weit entfernt sich durch die Empfindung anzukündigen, als eine apriorische That-sache der praktischen Vernunft dargestellt wird.[5])

So erscheinen die Aphorismen als eine letzte Musterung der bisherigen deterministischen Anschauungen in Bezug auf den Punkt, auf den Fichte durch sein Studium und seine

---

[5]) Hieraus lässt sich die Abfassungszeit der Aphorismen ziemlich genau berechnen. Wir finden nämlich die erste Andeutung Fichte's über sein Studium Kant's in einem Briefe an seine Braut vom 12 ten August 1790, wo er schreibt (Leb. u. Briefw. 1, 80): „Deinen Papa grüsse herzlich und sage ihm, dass ich mich jetzt über Hals und Kopf in die Kant'sche Philosophie würfe und sichtbar spürte, dass Kopf und Herz dabei gewännen; ich gebe jetzt einem Studenten Unterricht in dieser Philosophie." Selbstverständlich bedeutet das „über Hals und Kopf" nicht so viel, als ob Fichte eben damals erst in aller Eile angefangen habe, sich mit Kant zu beschäftigen. Denn noch nicht einen Monat später (5. September) hat er schon „seit einiger Zeit" seinen deter-ministischen Standpunkt gegen den Kantischen Moralismus aufge-geben, was bei einem Denker wie Fichte nicht das Werk weniger Tage gewesen sein kann. Auch würde er die „kopfbrechenden Spe-kulationen" der Kritik der reinen Vernunft, die er „über alle Vor-stellung schwer" findet (Leben u. Briefw. 1, 82), nicht in der Gründ-lichkeit haben überwinden können, dass sie sein vieldurchdachtes System zu vernichten im Stande gewesen wären. — Hinzu kommt, dass die behauptete günstige Einwirkung nicht nur auf den Verstand, sondern auch auf das Gemüth, auf das Studium der Kritik der prak-tischen Vernunft hinweist, die, wie bekannt, überhaupt diese Revo-lution in Fichte hervorgerufen hat. Daraus folgt, dass die Aphoris-men, die die Kritik der praktischen Vernunft noch nicht voraussetzen,

Eigenart besonders gewiesen war, die Religion, gegenüber der
ihm nun entgegentretenden Kantischen Philosophie. Auch
dadurch bietet diese kleine Arbeit ein besonderes Interesse dar.

Die Aphorismen gehören nicht ganz zur Religionsphilosophie. Sie handeln nur im Vorübergehen von dem Wesen
der Religion und sehen von ihrem Ursprunge ganz ab. Aber
der losere Zusammenhang unter den einzelnen Aphorismen,
der mit dazu beigetragen haben mag, dass ihnen bisher nicht
rechte Aufmerksamkeit geschenkt worden ist, giebt mir doch
Veranlassung, den Inhalt des ganzen Schriftchens hier wiederzugeben, um so mehr, da gegen meine Auffassung desselben
im Einzelnen vielleicht Widerspruch sich erheben könnte.

Das Problem, das die Aphorismen behandeln, scheint mir
die Frage: „Wie lassen sich Religion nnd Deismus mit einander vereinigen?“ Die Fragestellung setzt voraus, dass
beide sich widersprechen k ö n n e n. Diese Möglichkeit liegt
aber — nach Fichte — im Begriffe der Religion. Die Religion wird nämlich angesehen als ein Inbegriff mehrerer als
anerkannt vorausgesetzter Sätze [N. 1], die in der Empfindung der nicht spekulirenden Menschheit gegründet sind.
[N. 9.] Zwar wird dies zunächst nur von der christlichen
Religion gesagt, von der, als der zunächst gegebenen, ausgegangen wird, aber alle Sätze werden als solche dargestellt,
die ihr Analogon in anderen Religionen finden und überhaupt
auf einem allgemeinen Bedürfniss des menschlichen Herzens

---

spätestens im Juli 1790 geschrieben sein müssen. Die aphoristische
Form, die eher der sonstigen Weise Fichte's, bei entscheidenden Fragen
mit sich selbst vorher schriftlich zu Rathe zu gehen (s. Note 8. S. 17)
entspricht, lässt es nicht sehr wahrscheinlich erscheinen, dass diese
Aphorismen jene unter dem 1. Aug. 1790 (Leben u. Briefw. 1, 77) erwähnte „theologische Abhandlung“ sind, die Fichte dem Präsiden-
ten von Sachsen mittheilte, und in der er sich ihm ganz gezeigt habe,
wie er sei.

zu beruhen scheinen [N. 4 u. 5]. Sie sind eigentliche Empfindungssätze; denn sie gründen sich mehr auf Empfindung[6]) als auf Ueberzeugung [N. 12] und lassen sich auf die objektive Gültigkeit ihres Inhalts nicht ein [N. 10].

So erhellt aus der Form der Religion die Möglichkeit, dass der theoretische Inhalt ihrer Sätze mit der Spekulation, deren Sätze nicht auf die Empfindung, sondern auf den Verstand sich gründen, in Widerspruch gerathe.

Diese Möglichkeit wird zur Nothwendigkeit durch den Inhalt der Religionssätze.

Dieselben beziehen sich sämmtlich auf das gegenseitige Verhältniss von Gott und Mensch.

Gott betrachtet die Religion nur in seinem Verhältnisse zum Menschen. Ueber sein objektives Dasein sind die Untersuchungen abgeschnitten. Dies ist der erste Widerspruch gegen die Spekulation, die mit dem transzendenten Wesen Gottes beginnt [N. 3].

Abgesehen davon widersprechen ferner die Eigenschaften, die die Religion Gott wirklich beilegt (nämlich in seinem Verhältnisse zum Menschen), dem Begriffe, den die Spekulation sich von Gott machen muss. Denn die Spekulation verlangt einen unveränderlichen, keiner Leidenschaft fähigen Gott, aber die Religion stellt einen Gott dar, der sich erbitten lässt, Mitleid und Freundschaft fühlt, einen Gott, dem sich der Mensch mittheilen und mit dem er sich gegenseitig modifiziren kann [N. 4]. Damit entspricht sie dem Bedürfnisse des menschlichen Herzens, das einen solchen Gott verlangt. Aber ein solcher Anthropomorphismus, der sich in allen Reli-

---

[6]) „Empfindung" wird in dieser Schrift dem damaligen vulgären Sprachgebrauche gemäss (vgl. Kant, Werke, hrsgeg. v. Hartenstein 1838. 7, 46 f.) gleichbedeutend mit Gefühl genommen. Vgl. N. 12, wo Empfindung parallel steht mit: Bedürfniss (sich mit Gott zu vereinigen), Gefühl (des Sündenelendes), Herz; und im Gegensatze zu: Ueberzeugung und Verstand.

gionen vor Jesu findet, allmählich immer mehr abnehmend, widerspricht ganz und gar der menschlichen Vernunft. In eine Religion für alle Zeiten und Völker, wie es die christliche sein sollte, passte er nicht. Desshalb wurde in dieser, wie es vereinzelt auch schon in den heidnischen Religionen durch die Laren, Penaten u. dergl., sowie später wieder unter dem Papstthum durch die Heiligen geschehen ist, zur Aushülfe das System der Mittlerschaft erwählt [N. 6]. Jesu werden alle Eigenschaften Gottes zugeschrieben, die sich auf Menschen beziehen, zugleich diejenigen, die das Herz der Menschen in ihm sucht, ohne dass der Verstand sie findet. Er ist nun der Gott der Menschen geworden. [7])

Aber mit dieser Aushülfe der christlichen Religion kann die Spekulation abermals nicht übereinstimmen. Denn durch die Religion werden jene göttlichen und in Gott gesuchten Eigenschaften Jesu einfach zugesprochen, aber über sein objektives Wesen ist die Untersuchung abgeschnitten [N. 7—8].

Die Religion behandelt das gegenseitige Verhältniss zwischen Gott und den Menschen. Wie nun ihre Aussagen über Gott sowohl der Form, wie dem Inhalte nach mit der Spekulation in Widerspruch stehen, so andererseits auch ihre Grundsätze vom Wesen des Menschen, nämlich dass er ein Sünder sei und sich nicht anders als nach gewissen Aussöhnungen Gott nahen könne [N. 9]. Denn die Spekulation weiss nichts von der Sünde, also auch nichts von Versöhnung. Für sie ist Gott überhaupt ein Wesen, das mit jedem Endlichen gar keinen Berührungspunkt gemein hat [N. 4].

So treten sich in allem Wesentlichen Religion und Deis-

---

[7]) Es ist dies ein eigenthümlicher, aber noch kaum beachteter Versuch einer Christologie, weit hinausragend über die damals herrschende rationalistische Auffassung Jesu als eines „erhabenen Tugendlehrers." Auch das Verständniss der christl. Versöhnungslehre, das Fichte in den Aphorismen [N. 10] zeigt, lässt den Rationalismus weit hinter sich.

mus gegenüber. In sich bildet zwar jedes von beiden ein geschlossenes System [N. 11]. Aus dem Grundsatze der Religion folgt alles Uebrige durch die richtigsten Schlüsse im klarsten Zusammenhange [N. 2]. Umgekehrt ist auch das System des Deismus, als der einzigen völlig konsequenten Spekulation, in sich völlig zusammenstimmend [N. 15, Note]. Aber jedes dieser Systeme negirt das andere. Wie erklärt sich dies? Nur daraus, dass die Ausgangspunkte, die Voraussetzungen beider verschieden sind. Die Sätze der Religion nämlich, gründen sich auf die Empfindung, die der Spekulation auf den Verstand [N. 12].

Aber Empfindung und Verstand, die in jedem Menschen sich neben einander finden, verlangen auch zusammenzustimmen. Sonst ist die Einheit des Menschen zerrissen. Daher sind schon oftmals Versuche gemacht worden, Herz und Kopf in Uebereinstimmung zu bringen. So wird auf die Dogmatik hingedeutet, die philosophisches Räsonnement in den reinen Kanon der christlichen Religion gemischt hat [N. 2]. So haben manche Philosophen, indem sie die durch die Religion gesteckten Grenzen überschritten, bei ihren Untersuchungen über das objektive Wesen Gottes, über Freiheit, Imputation, Schuld und Strafe, sich schon im Voraus das Ziel gesetzt, wo sie ankommen wollten, um so viel als möglich die Spekulation mit den Aussprüchen der Religion zu vereinigen. Aber solche Vermittlungsversuche sind innerlich unwahr und nicht eben ehrlich [N. 14].

So ist also eine Vereinigung der Spekulation mit der Religion unmöglich. Aber sie scheint auch wol gar nicht nöthig. Ja, das reine deistische System widerspricht in gewisser Weise der christlichen Religion gar nicht, denn es lässt ihr ihre ganze — freilich nur subjektive — Gültigkeit. Es verfälscht sie nicht, denn es kommt mit ihr nirgends in Kollision [N. 16]. Religion und Deismus sind zwei völlig getrennte Systeme, das eine für die Schwachen, das andere für

die Starken. Die christliche Religion scheint eine Religion
guter, simpler Seelen [N. 12]; der Philosoph ist über dieselbe hinaus. Allerdings wird er sie noch als die beste Volks-
religion verehren und sie denen, die sie bedürfen, wenn
er nur ein wenig Konsequenz und Empfindlichkeit hat, mit
der innigsten Wärme empfehlen; aber es wirkt eine gewisse
Unbiegsamkeit und hindert für seine eigne Person an den
angenehmen Empfindungen, die aus der Religion fliessen,
Antheil zu nehmen [N. 16].

Und dennoch, — ist für den Deisten wirklich kein Zwiespalt da zwischen dem, was sein Verstand ihn lehrt, und
dem, wonach sein Herz sich sehnt? Ja, es lässt sich nicht
läugnen, es giebt Augenblicke, wo das Herz sich an der
Spekulation rächt, wo die Erkenntniss vor dem praktischen
Erlösungsbedürfniss des sich sündig fühlenden oder des Hülfe
suchenden Menschen weicht. Und so ist doch der Widerspruch zwischen dem Religionsbedürfniss seines Herzens und
der theoretischen Erkenntniss seines Verstandes noch vorhanden [N. 17].

Soll derselbe denn aber niemals überwunden werden?
Und wie kann ihn einer überwinden, der durch die strenge
Konsequenz des Denkens einmal zum Deismus geführt worden ist? Durch Beweise von der Wahrheit der christlichen
Religion gewiss nicht. Denn eine objektive Wahrheit derselben ist nicht zu beweisen. Ihre subjektive Wahrheit aber,
die man nur beweisen kann, ihm aber gar nicht zu beweisen
nöthig hat, da er sie schon so zugesteht, diese gilt ja eben
für ihn nicht, denn sie widerspricht seinem System [N. 18],
und — dieses System ist doch Schluss für Schluss konsequent und lässt sich in scharfen Folgerungen aus seinem
Prinzipe herleiten [N. 15].

Aber wie? Ist nicht vielleicht eben dieses Prinzip falsch?
Wie, wenn die Religion Recht hätte, vor Untersuchung des
objektiven Wesens Gottes und des Uebersinnlichen überhaupt

die Grenze für die Spekulation zu ziehen? — Es ist merk-
würdig, der grösste Denker des 18. Jahrhunderts stimmt mit
den ungelehrten Aposteln des ersten Jahrhunderts darin überein,
die Möglichkeit einer Erkenntniss des Uebersinnlichen zu läugnen [N. 13]. Und für einen konsequenten Deisten wäre eben
dies in der That noch das einzige Rettungsmittel, jede Spekulation über die Grenzlinie hinaus abzuschneiden. „Aber,"
schliesst das Schriftchen, „kann er das, wenn er will? Wenn
ihm die Trüglichkeit dieser Spekulation noch so überzeugend
nachgewiesen wird, — kann er's? kann er es, wenn ihm
diese Denkungsart schon natürlich, schon mit der ganzen
Wendung seines Geistes verwebt ist? — —"

Rück- und Ausblick.

„Hier bricht das Fragment ab," sagt der Herausgeber
[Vorrede VII]; das heisst aber nicht, es schliesst hier so,
als ob Fichte nun noch etwas neues hätte sagen wollen und
können, und nur durch irgend welche äusseren Umstände
verhindert worden sei, die angefangene Schrift zu Ende zu
führen; sondern sein Gedankengang ist hier wirklich am
Schlusse. Allerdings bleibt das Ganze trotzdem ein „Fragment", wie wir es nur für ein Bruchstück halten, wenn ein
Musiker mit einer Dissonanz schliesst. Aber diese nicht für
das grosse Publikum bestimmten Aphorismen — ihrem Charakter nach eine Meditation, wie sie Fichte wol bei wichtigen
Fragen seines Lebens und Denkens sich zur besseren Klarheit aufzeichnete, [8]) sie sind wie eine letzte Heerschau vor
der Entscheidung. Noch einmal überblickt er Gründe und
Gegengründe. Die Widersprüche zwischen dem Verlangen
des Gemüths in der Religion und den Forderungen des Verstandes im Deismus liegen zu Tage. Das Kantische System

---

[8]) Vgl. die in „Leben u. Briefwechsel" 1, 442 ff. mitgetheilte Selbst-
prüfung aus seinem Tagebuche 1813, in der er überlegt, ob er sich
anbieten solle, als Redner das Kriegsheer zu begleiten.

verheisst Aushülfe durch das Ansinnen an die Philosophie, sich die Spekulation in das Uebersinnliche hinaus abzuschneiden. „Aber kann er das, wenn er will? Wenn ihm die Trüglichkeit dieser Spekulation noch so überzeugend nachgewiesen wird, — kann er's? kann er es, wenn ihm diese Denkungsart schon natürlich, schon mit der Wendung seines Geistes verwebt ist?"

Diese Schlussworte sind von grosser Bedeutung. Sie zeigen, was Fichte von der Annahme des Kantischen Systems anfangs zurückhielt, sie werfen ein Licht darauf, was ihn dann doch zu einer so begeisterten Annahme desselben bewegen konnte, sie kennzeichnen endlich den Grundcharakter von Fichte's Denken überhaupt, der durch alle Entwicklungsstufen desselben der gleiche geblieben ist.

Ausgehend von dem Problem, eine Reihe ihm entgegentretender Antinomien, deren Satz und Gegensatz gleich beweisbar erschien, aufzulösen, war Kant zu seiner Theorie von den reinen Formen der Anschauung und des Denkens, von dem „Dinge an sich" und seiner „Erscheinung" gekommen. Aber eben diese Grundanschauung des Prinzips der ganzen Kritik der reinen Vernunft, die Transzendenz des Uebersinnlichen, glaubt Fichte vermöge der ihm natürlichen Denkungsart und der ganzen Wendung seines Geistes bei aller Achtung vor dem Scharfsinne Kant's nicht theilen zu können.

Erst das Studium der Kritik der praktischen Vernunft stimmt ihn gänzlich um. Hier ist das Uebersinnliche nicht ein todtes Substrat der Anschauungswelt, von dem wir nichts als die Existenz behaupten können, sondern die lebende Kraft, die in dem menschlichen Bewusstsein wirkt und unbedingtes Gehör fordert.

Hier ist das Uebersinnliche das wahrhaft Reale — und eben dies ist die Grundanschauung des Fichte'schen Denkens auf allen seinen Entwicklungsstufen gewesen. Das Uebersinnliche ist das wahrhaft Reale; das heisst einerseits das wahrhaft Seiende, andererseits das wahrhaft lebendig

Wirksame: Darum ist ihm in dieser ersten Periode die Welt nicht etwas durch sich selbst Seiendes, was nur Gott ist, also — wenn auch nicht, wie es später heisst, ein blosser Schein, — so doch eine nur abgeleitete, keine ursprüngliche Existenz. Darum andererseits die Abweichung von Spinoza, der die Modi der ruhenden Substanz immanent sein lässt, während Fichte die Welt als durch einen wirkenden Gedanken Gottes entstanden (resp. entstehend) auffasst.

Fichte's Denken ist so von Anfang an Idealismus. Dem Uebersinnlichen schreibt er bei der frühesten Regung seines philosophischen Denkens das wahrhafte, auf sich selbst beruhende Sein und die Urkraft zu, die alles abgeleitete Sein bedingt. Die ganze Welt ist nichts als ein Gedankengebäude des denkenden Gottes. Andrerseits ist aber die Fichte'sche Denkungsart auf dieser frühesten Stufe Determinismus, da sie die Realität der Freiheit läugnet, und die Nothwendigkeit zur Alleinherrschaft erhebt. Kurz und erschöpfend, so weit überhaupt mit einem Schlagworte ein ganzes Gedankensystem erschöpfend charakterisirt werden kann, werden wir demnach die erste Entwicklungsstufe der Fichte'schen Philosophie deterministischen Idealismus nennen.

Das Uebersinnliche' ist das wahrhaft Reale, und dies nicht nur an und für sich, sondern es ist als solches zugleich dem Menschen erfassbar. Dies ist eine zweite Grundanschauung Fichte's, aus der heraus er sich in den Aphorismen sowohl gegen die (christliche) Religion, weil sie alle Untersuchung über das objective Wesen Gottes abschneide [vgl. N. 1, 3, 7, 8, 10.], wie gegen Kant sträubt, der darin mit den ungelehrten Aposteln übereinstimmt [N. 13, 18.]. Fichte kann nicht glauben, dass das Uebersinnliche, das als solches ja allerdings den Sinnen nicht zugänglich ist, auch dem Verstande verschlossen, dass das eigentlich Vernünftige übervernünftig, der menschlichen Vernunft unerfassbar sein sollte. Daher hier das Sträuben gegen Christenthum und Kritizismus, daher innerhalb des Kritizismus, der aus praktischen Gründen angenommen wird, jenes schwankende Bestreben, über die theoretischen Schranken desselben hinauszugehen.

In· dieser Voraussetzung der alleinigen Realität und der subjectiven Erfassbarkeit des Idealen liegt auch die im Wesentlichen stets gleich gebliebene spekulative Methode Fichte's begründet. Das Uebersinnliche ist das wahrhaft Reale, in ihm sieht er also auch den Ausgangspunkt für die Untersuchung und sucht aus ihm das Sinnliche herzuleiten. So stellt er es hier wenigstens als Behauptung auf, dass die Welt aus dem Gedanken Gottes hervorgehe. Auch in seiner kantischen Periode hält er an dieser Methode, wie sich ergeben wird, durchaus fest. Und später wieder in der Wissenschaftslehre ist es ebenso das Uebersinnliche, sei es nun als Wissen, oder, wie in der letzten Zeit, als Sein gefasst, von dem aus die Erscheinungswelt abgeleitet wird.

So erscheinen diese kurzen Aphorismen von grossem Interesse, weil sie, entstanden in der Wende zwischen den beiden Polen, die für Fichte's Denken massgebend geblieben sind, deutlich die Grundzüge Fichte'scher Eigenart enthalten, und damit den Grund seiner Selbständigkeit gegenüber Spinoza und Kant kennzeichnen. Aus dem Determinismus heraus weisen sie vorwärts auf den Ethicismus, zu dem sich Fichte auch schon zwei Monate nach Abfassung der Aphorismen bekannte. Wir gehen zu dieser zweiten Entwicklungsstufe innerhalb der Grundlegung von Fichte's System über.

B. Der subjektive ethische Idealismus.

Theoretische Voraussetzungen.

Von einem Studenten um Unterricht in der Kantischen Philosophie ersucht, hatte sich Fichte über Hals und Kopf mit dieser zu beschäftigen angefangen. Ihr theoretischer

Theil hatte ihn nicht gewinnen können. Aber Kant's praktische Philosophie nahm ihn ganz ein. Er nennt sie „eine Philosophie, welche die Einbildungskraft zähmt, dem Verstande das Uebergewicht und dem ganzen Geiste eine unbegreifliche Erhebung über alle irdischen Dinge giebt." „Ich habe eine edlere Moral angenommen," schreibt er,[1] „und anstatt mich mit Dingen ausser mir zu beschäftigen, mich mehr mit mir selbst beschäftigt. Dies hat mir eine Ruhe gegeben, die ich noch nie empfunden, ich habe bei einer schwankenden äusseren 'Lage meine seligsten Tage verlebt. Ich werde dieser Philosophie wenigstens einige Jahre meines Lebens widmen, und alles, was ich wenigstens in mehreren Jahren von jetzt an schreiben werde, wird über sie sein."[2]

In seiner nachher zu besprechenden Schrift zeigt sich Fichte in der That auf Kantischem Standpunkte stehend, allerdings so, dass er an den aus den Aphorismen uns bekannten Grundsätzen seines Denkens festhält.

Die theoretische Voraussetzung für diese Periode des Fichte'schen Denkens ist also das Kantische System. Dieses hatte Fichte überzeugt von dem, was er früher gehofft, aber nicht zu glauben gewagt, weil es mit den Schlüssen seines Verstandes im Widerspruch stand, von der Freiheit des Willens. Damit tritt in seinem philosophischen Denken eine Wendung ein. Hatte die bisherige deterministische Theorie nur das Naturgesetz, das Gesetz des Muss anerkannt, so tritt jetzt neben und über dasselbe das Sittengesetz, das Gebot des Soll. Damit wird dem Begriffe der sittlichen Freiheit ein Platz und zwar der Ehrenplatz im Systeme eingeräumt. Dasselbe ist

---

[1] Brief an seine Braut vom 5. Sept. 1790, Leben und Briefwechsel 1, 82.

[2] Vgl. einen Brief an Achelis (dessen Datum fehlt; bloss im Abdruck?), Leben und Briefwechsel 1, 107, und einen an Weisshuhn, ebd. 109: „Ich lebe in einer neuen Welt, seit ich die Kritik der praktischen Vernunft gelesen."

nicht mehr deterministischer, sondern ethischer Idealismus. Idealismus ist das Fichte'sche Philosophieren von Anfang an gewesen, Ethicismus ist es von seiner Beschäftigung mit Kant anhebend geworden, und von da ab, wenn auch in drei verschiedenen Entwicklungsstufen weitergebildet, geblieben.

Das Uebersinnliche ist das Reale und als solches erfassbar. Dies war die Voraussetzung von Fichte's Denken von vorn herein. Darum hatte er sein früheres deterministisches System mit dem überweltlichen Gott begonnen und von ihm (nach Naturgesetzen) die Natur abgeleitet. Kant tritt ihm in den Weg zunächst mit der negativen Behauptung, dass der sinnliche Mensch über die Sinnenwelt mit seiner Spekulation nicht hinausgehen dürfe, weil ihm dann die Anschauung fehle, ohne die keine Erkenntniss zu Stande kommen könne. Nur diesem Argument kann sich Fichte nicht fügen, er kann es nicht glauben, denn es widerspricht der tief in seinem Wesen begründeten Voraussetzung, dass das Uebersinnliche erfassbar ist für den Menschen. Als ihm aber positiv Kant dann doch das Uebersinnliche als das Reale und als das für den Menschen Zugängliche, ja als das Allerzugänglichste zeigt (das Uebersinnliche dem Sinnlichen immanent), indem er die sittliche Freiheit, — denn diese ist ihm das Uebersinnliche — als unmittelbares Factum der Vernunft aufweist; da giebt sich ihm Fichte ganz; er ist nun völlig überzeugt, dass der menschliche Wille frei ist, und dass Glückseligkeit nicht der Zweck unseres Daseins sein kann, sondern nur Glückwürdigkeit[3]).

Mit diesem Resultate der Kantischen Philosophie nimmt er nun anfänglich auch ohne weiteres die Grundsätze und Voraussetzungen derselben an. Er lässt sich die Unterscheidung von Dingen an sich und Erscheinungen als durch das

---

[3]) Brief an seine Braut vom 5. Sept. 1790, Leben und Briefwechsel 1, 82.

beurtheilende Subjekt geschehend gefallen. Um des Ethizismus willen, zu dem ihm jene Philosophie den Eintritt erschlossen, folgt er zunächst auch dem Subjektivismus derselben. Wir bezeichnen demnach diese zweite Periode des Fichte'schen Denkens als **subjektiven ethischen Idealismus.**

Die sittliche Freiheit, das Uebersinnliche, ist nach Fichte das Reale- und kündigt sich als solches dem Menschen unmittelbar an. Daraus folgt für seine Methode, dass von ihr auszugehen ist. Und in der That finden wir in der nun zu besprechenden ersten Schrift Fichte's (und ähnlich in den gleichzeitigen Predigten[4]) die Begriffe Religion und Gott, von ihr aus gewonnen.

In jener Zeit innerer Umwandlung und neuer schriftstellerischer Pläne nämlich, die für ihn mit der Kantischen Philosophie aufging, befand sich Fichte äusserlich in bedrängter Lage. Seine beabsichtigte Heirath hinderte der Bankerott seines Schwiegervaters. Nach Warschau übersiedelnd, um seinen Unterhalt als Hauslehrer zu gewinnen, musste er für die ihm angetragene Stelle danken, bevor er noch eintrat. Da zog es ihn nach Königsberg, den verehrten Kant persönlich kennen zu lernen. Nicht sonderlich aufgenommen, wie er in seinem Tagebuche erzählt,[5] fiel er darauf, ein Schriftchen zu schreiben und dies jenem statt einer Empfehlung zu überreichen. Dies war nun sein hier zu besprechender

Versuch einer Kritik aller Offenbarung.

Vom 13. Juli bis 18. August 1791 schrieb er daran. Es ist bekannt, wie Kant sich darauf hin seiner annahm.

---

[4] Es ist zu bedauern, dass von Fichte's Predigten vom Herausgeber der sämmtl. Werke nur einige Proben 8, 245 ff. u. 11, 209 ff. mitgetheilt worden sind. Fichte selbst nannte sie 1791 „eine bunte Musterkarte der Veränderungen seines Systems seit zehn Jahren und länger" (8, 247.) — Grund genug, im Interesse einer Entwicklungsgeschichte Fichte's ihre Herausgabe zu wünschen.

[5] Leben und Briefwechsel 1, 129.

Ende des Jahres erschien die Schrift im Buchhandel, nachdem die anfänglich gemachten Censurschwierigkeiten überstanden waren, — eben durch diese und durch die mehrfach ausgesprochene Vermuthung, Kant sei der Verfasser des aus blossem Versehen anonym erschienenen Werkes, bald viel genannt. Bereits 1793 erschien die zweite „vermehrte und verbesserte" Auflage, die in den sämmtlichen Werken Band V, Seite 9—174 mit Angabe der Abweichungen der ersten Auflage [6]) abgedruckt ist.

I. Das Problem.

Es lag für Fichte nahe, eine Kritik des Offenbarungsbegriffes zum Gegenstande seiner ersten Arbeit zu wählen. Denn einerseits war er durch sein theologisches Studium und durch persönliche Neigung besonders auf die Religionsphilosophie gewiesen; andererseits war gerade hier noch im System Kant's eine Lücke, da dessen „Religion innerhalb der Grenzen der reinen Vernunft" noch nicht erschienen war. Wohl hatte Kant schon verschiedentlich Andeutungen gemacht über das

------

[6]) Allerdings hätte die Notiz, dass die §§ 2 u. 5 Zusätze der zweiten Auflage sind, nicht blos im Inhaltsverzeichniss bemerkt werden sollen. Kuno Fischer, der sie dort übersehen hat, kommt desshalb dazu (V, S. 350) den Rezensenten, die das Werk für Kantisch gehalten, doch eine gar zu grosse Kurzsichtigkeit anzumuthen. Den „bevollmächtigten Interpreten" nennt Fichte Kant erst in der zweiten Auflage. Auch die auf Reinhold zurückgehende Terminologie „grob sinnlicher und feinsinnlicher Trieb" u. s. w. stand noch nicht in der ersten Auflage. Trotzdem war es allerdings nicht so schwer zu erkennen, dass Kant selbst nicht der Urheber jener Schrift sei. Der Stil derselben ist ein viel knapperer, die Beweisführung eine viel gedrängtere und zumal der Satzbau ein viel einfacherer als der Kant's. Sätze z. B. von einigen 20 Druckzeilen, wie sie bei Kant gar nicht selten sind (vergl. z. B. Kant VII, 180, 21zeilig; 309 f. 26zeilig) finden sich in jener ersten Fichte'schen Schrift nirgends, auch sonst bei Fichte kaum (ein 32 Zeilen langer, aber sehr übersichtlicher, in drei Absätze getheilter Satz, 8, 262, macht eine seltene Ausnahme).

Wesen der Religion und ihre Bedeutung [7].. Er hatte sie in ihrem Verhältnisse zur Sittlichkeit definirt, [8]) ja ,er hatte bereits seine Ansicht über die Begründung des Gottesbegriffs ausgeführt, [9]) und hatte den religiösen Glauben als Vernunftglauben aus der praktischen Vernunft abgeleitet. Nur der Offenbarungsglaube, dessen Vorhandensein doch Thatsache ist, war noch nicht deduzirt. Hier setzte also Fichte mit seiner Untersuchung ein, und suchte, anknüpfend an die Form, in der Kant die Probleme seiner Kritiken gestellt hatte, die Frage zu beantworten: „Wie ist Offenbarung möglich?"

II. Die Methode zur Lösung des Problems.

Zunächst ist Thatsache, dass Offenbarung geglaubt wird. Denn unter allen Völkern, findet sich, wenn auch in verschiedener Form, die Annahme übernatürlicher Einwirkung der Gottheit auf Sterbliche. Daraus erwächst der Philosophie die Aufgabe, dem Ursprunge dieses Offenbarungsbegriffes nachzuspüren und seine Befugnisse zu untersuchen.

Jede philosophische Untersuchung muss nun auf Prinzipien a priori beruhen. Folglich hat eine gründliche Untersuchung des Offenbarungsbegriffes, ganz abgesehen von allen historischen Erscheinungen, zu untersuchen, ob Offenbarung a priori möglich ist, und, wenn sie möglich ist, welches die Kriterien einer solchen sind.

Der Begriff der Offenbarung gehört nach allgemeiner Annahme und nach Inhalt und Form des Begriffs zur Religion, die Religion aber ist ein praktisches Sichverhalten. Daraus ergiebt sich, dass der Begriff der Offenbarung aus den apriorischen Prinzipien der praktischen Vernunft abzuleiten ist. [§. 1, S. 15 f.].

---

[7]) So nicht selten polemisch gegen den Afterdienst, z. B. in der „Kritik der Urtheilskraft", Band 7, S. 16, 50, 127, 139, 195; sonst 111 u. 115.

[8]) 4, 251 f.; 7, 346 f. 371.

[9]) 4, 262 ff.

III. Die Vorarbeiten zur Lösung des Problems.

1. Theorie des Willens.

Der Begriff der Offenbarung gehört zur praktischen Philosophie. Nun ist die Vernunft praktisch als Wollen. Demnach muss, um den Offenbarungsbegriff abzuleiten, vom Willen ausgegangen werden.

Wollen heisst sich durch Selbstthätigkeit zur Hervorbringung einer Vorstellung bestimmen. Die Selbstthätigkeit kann nun sowohl in dem Sichbestimmen, wie in der Vorstellung wirkend gedacht werden. Wird beides, das Sichbestimmen und die Vorstellung als durch Spontaneität hervorgebracht angenommen, so ist das Wollen rein, von aller empirischen Beimischung frei. So beschaffen ist aber nur das Wollen Gottes zu denken. Das Wollen des Menschen, als eines Sinnen-Wesens, dagegen ist kein reines. Bei ihm wird entweder nur die Bestimmung ohne die Vorstellung durch Selbstthätigkeit hervorgebracht: Dann will der Mensch (und allgemein: das endliche Wesen) irgend ein Objekt, dessen Vorstellung in ihm den sinnlichen oder Glückseligkeitstrieb reizt. Oder umgekehrt, nicht die Bestimmung, sondern allein die Vorstellung wird hervorgebracht, in der Weise nämlich, dass die eigentliche Bestimmung als Handlung allerdings durch Spontaneität geschieht — denn dies liegt im Begriff des Wollens —, der bestimmende Trieb aber eine Affektion ist. Dies ist der moralische Wille, der durch den Trieb der Selbstachtung zur Hervorbringung des schlechthin Rechten oder des Sittengesetzes bestimmt wird [16—35].

Beides Wollen findet sich im Menschen zwar von einander unabhängig; dennoch affizirt das Sittengesetz, weil es den Primat in dem doch einheitlichen Menschen hat, auch den Glückseligkeitstrieb, indem es ihm vorschreibt, nur das dem Sittengesetze nicht Widersprechende zu begehren. In wie fern nun so das Gesetz zunächst rein negativ durch sein

Schweigen dem Triebe ein Recht giebt, irgend etwas zu wollen, ist derselbe blos gesetzmässig, noch nicht gesetzlich. Der Genuss, die Befriedigung des Triebes ist dann moralisch möglich, das Wollen ist ein Recht.

Von dieser negativen Bestimmung des Triebes durch das Gesetz abgeleitet entsteht nun aber auch eine positive Gesetzlichkeit desselben, welche sich auf die Herrschaft des moralischen Gesetzes sowohl in der übersinnlichen, wie in der Erscheinungswelt gründet. Hier könnte der Genuss moralisch wirklich genannt werden; das Wollen ist glückswürdig.

Werden endlich Recht und Glückswürdigkeit verbunden gedacht, so entsteht der Begriff des höchsten Gutes oder der Seligkeit, der für uns zwar überschwenglich, aber, weil ihn uns das Sittengesetz als das letzte Ziel hinstellt, doch zugleich nothwendig ist.

2. Begriff der Religion überhaupt.

Aus dieser Theorie des Willens ist nun der Begriff der Religion, und aus diesem wieder die Offenbarungsidee herzuleiten.

Wenn nämlich im Vorigen auch die mittelbare Gesetzlichkeit des sinnlichen Triebes deduzirt worden ist, so ist derselbe doch nicht als physisches, sondern als moralisches Vermögen aufgewiesen. Nun war ihm aber vom Sittengesetz das Recht zugestanden, seine Befriedigung zu fordern, die er als sinnlicher Trieb nur in der Sinnenwelt finden kann. Da er aber kein physisches Vermögen besitzt, so ist er von den empirischen Naturgesetzen abhängig, und kann sich die Befriedigung nicht selbst verschaffen. Das Sittengesetz muss also, wenn es sich nicht selbst widersprechen soll, das von ihm dem Triebe ertheilte Recht behaupten. Um dies zu können, muss es auch über die Natur herrschen. Das kann es nun aber nur in einem von der Natur unabhängigen und sie selbst erst bestimmenden Wesen, in welchem moralische Freiheit und absolute Nothwendigkeit sich vereinigen. Also muss ein solches Wesen existiren, eben so gewiss, als das Sittengesetz existirt. Wir nennen es Gott. Der Glaube an Gott ist also subjektiv — d. h. für endliche Naturen — nothwendig und allgemein gültig.

So haben wir den Begriff Gottes und mit ihm eine Theologie, die für uns nothwendig ist, um unsere theoretische Ueberzeugung und unsre Willensbestimmung nicht in Widerspruch zu setzen.[10])

Die Theologie wird zur Religion, wenn die wegen der Bestimmung unseres Willens durch das Gesetz der Vernunft angenommenen Sätze praktisch auf uns wirken.

Hier sind drei Fälle möglich. Die Wirkung kann sich erstens auf unser ganzes Vermögen erstrecken, indem zwischen der theoretischen und der praktischen Vernunft Uebereinstimmung hergestellt wird. Das theoretische Vermögen nämlich, ausgehend von der Sinnenwelt, verlangt die Herrschaft des Naturgesetzes in der Welt, das praktische dagegen, gegründet auf die Freiheit, die unmittelbare Thatsache ist [118]. verlangt die Kausalität des Sittengesetzes. Beide Kausalitäten, die des Natur- und die des Moralgesetzes, sind sowohl der Art ihrer Kausalität, als ihren Objekten nach unendlich verschieden. Muss, das Losungswort des ersten, und Soll, das Losungswort des zweiten, reden von ganz verschiedenen Dingen [107]. Sie widersprechen sich demnach allerdings insofern nicht, als sie sich unmittelbar gar nicht begegnen. Aber ihre Wirkungen in der Sinnenwelt begegnen sich. Würden sich diese nun widersprechen, so wäre entweder das Natur- oder das Moralgesetz unmöglich. Beide sind aber in der That vorhanden, also gewiss möglich. Die Möglichkeit zweier selbständigen Gesetzgebungen lässt sich nun nicht anders denken, als durch ihre gemeinschaftliche Abhängigkeit von

---

[10]) Vergl. damit Kant 7, 372.

einer höheren, uns unzugänglichen Gesetzgebung [108]. Eine
solche muss also angenommen werden. Weil dieselbe aber
in endlichen Wesen nicht herrschen kann, so folgt damit zugleich die Nothwendigkeit eines Wesens, in dem sie herrschen
kann, d. h. der Begriff Gottes wird gewonnen. Gott ist derjenige, in dem Sitten- und Naturgesetz zur Einheit zusammengehen. Und da das Sittengesetz den Primat haben soll
und durch Gott erhält, so erscheint Gott von hier aus als
Gesetzesvollstrecker. Durch diesen Begriff nun werden
theoretische und praktische Vernunft in Uebereinstimmung gesetzt, was dann die postulirte Kausalität der letzteren in uns
möglich macht.

Die zweite Möglichkeit ist die, dass die Idee Gottes
nicht auf unser Ganzes, sondern nur auf unser Empfindungs-
vermögen wirkt, indem für das höchste Ideal aller Vollkommenheit tiefste Ehrfurcht, und für den einzigen richtigen
Beurtheiler unserer Moralität und gerechten Bestimmer unserer Schicksale nach derselben Vertrauen, heilige Scheu, Dank-
barkeit gewirkt wird, Empfindungen, welche den Willen nicht
bestimmen, aber die Wirksamkeit der schon geschehenen Bestimmung vermehren. Von hier aus gesehen beruht die Idee
Gottes auf einer „Entäusserung des Unsrigen" [55], d. h. auf
der Uebertragung des in uns sich ankündigenden Gesetzes auf
ein Wesen ausser uns, in welchem dasselbe realisirt, und
gleichsam projizirt ist. Gott erscheint hier in erster Linie
als der Heilige, er ist gewissermaassen die Substanz des Gesetzes, wie man ja Substanz den Träger der Eigenschaften
nennt. Denn das, was das Sittengesetz fordert, ist Gottes
Eigenschaft. Gott erscheint von hier aus als Gesetzesträger.[11])

---

[11]) Fichte gebraucht den Ausdruck „Gesetzesträger" allerdings
nicht. Er spricht nur immer von dem Gesetzexekutor und dem Gesetzgeber, und bezeichnet nur ausserdem noch, ohne dafür ein eigenes
Wort einzuführen, Gott als den, in dem das Gesetz als erfüllt vor-

Die dritte Möglichkeit einer praktischen Wirksamkeit der Theologie, wodurch dieselbe zur Religion wird, ist die Möglichkeit, unmittelbar auf unseren Willen zu wirken durch das dem Gewichte des Gebots hinzugefügte Moment, dass es Gebot Gottes sei. Dadurch entsteht die Religion in eigentlicher Bedeutung, in der sie, wie schon Kant definirt hatte,[12]) Erkenntniss unserer Pflichten als göttlicher Gebote ist. Von hier aus erscheint Gott als Gesetzgeber, oder genauer als Gesetzesverkündiger [bis S. 59].

3. Eintheilung der Religion überhaupt.

Durch diese drei Arten, wie Theologie zur Religion werden kann, haben wir nun zwar eine dreifache Bestimmung des göttlichen Wesens erhalten, jedoch keinen Artunterschied in der Religion. Auf einen solchen werden wir aber durch folgende Betrachtung geführt.

Gott ist zwar nicht der Urheber des Sittengesetzes, als eines Gebotes seiner Willkür, aber er ist der Grund, dass uns dieses Gesetz zum Bewusstsein kommt. Denn er kündigt sich uns als moralischer Gesetzgeber an. Und zwar thut er dies auf doppelte Weise. Erstens führt uns die Wahrnehmung einer allgemeinen Zweckmässigkeit in der Welt, der wir, unserer Natur gemäss, den uns von der Vernunft gegebenen Begriff des höchsten Gutes als Endzweck zu Grunde legen müssen, zur Anerkennung Gottes als Zweck setzenden Weltschöpfers. Weil nun die sinnliche Natur endlicher Wesen

---

gestellt wird. Gott ist „das in concreto vorgestellte Moralgesetz." [126.] Wir geben diesen Begriff wol passend durch den Ausdruck „Gesetzesträger" wieder. Wegen der Analogie mit dem in späterer Zeit von Fichte öfters gebrauchten Ausdruck Substanz = „Träger" der Eigenschaften (d. h. Objektivation der sinnlichen Affektion des betrachtenden Subjekts durch die Einbildungskraft) scheint dies Wort gerade hier am Platze, wo dem Träger zwar noch ein objektives Dasein zugesprochen wird, vielleicht aber schon nicht mehr zugedacht.

[12]) 7, 371, vergl. 346 f. 4, 251.

das Sichbewusstwerden des Moralgesetzes ermöglicht, Gott aber als Weltschöpfer auch der Urheber sinnlich-moralischer Wesen ist, so ist die Ankündigung des Moralgesetzes in uns durch das. Selbstbewusstsein zu betrachten als seine Ankündigung, die durch das Uebernatürliche in uns geschieht. Das Prinzip einer solchen Religion, die, weil sie den Begriff einer Natur überhaupt zu Hülfe nimmt, Naturreligion genannt wird, ist also das Uebernatürliche in uns.

Nun ist aber andererseits auch der Begriff einer Religion möglich, deren Prinzip ein übernatürliches ausser uns ist. Das ist die geoffenbarte Religion [59—65].

IV. Die Lösung des Problems.

1. Die Form des Offenbarungsbegriffs.

Wie ist nun geoffenbarte Religion möglich?

In der zweiten Auflage schickt Fichte, zur Beantwortung dieser Frage, der materiellen Erörterung des Offenbarungsbegriffs noch eine formale voraus, in der er — wie Reinhold rücksichtlich der Vorstellungen gethan hatte — innere und äussere Bedingungen der Offenbarung unterscheidet.

Jede Offenbarung ist ihrem Wesen nach Bekanntmachung, deren innere Bedingungen Stoff und Form, und deren äussere die bekanntmachenden und die die Bekanntmachung erfahrenden Subjekte sind.

Der Stoff kann nur etwas Aposteriorisches sein, denn apriorische Erkenntnisse werden entwickelt, nicht bekannt gemacht. Die Form der Bekanntmachung ist die, dass die bekannt zu machende Wahrnehmung nicht unmittelbar, sondern durch Wahrnehmung einer Vorstellung von ihr gegeben wird. Das bekanntmachende Subjekt muss ein intelligentes sein und muss auf das die Bekanntmachung erfahrende Subjekt kausal wirken. Dabei wird vorausgesetzt, dass ein intelligentes

Wesen zufolge eines Zweckbegriffes durch Freiheit physische Ursache sein kann.

Zu diesen Merkmalen, die dem Begriffe „Offenbarung“ als einer dem Begriffe „Bekanntmachung“ untergeordneten Vorstellung zugehören, kommt als spezifisches Merkmal hinzu, dass in der Offenbarung nicht ein endliches, sondern das unendliche Wesen das bekanntmachende Subjekt ist.

Offenbarung ist also eine Wahrnehmung, die von Gott gemäss dem Begriffe irgend einer dadurch zu gebenden Belehrung als Zweck derselben in uns bewirkt wird [65—75].

2. Der Inhalt des Offenbarungsbegriffs.

Alle Religionsbegriffe lassen sich nur a priori von den Postulaten der praktischen Vernunft ableiten. Also muss auch der Offenbarungsbegriff, wenn er kein Truggebilde der Phantasie ist, sich a priori deduziren lassen. Das Apriorische ist nun entweder gegeben, wie die reinen Verstandesbegriffe, oder gemacht, wie z. B. der Begriff eines bösen Grundprinzips neben dem guten. Der gegebene apriorische Begriff ist allemal wirklich a priori da, der gemachte entweder eine irrige Vernunftidee, wie eben der Begriff des Teufels, oder er ist objektiv wenigstens möglich, wenn auch seine Wirklichkeit a priori nie dargethan werden kann. Von dem Begriffe der Offenbarung würde also allein nachzuweisen nothwendig und auch nur möglich sein, dass die Vernunft diesen Begriff haben könne, aber nicht müsse.

Noch etwas ganz anderes würde der Versuch sein, nachzuweisen, ob sich vernünftiger Weise annehmen lässt, dass diesen Begriffen eine Erscheinung in concreto entspräche. Dieser Beweis könnte nur empirisch geführt werden, reichte aber auch eben nicht weiter, als das Datum gilt, aus dem er deduzirt worden ist [75—79].

3. Deduktion des Offenbarungsbegriffs.

Menschen sind endliche und zugleich moralische Wesen. Sie stehen sowohl unter dem Natur- wie unter dem Sitten-Gesetze. Beide Gesetze können mit einander in Zwiespalt gerathen. Nun lassen sich Menschen denken, in denen das Sittengesetz durch das Naturgesetz seiner Kausalität auf die sinnliche Seite des Menschen gänzlich beraubt wird.[13] Soll hier das Sittengesetz wieder zur Herrschaft gelangen, so muss die sinnliche Natur dieser Menschen selbst angetrieben werden, dem Sittengesetze wieder gehorsam zu leisten. Auf die sinnliche Natur kann aber nur durch sinnliche Mittel gewirkt werden. Andrerseits können Antriebe zur Moralität nur moralisch sein. Wo finden wir nun ein solches Medium, das zugleich rein moralischer Antrieb und doch geeignet ist, ein Vehiculum für die Sinne zu sein?

Der einzige rein moralische Antrieb ist uns schon bekannt. Es ist objektiv die innere Heiligkeit des Gesetzes, die subjektiv das Gefühl der Achtung für das Gesetz hervorruft. Eben diese aber ist konkret vorgestellt, folglich den Sinnen

---

[13] Die umgekehrte Annahme, dass nämlich das Sittengesetz die volle und beständige Herrschaft über das Naturgesetz behauptet, würde für die Christologie von Bedeutung sein. Wie nämlich a priori gar wohl möglich ist, dass in dem beständigen Streite zwischen Sitten- und Naturgesetz das erstere vollständig unterliegt, so muss auch umgekehrt möglich sein, dass es vollständig den Sieg behält. Diese Annahme hat Fichte in der That gemacht, denn auf sie ist die von ihm als möglich hingestellte Vernunftreligion (s. o. N. 4) gebaut. Wenn es Fichte nun auch „bei gegenwärtiger Lage der Menschheit gar nicht wahrscheinlich" findet [87], dass es solche sittlich vollkommene Menschen gäbe, so glaubt er die Möglichkeit doch nicht läugnen zu können. Also ist es a priori möglich, dass Jesus ein solcher Mensch gewesen ist. Wo sich die später zu besprechenden Grundzüge der Fichte'schen Christologie innerhalb dieser Periode finden [135 f.], wird auch wirklich auf diese Voraussetzung der Logosbegriff zurückgeführt.

zugänglich in dem Begriffe Gottes. Der Begriff Gottes also wäre das geeignete Medium, das wegen seiner sinnlichen Form auf die sinnliche Natur des Menschen zu wirken vermag und seinem Wesen nach zugleich moralischer Antrieb ist.

Wie gelangt aber dieser Begriff an die in Sinnlichkeit versunkenen Menschen? Auf sinnlichem Wege, wie es doch müsste, vermag kein endliches Wesen denselben an jene zu bringen, sondern nur Gott, der Gesetzgeber dieser Natur. Gott müsste sich ihnen also durch eine besondere, ausdrücklich dazu bestimmte Erscheinung in der Sinnenwelt als moralischer Gesetzgeber ankündigen.

Da nun Gott durch das Moralgesetz bestimmt wird, die höchst mögliche Moralität in allen vernünftigen Wesen durch alle moralischen Mittel zu befördern, so ist auch zu erwarten, dass er sich dieses Mittels wirklich bedient. Vorausgesetzt ist nur, dass dasselbe für ihn physisch möglich ist und dass es wirklich solche Menschen giebt. Dies angenommen ist also die Offenbarung objektiv möglich [79—84].

4. Die empirische Bedingung für die Realität einer Offenbarung.

Betrachten wir zuerst die letzte jener Annahmen, und fragen, ob es möglich sei, dass es Menschen giebt, in denen das Sittengesetz seine Kausalität gänzlich oder in gewissen Fällen verliert. Die Ursache davon könnte jedenfalls nicht in der Einrichtung der menschlichen Natur überhaupt liegen, denn· sonst müssten wir das Bedürfniss einer Offenbarung· schon a priori zeigen können, sondern nur in zufälligen Bestimmungen derselben.

Das Verhältniss des Sittengesetzes zum Naturgesetze im Menschen kann nämlich ein dreifaches sein. Entweder das Sittengesetz herrscht unbedingt, dann ist die höchste Vollkommenheit für den Menschen erreicht, von der a priori, zumal im gegenwärtigen Zeitalter, nicht möglich ist auszusagen, ob ihrer ein Mensch fähig ist. Die Religion auf dieser Stufe würde reine Vernunftreligion sein, die nicht vom Gedanken an den Gesetzgeber ein Moment zur Erleichterung der Willensbestimmung verlangt — denn solcher bedarf sie nicht — sondern nur Befriedigung ihres Bedürfnisses, ihm ihre Zuneigung zu erkennen zu geben, sucht.

Die zweite Möglichkeit ist das Vorhandensein eines festen Willens, dem Sittengesetz zu gehorchen, aber die Abwesenheit der Freiheit dazu in einzelnen Fällen. Ein Mensch auf dieser Stufe wird begierig alle Mittel ergreifen, den Antrieb des Sittengesetzes in sich zu verstärken. Hier wird ihm die Religion allerdings Mittel zur Willensbestimmung werden, aber sie setzt die erste Bestimmung des Willens, den Moralgesetzen zu gehorchen, als durch diesen selbst schon geschehen voraus. Dies ist die Naturreligion.

Die dritte Möglichkeit ist endlich die, dass die Sittlichkeit den Naturgesetzen unterliegt, sei es für immer, sei es in einzelnen Fällen. Möglich ist eine solche Unterdrückung des Sittengesetzes durch das Naturgesetz in der ganzen Menschheit oder wenigstens in ganzen Völkern. Denn es lässt sich a priori wohl denken, dass die Menschheit entweder von ihrem Ursprunge an oder später einmal durch mancherlei schwere Schicksale genöthigt gewesen sei, ihre ganzen Gedanken blos auf den gegenwärtigen Drang der Noth zu richten, über dem Zwange der Natur die Forderung der Moral vollständig übertäubend. Zwar wird die Noth durch menschliche Klugheit mit der Zeit überwunden werden, aber dann wird das Sittengesetz schon durch die Gewohnheit abgestumpft sein. Um sich von der Möglichkeit dieser Annahme zu überzeugen, braucht man nur die Sitten und Maximen polizirter Völker zu studiren. Das Sittengesetz ist hier zwar nicht so völlig zum Schweigen gebracht, dass in dem Begriff der Ehe, des Staatsvertrages u. s. w. sich nicht noch Vertrauen zeigte; aber dasselbe ist auf Eigennutz gegründet, wie denn auch nur die Handlungen Anderer, nicht die eigenen, einer moralischen Kritik unterworfen werden.

Aus diesem Zustande können Menschen nur erlöst werden, indem ihnen Gott Religion offenbart. Der innere Unterschied dieser geoffenbarten Religion von den beiden anderen, der reinen Vernunft- und der Natur-Religion, ist der — dass jene sich auf Moralgefühl schon gründen, während diese das Moralgefühl selbst erst hervorbringen soll. So lässt sich nicht läugnen, dass es weit ehrenvoller für die Menschheit sein würde, wenn die Natur-Religion stets ausgereicht hätte, sie in jedem Falle zum Gehorsam gegen das Moralgesetz zu bestimmen. Nur unsere Schwäche bedarf der Offenbarungsreligion [84—106].

5. Physische Möglichkeit der Offenbarung.

So ist die Offenbarung vielleicht für einen grossen Theil der Menschheit nothwendig. Ist sie aber auch für Gott möglich? Eines ist schon nachgewiesen, dass sie nämlich moralisch für Gott gewiss möglich, ja vielleicht nothwendig ist. Es fragt sich also nur noch, ob Offenbarung auch physisch für Gott möglich ist.

Dass Gott in der Sinnenwelt wirken kann, ist kein Zweifel und folgt unmittelbar aus dem Begriffe Gottes. Denn er ist als dasjenige Wesen zu denken, welches die Natur dem Moralgesetze gemäss bestimmt.

Aber seine Wirkung soll sich dem Menschen sofort als göttliche bemerkbar machen, indem er nur dadurch zum Begriffe Gottes als des Gesetzesverkündigers gelangt. Demnach muss sie ihm als übernatürlich entgegentreten. Denn nur dadurch, dass sie etwas Ungewöhnliches, Uebernatürliches ist, erregt sie die Aufmerksamkeit der sinnlichen Menschen, die nun erst sich bereit finden, den Inhalt dieser Offenbarung anzuhören. Allerdings: Aber die Wirkung braucht nur übernatürlich zu scheinen, nicht zu sein. Wenn nur zuerst die

Aufmerksamkeit rege gemacht wird, so dass man hört und
zur Religion, und damit zur Sittlichkeit gelangt, so kann
später eine gereiftere Naturerkenntniss das vermeintliche
Wunder ruhig aus Naturgesetzen erklären: der Religion schadet
es nun nicht mehr. Die Annahme von Wundern — über
deren Berechtigung oder Nichtberechtigung übrigens lediglich
die theoretische Vernunft zu urtheilen hat — darf also auf
die praktische Vernunft, auf Religion und Sittlichkeit, keinen
Einfluss haben. Es wäre gleich falsch, wenn der Wunder-
gläubige die Möglichkeit und Wirklichkeit der Offenbarung
und damit der Religion aus der von ihm vorausgesetzten
Möglichkeit und Wirklichkeit von Wundern beweisen wollte,
als wenn umgekehrt der Wunderläugner aus der von ihm
behaupteten Unmöglichkeit des Wunders auch die Unmöglichkeit der Offenbarung folgern wollte [106—112].

6. Die Kriterien der Göttlichkeit einer Offenbarung.

Die Offenbarung ist also objektiv möglich. Woran erkennt
man aber, dass irgend eine empirische Erscheinung wirklich
göttliche Offenbarung ist? Jedenfalls nicht von einer Wahrnehmung aus, in der Reihe der wirkenden Ursachen auf-
-steigend, als ob wir etwas, wenn wir es nicht erklären können,
ohne Weiteres direkt auf göttliche Wirkung zurückführen
dürften. Denn das Subjektive non possumus ist noch kein
objektives. Die Annahme von Wundern beweist nicht die
Göttlichkeit einer Offenbarung, denn die Wunder müssten
selbst erst bewiesen werden.

Ebensowenig, wie in der Reihe der wirkenden, gelangt
man auch in der Reihe der Zweckursachen aufsteigend zu
dem übersinnlichen Grunde einer unmittelbar göttlichen Kausalität. Denn dann würde man das subjektive Gesetz der
Möglichkeit seiner Beurtheilung auf die Möglichkeit des
Dinges an sich übertragen. Es ist aber offenbar ein Fehl-
schluss, zu sagen: Weil ich mir den Begriff der Wirkung

vor der Ursache (als Zweck) vorher denken muss, so muss er auch vorher in irgend einem intelligenten Wesen, und zwar — was ein zweiter Sprung ist — in Gott sein.

A posteriori ist es also schlechthin unmöglich, positiv den Offenbarungscharakter einer historischen Thatsache zu erweisen; und nicht minder a priori. Denn in dem Begriffe Gottes kann nicht die Bestimmung liegen, in diesem oder jenem historischen Falle wirksam zu sein.

Wohl aber finden wir in dem Begriffe der Offenbarung überhaupt gewisse Merkmale, die uns wenigstens zu negativen Kriterien für die Beurtheilung der Göttlichkeit einer sich Offenbarung nennenden historischen Erscheinung dienen können, indem aus ihrem Vorhandensein zwar nicht die Wirklichkeit, aber doch die Möglichkeit, und aus ihrem Nichtvorhandensein die Unmöglichkeit folgt, dass eine empirisch gegebene Erscheinung wirklich göttliche Offenbarung sei.

Das Wesentliche der Offenbarung überhaupt ist Ankündigung Gottes als des moralischen Gesetzgebers durch eine übernatürliche Wirkung in der Sinnenwelt. Damit ist für den Inhalt der Offenbarung zunächst das negative Kriterium gegeben, dass nichts in derselben bekannt gemachtes dem Sittengesetze widerspricht, und das positive, dass sie das Sittengesetz selbst enthält, und nichts weiter. Dabei ist allerdings möglich, dass durch die Tradition der Offenbarung, die, von dem Empfänger derselben ausgehend, das Offenbarte von Geschlecht zu Geschlecht vererbt, sich andere Bestandtheile in die Offenbarung einschleichen. Aber dieselben sind menschliche Zuthaten, sie gehören nicht zur Offenbarung selbst.

Zu diesem allgemeinen Kriterium des Inhalts kommen noch die Merkmale der Form der Offenbarung. Der Kategorie der Qualität nach hat nämlich die Offenbarung, weil sie unmittelbar durch göttliche Kausalität gewirkt sein soll, in einer diesem Begriff entsprechenden Erscheinung sich als nicht durch unmoralische Mittel, die der göttlichen Kausalität widersprechen würden, hervorgebracht zu beweisen.

Der Quantität nach soll die Offenbarung für alle sinnlichen Menschen gelten, die derselben bedürfen. Es ist mithin Bedingung jeder in concreto gegebenen Offenbarung, dass Menschen mit einem solchen Bedürfniss wirklich vorhanden sind.

Der Relation nach bezieht sich der Begriff der Offenbarung auf den Zweck, reine Moralität zu fördern. Dieser Zweck muss daher in jeder konkreten Offenbarung beabsichtigt und, weil er nur dadurch bei sinnlichen Menschen erreicht werden kann, aus der Ankündigung Gottes als des Heiligen, des Gesetzesträgers, erkennbar sein.

Der Modalität nach endlich kann für eine in concreto gegebene Erscheinung kein Kriterium gefunden werden, da der Begriff der Offenbarung überhaupt nur ein möglicher ist.

Neben Inhalt und Form ist noch die Art der Ankündigung einer Offenbarung zu beachten. Denn eine empirische Erscheinung, die sich mit Unrecht anmasst Offenbarung zu sein, wird unter Umständen schon aus dieser als ungöttlich, also als Nichtoffenbarung erkannt werden können. Dass nämlich die Offenbarung sich bei der Ankündigung zur Sinnlichkeit des Menschen herablassen muss, erhellt daraus, dass sie überhaupt schon ihrer Form nach ein Bedürfniss der Sinnlichkeit ist. Also wird sie um ihren moralischen Zweck, nämlich die Ankündigung Gottes als Gesetzträgers und dadurch mittelbar die Erweckung des moralischen Gefühls, im Menschen zu erreichen, sich des Mittels einer versinnlichenden Vorstellung bedienen müssen. Dieses Mittel muss aber wirklich auch dem Zwecke entsprechen und nicht widersprechen. Gott darf also wohl mit Leidenschaften dargestellt werden, aber nicht mit solchen, die gegen das Moralgesetz sind. Zugleich muss sich die Vorstellung auch als solche kennzeichnen, und nicht vorgeben, zum Wesen der Sache zu gehören.

Die Bilder, die sie braucht, darf die Offenbarung nicht als objektive Wahrheiten hinstellen. Wenn also eine in concreto gegebene Ankündigung Gottes ihn unter unmoralischen Vorstellungsformen versinnlicht, oder wenn sie ihre Versinnlichungsweise als objektive Wahrheit hinstellt, so kann dieselbe keines Falls eine göttliche Offenbarung sein.

Hiermit ist die Reihe der Kriterien für die Göttlichkeit einer Offenbarung geschlossen und damit die Aufgabe der Kritik, die apriorische Möglichkeit einer Offenbarung nachzuweisen, gelöst [112—158].

Rück- und Ausblick.

Werfen wir nunmehr noch einen Blick auf die Resultate der Offenbarungskritik und vergleichen sie mit dem Anschauungen, die wir in den Aphorismen gefunden haben.

Dort standen sich Religion und Deismus als zwei Systeme gegenüber, die erstere als ein System von Empfindungssätzen, der letztere als ein System von Verstandessätzen. Beide Systeme widersprachen einander. Die Frage war, welches von beiden hat Recht. Die Religion ward als gegeben angenommen; über ihren Ursprung und den Begriff der Offenbarung wurde noch nicht reflektirt.

Aber zur Charakteristik ihres Wesens war bereits gesagt, dass sie ein Bedürfniss des Herzens befriedige, dass sie auf Empfindung beruhe. Damit war zwar nicht gemeint, dass die Religion aus der Empfindung entstanden sei, sondern, indem sie einfach als gegeben angenommen wurde, wurde nur ihre Uebereinstimmung mit der Empfindung konstatirt. Doch lag die direkte Ableitung der Religion aus der Empfindung, aus den Bedürfnissen des Herzens, um so näher, da aus denselben bereits der Anthropomorphismus der heidnischen und die Christologie der christlichen Religion abgeleitet worden war.

Dieser Gedanke wirkt in der Offenbarungskritik weiter.

Zwar hat der Philosoph — ehemals als Deist, er mochte wollen oder nicht, in Gegensatz zur Religion gedrängt — jetzt, als Moralist, mit ihr seinen Frieden geschlossen. Mit Kant definirt er sie nun als die Anerkennung des Sittengesetzes als des Willens Gottes. Aber daraus folgt, dass die Religion ihrem Wesen nach nur eine besondere, subjektive Auffassung der Moral ist. Die Frage ist: Wie kommt man, statt zur Moral, zur Religion? — und die Antwort: Aus sittlicher Schwäche. Die Religion erscheint also als die Kindheitsstufe der Sittlichkeit.

So kommt hier die Konsequenz des bloss subjektiven Moralismus im Grunde auf dasselbe hinaus, wozu auch ·die früheren Gedanken Fichte's führten. Die Religion entsteht aus einem Bedürfniss der menschlichen Natur, ihr Ursprung ist also, streng genommen, rein psychologisch zu erklären. Fichte kann sich auch dieser Folge nicht erwehren, und in eben dem Werke, in welchem er die objektive Möglichkeit der Offenbarung nachzuweisen sich bemüht, kommt er zu dem Schlusse, dass nicht nur die Entstehung der Religion, sondern auch ihre Bedeutung als Mittel für den Endzweck der Moralität auf einer wenig ehrenvollen menschlichen Schwäche beruht. Wenn also auch wirklich selbst den als a priori·möglich angenommenen sittlich vollkommenen Menschen Religion zugeschrieben wird, nämlich reine Vernunftreligion, deren Wesen Befriedigung des Bedürfnisses ist, Gott seine Zuneigung zu erkennen zu geben, so ist doch wohl dies Bedürfniss eben als Bedürfniss wieder eine Schwäche. Das Gebet ist darum auch kein Befehl, sondern vielmehr eine Erlaubniss Gottes [128, vgl. Vorrede S. 11], eine Konzession an die menschliche Schwäche. Der Gedanke, dass auf der Stufe moralischer Vollkommenheit derjenige, der auch das Bedürfniss, sein Herz auszuschütten, nicht kennt, dass der keines Enthusiasmus fähige Mann, der kein Verlangen trägt, sich einem übernatürlichen Wesen mitzutheilen, von dem er ja kalt denkend erkannt, dass es alles schon ohne hn weiss — dass ein solcher Mann die höchste Stufe der Vollkommenheit, weil völliger Bedürfnisslosigkeit, erreicht habe, dieser Gedanke liegt für Fichte nahe. Wie nahe, zeigt im besonderen die Ausführung Seite 127.

Mit dem Religionsbegriffe hängt ferner zusammen der Gottesbegriff. Derselbe ist ein Postulat der praktischen Vernunft, eine theoretische Folgerung aus der Nothwendigkeit der Kausalität des Sittengesetzes. Man achte nun auf das Verhältniss, was als zwischen Gott und dem Gesetz bestehend angenommen wird. Letzteres, durch dessen Wirksamkeit wir erst auf den Begriff Gottes kommen, ist bei Fichte nicht nur logisch, sondern auch real das Erste und das eigentlich Absolute. Dies, und nicht Gott, ist das Uebersinnliche, von dem ausgegangen wird. Gott selbst steht unter dem Moralgesetz.[14]) Der Inhalt desselben ist nicht etwa ein Willkür-Wille Gottes, der nach dem Belieben Gottes auch anders hätte sein können, sondern Gott ist Gott lediglich wegen seines Verhältnisses zum Sittengesetze.

Er ist nämlich zunächst der Vollstrecker desselben. Das Sittengesetz soll das Absolute, das über die moralische und die Sinnenwelt zugleich Herrschende sein. Dazu ist nun Gott gewissermassen das Mittel; denn das Sittengesetz kann nur in einem solchen Wesen, wie Gott ist, herrschen, ohne dasselbe würde es über die Natur nur gebieten [40].

Dieser Schluss ist wohl zu beachten. Fichte folgert nicht: „Das Sittengesetz ist für uns das Erste, seine Forderung ist das unmittelbar Gewisse. Wo etwas gefordert wird,

---

[14]) Bezeichnend für diese Unterstellung Gottes unter das Gesetz ist z. B. die Note S. 61: „Die Frage: warum überhaupt moralische Wesen sein sollten, ist leicht zu beantworten: wegen der Anforderung des Moralgesetzes an Gott, das höchste Gut ausser sich zu befördern, welches nur durch Existenz vernünftiger Wesen möglich ist.“

muss ein Forderer sein. Dies ist Gott, dessen Existenz deshalb postulirt werden muss" — vielmehr ist ihm das Sittengesetz nicht nur das an u n s zuerst Herantretende, sondern überhaupt das absolut Erste. Gott ist, weil ohne ihn das Sittengesetz nicht sein könnte. Oder genauer gesagt: Gott nehmen wir an, weil wir nur dadurch die Herrschaft des Sittengesetzes auch über die Natur verstehen. Die Gottes-Idee ist kein Grund-, sondern nur ein Hülfsbegriff, den man fallen lässt, sobald man ihn nicht mehr braucht.

Aber brauchen wir Gott auch wirklich, ist der gemachte Schluss auch folgerichtig? Wir sollen die Einheit von Sitten- und Naturgesetz denken und können dieselben nicht anders denken als in einem höheren Gesetze zusammengefasst. Damit nun dieses höhere Gesetz wirklich herrschen könne, wird ein Wesen postulirt, in dem es herrschen könne, weil es Natur und übersinnliche Welt zusammenfasst. Dies sei Gott. Was erhalten wir jedoch damit für einen Gottes-Begriff? Wir können hier doch nur nach der Analogie schliessen: Das Naturgesetz herrscht in der Sinnen-, das Sittengesetz herrscht in der sittlichen Welt. Folglich, so müsste geschlossen werden, herrscht das höhere Gesetz, in dem beide zusammengehen, in einer Welt, die Sinnen- und Sittenwelt zusammenfasst, nicht aber, wie doch Fichte schliesst, in einem Wesen, in Gott.

Zwar haben wir noch von einer anderen Seite den Gottesbegriff kennen gelernt. Gott ist nicht nur der Gesetzesexekutor, sondern auch der Gesetzesträger, das verkörperte Gesetz selber. Aber von hier aus werden wir noch viel weniger eine wirkliche Existenz Gottes beweisen. Denn so Gott als verkörpertes Sittenideal zu betrachten, ist lediglich eine „Entäusserung des Unsrigen", die blosse Objektivation einer Idee durch die menschliche Einbildungskraft. Ist der Gottesbegriff uns nur dadurch entstanden, und nur dadurch erwiesen, dann haben wir gar kein Recht, Gott für existirend zu halten. Er ist dann eine reine subjektive Idee. Auf wie schwachen Füssen aber jene erste Argumentation steht, ist gezeigt.

Einen anderen Beweis für das Dasein Gottes haben wir nicht. Denn wenn wir ihn drittens noch Gesetzgeber nennen, so ist damit nicht gemeint, dass er das Sittengesetz aus dem seinigen gegeben hätte. Dies ist vielmehr und bleibt das Absolute, und Gott selbst ist ihm unterstellt. Es soll nur heissen, dass er es uns gegeben hat. Gott ist Gesetzgeber heisst: Er ist Gesetzesverkündiger.

Ob überhaupt die gefundenen drei Begriffe von Gott unter sich übereinstimmen, dies zu untersuchen sparen wir uns noch auf. So viel ist jedenfalls klar, dass alle drei weit entfernt sind, auf objektive Realität Anspruch machen zu können. Vielmehr bleibt aller Schein, dass Gott eine blosse Idee ist, welche, wie die Religion überhaupt, aus der menschlichen Schwäche entsteht.

So zeigt sich bereits hier völlig vorbereitet ein Bruch mit dem dogmatischen Begriffe von Gott als einer transzendenten absoluten Persönlichkeit. Die Wissenschaftslehre hat diesen Bruch vollzogen und jenen Begriff aufgegeben. Die Offenbarungskritik hält ihn noch fest und sucht ihn in ähnlicher Weise wie Kant zu deduziren, eben aber in dieser Deduktion schon über sich hinausweisend.

So herrscht in dieser Schrift ein beständiges Schwanken. Offenbarung, heisst es, ist objektiv möglich. Aber aus dem Hintergrunde lugt der Gedanke hervor: Wir brauchen sie nicht, sie ist nicht wirklich. Gott ist möglich, ja der Gottesglaube ist sogar subjektiv allgemeingültig. Und es ist doch, als wäre dazwischen der Einwurf nur zurückgedrängt: Die subjektive Allgemeingültigkeit entsteht eben aus der Allgemeinheit der menschlichen Schwäche. Der Gottesbegriff ist in Wahrheit nur die psychologisch wohl erklärbare Objektivation einer blossen Idee durch die Einbildungskraft, ohne dass ihr real ein Objekt zu entsprechen braucht.

Ebenso schwankend, die objektive Möglichkeit zwar ein-räumend, aber doch so, dass die Annahme der Wirklichkeit dadurch eigentlich geläugnet erscheint, ist auch der interessante Versuch einer Christologie, den Fichte im Vorübergehen [135 f.] andeutet. Wir fanden oben (unter III, 3) die An-nahme, dass bei dem Widerstreit zwischen Sitten- und Natur-gesetz das erstere im Menschen wohl ganz seine Herrschaft verlieren könnte, und merkten bereits an, dass ebenso auch der umgekehrte Fall denkbar sein müsse, dass nämlich das Sittengesetz den völligen Sieg erlange, dass es also a priori nicht unmöglich sei, Menschen anzunehmen, in denen das Ge-setz vollständig erfüllt wäre, und gewissermaassen verkör-pert sei.

Es ist demnach objektiv ganz wohl möglich, dass Jesus eine solche verkörperte praktische Vernunft ($\lambda\acute{o}\gamma o\varsigma$) gewesen sei. Er würde dann — und damit wird ein Gedanke der Aphorismen wiederholt — gleichsam ein Gott der Men-schen sein, sofern ja die verkörpert gedachte Heiligkeit, der Gesetzesträger, sonst Gott genannt wird. Wir dürfen also das glauben und wir werden es glauben, wenn wir eine solche Herablassung zur Sinnlichkeit bedürfen, aber wir dür-fen einen solchen Glauben nicht Jedermann anmuthen. Jesus kann der Abdruck der moralischen Eigenschaften Gottes ge-wesen sein, aber, dass wir ihn dafür halten, ist nicht Noth-wendigkeit, sondern nur eine subjektiv nützliche Vorstellung. Dieselbe ruht auf dem Bedürfniss unserer Schwachheit und entsteht auch erst mit derselben: „Wer mich siehet, siehet den Vater, — sagte Jesus nicht eher, bis Philippus von ihm verlangte, ihm den Vater zu zeigen."

Wenn aber diese Vorstellung allemal mit dem Bedürf-niss derselben entsteht, wie nahe liegt es, dass sie auch aus dem Bedürfnisse hervorgeht. Und so heisst es im Grunde bei allen religiösen Begriffen. Sie sind zwar objektiv möglich, aber — ob auch wirklich? Ihre Annahme beruht auf subjektivem Bedürfniss. Aber das scheint eben gegen ihre Realität Verdacht erregen zu müssen.

Aus dieser inneren Haltlosigkeit, die Fichte selbst nicht verborgen bleiben konnte, wird es vor allem zu erklären sein, wenn er die Schrift schon, als er sie Kant einreichte, für schlecht ansah.[15]) Vielleicht wirkt auch in seinen späteren absprechenden Aeusserungen über dieses Erstlingswerk[16]) neben der Veränderung des Standpunktes noch das Bewusstsein der inneren Diskrepanz mit.

Im Grunde gehört auch beides zusammen, dieser Mangel und der Standpunkt des bloss subjektiven Idealismus, dessen Antwort in allen diesen Fragen das non liquet, und dessen Konsequenz in Folge dessen der Skeptizismus ist.

Für Fichte kam zu der inneren Haltlosigkeit des Kantischen Subjektivismus noch hinzu, dass ein bloss subjektiver Idealismus geradezu seinen Voraussetzungen widersprach, dass sich desshalb in diesem Werke selbst immer wieder das Streben nach objektiver Erkenntniss hindurchdrängt. Sein Sohn, der Herausgeber seiner Werke, hat nicht Unrecht, wenn er als die hervorragendste Seite der Offenbarungskritik die einer objektiven Erkenntniss zustrebende Tendenz derselben bezeichnet. [Vorr. XVII.] Wenigstens liegt darin der entscheidende Punkt, der Fichte zu einem Weitergehen über den Subjektivismus der Kantischen Philosophie hinaus zu dem objektiven Standpunkt seiner Wissenschaftslehre gedrängt hat.

Durch die Ergebnisse seiner Religionsphilosophie werden wir also dazu geführt, die Nothwendigkeit einzusehen, mit der die innere Weiterentwicklung Fichte's erfolgen musste. Die Aphorismen hatten über den Determinismus hinaus gewiesen und die Offenbarungskritik, auf den Grundlagen der Kantischen Theorie aufgebaut, kann das Auseinanderklaffen

---

[15]) Brief an Kant 1791. Leben und Briefwechsel 2, 143 f.

[16]) Vgl. 270 (1799), 8, 80 (1801), 11, 253 (1806).

ihrer Fugen nicht verhüllen und beweist dadurch die Nothwendigkeit, das Fundament noch tiefer zu legen. Aus der früheren Abhängigkeit von Spinoza und Kant gelangt Fichte nun zur Ausbildung eines selbständigen Systems, von dem aus gesehen die vorhergehenden Versuche als die Grundlegung desselben erscheinen.

Zweiter Theil.

Die Ausbildung.

Fichte's Religionsphilosophie innerhalb seiner
Wissenschaftslehre.

A. Der objektive ethische Idealismus.

Theoretische Voraussetzungen.

Von dem Zwiespalt zwischen Freiheit und Nothwendigkeit, zwischen Soll und Muss, zwischen Sitten- und Naturgesetz ausgehend, hatte Fichte in der Periode seines Subjektivismus das Dasein Gottes postulirt, als desjenigen Wesens, in dem das beide zusammenfassende und bedingende höhere Gesetz herrsche. Versuchen wir es, die Gedankenreihe aufzufinden, die sich nothwendig Glied für Glied an diesen Punkt anschliessen musste.

Wir sahen bereits, dass jener Beweis . — seine Stichhaltigkeit zugegeben — zu einem ganz andern Gottesbegriff führen musste, als zu dem bisher noch fest gehaltenen einer transzendenten absoluten Persönlichkeit. Das Naturgesetz, die empirische Nothwendigkeit, herrscht in der Sinnenwelt; das Sittengesetz, die sittliche Freiheit, herrscht in der intelligiblen Welt. Das beide Gesetze umfassende höhere Gesetz müsste also in einer beide Welten umfassenden höheren Welt herrschen. Zu dem Begriffe eines absoluten Wesens (Gottes) gelangen wir auf diesem Wege nicht. Im Gegentheil, wir werden darauf geführt, eine solche Vorstellung als eine im Wesen der endlichen Vernunft begründete Objektivation einer blossen Idee anzusehen. Wenn also nicht durch andere Argumente bewiesen werden kann, dass dieser, wenn auch allgemeingültige, so doch immer nur als subjektiv nachgewiesene Gottesbegriff einen objektiven Hintergrund haben muss, so wird er für ein inhaltleeres Phantasiegebilde zu halten sein.

Analysiren wir den Begriff noch einmal. Wir haben ihn aus der uns unmittelbar gegebenen Thatsache des Sittengesetzes abgeleitet. Dies ist das Uebersinnliche, das wahrhaft Reale.

Gott erschien uns nun, je nach seinem Verhältnisse zu demselben, als der Gesetzesvollstrecker, als der Gesetzesträger und als der Gesetzesverkündiger.

Als Gesetzesverkündiger, hiess es, erscheint Gott denen, die durch ihn sich des Gesetzes bewusst zu werden glauben: Gott habe ihnen das Gesetz als seinen Willen geoffenbart. — Aber wie, wenn der Standpunkt der geoffenbarten Religion überwunden ist wenn der Mensch das Gesetz nicht mehr ehrt, weil es der erhabene, wunderwirkende Gott verkündet habe, sondern umgekehrt, Gott nur verehrt, weil er den Anforderungen jenes Gesetzes volles Genüge leiste? Kündigt sich ihm da das Gesetz nicht unmittelbar durch sich selber an?

Allerdings, und eben dies ist die Grundthatsache des menschlichen Bewusstseins. Wenn also wir, die wir das Sittengesetz kennen, noch sagen wollen: Gott kündigt uns dasselbe an, so können wir nur Recht haben unter der Voraussetzung, dass — Gott selbst das Sittengesetz ist. Darauf führt uns nun auch wirklich die (ihrer Form nach gleichfalls psychologisch zu erklärende) Vorstellung Gottes als des Gesetzträgers, die in ihrem Kerne nichts anderes, als das durch und für den endlichen Verstand versinnlichte Gesetz selber enthält.

Betrachten wir schliesslich Gott als den Gesetzesvollstrecker. Die objektive Möglichkeit und Nothwendigkeit eines diesem Begriffe entsprechenden Wesens zu beweisen, war missglückt. Gehen wir also noch einmal an die Untersuchung des Begriffs seinem Inhalte nach. Wie verhält sich der Inhalt dieser Gottesvorstellung zu den beiden übrigen, die wir eben unter sich in völliger Uebereinstimmung gefunden haben? Dort war Gott seinem Wesen nach das Sittengesetz; können wir nun auch den Begriff Gottes, als des Gesetzesvollstreckers, für eine subjektive Objektivation des Sittengesetzes ansehen, können wir annehmen, dass das Sittengesetz — sich selbst vollstrecke?

Versuchen wir diesen Gedanken durchzudenken. Gott, hiess es vorher, vollstreckt das Sittengesetz, mit andern Worten, er macht die Kausalität desselben in der Sinnenwelt möglich. Aber seinem Wesen nach, sagten wir jetzt, ist Gott das Sittengesetz selbst. Also würde das Sittengesetz selber seine Kausalität in der Sinnenwelt möglich zu machen haben. Dies kann es aber nur unter der Bedingung, dass es über die Sinnenwelt die Herrschaft führt. Nun herrscht jedoch über diese schon das Naturgesetz. Werden sich da nun nicht Natur- und Sittengesetz widersprechen? oder vielmehr — da ja dies nicht der Fall ist und nicht sein darf — wie ist es möglich, dass sie sich nicht widersprechen?

Zunächst ist so viel klar, dass beide Gesetze ihrem Inhalte nach etwas ganz verschiedenes sind. Das Sittengesetz ist das Gesetz des Soll, das Naturgesetz das des Muss. Beide würden desshalb überhaupt gar keinen Punkt mit einander gemein haben, wenn nicht der Mensch, gleichzeitig ein intelligibles und ein Naturwesen, unter beiden Gesetzen stünde. Da scheint nur eine Möglichkeit: Beide, unter sich völlig verschiedenen Gesetze müssen gemeinschaftlich von einem höheren Gesetze abgeleitet werden, welches sie beide in sich schliesst.

So hatte auch Fichte in der Offenbarungskritik (108) gefolgert. Durfte er aber so schliessen?

Seine Grundvoraussetzung war: das Uebersinnliche ist das Reale, das allein wahre Sein und Wirken. Nun galt ihm als das Uebersinnliche das Sittengesetz. Also hätte er dieses als das schlechthin Absolute ansehn müssen, weil es, als das allein Reale, sein Dasein nicht aus einem höheren Prinzipe herleiten kann, sondern in seinem Sein schlechthin auf sich selbst beruht. Hier aber soll über diesem Absoluten noch ein Höheres stehen, aus welchem es selbst erst, gemeinschaftlich mit dem Naturgesetze, abzuleiten wäre.

Beides kann nicht mit einander bestehen. Also entweder das Sittengesetz ist n i c h t das Uebersinnliche, das wahrhaft Reale und Absolute — und es giebt ein höheres Prinzip, aus dem auch dieses herzuleiten ist — oder das Sittengesetz i s t das Absolute, das ursprüngliche Sein und das ursprüngliche Thätigsein. Dann ist alles Existirende lediglich aus diesem abzuleiten. Also auch das Naturgesetz kann ihm dann nicht nebengeordnet sein, sondern findet in ihm selbst erst den Grund seiner Möglichkeit.

Wofür sich Fichte entschied, konnte keine Frage sein. Nahm er an, das Sittengesetz sei n i c h t das Uebersinnliche, Absolute, so war die Frage: Was ist dann das Absolute? Diese Frage musste er wohl erheben, wenn er seinen, schon aus der Zeit seines deterministischen Idealismus uns bekannten Grundsatz nicht aufgeben wollte, dass das Uebersinnliche, die wahre Realität, auch dem Menschen als solche erfassbar sei. Und diesen Grundsatz konnte er hinwiederum nicht aufgeben, ohne seine ganze Denkart, seine persönliche, wie die seines Systems, zu verläugnen. Denn in der That wird ein konsequenter Idealismus voraussetzen müssen, dass das übersinnliche Vermögen des Menschen in dem Uebersinnlichen, in dem es lebt und seine Heimat hat, auch zu Hause ist und ihm nicht als etwas Fremdem gegenübersteht, sondern sich mit ihm eins weiss. Der Satz: „Das Uebersinnliche ist das wahrhaft Reale" hängt durchaus zusammen mit dem andern: „Das Uebersinnliche ist auch für uns das wahrhaft Reale, d. h. das uns unmittelbar Gegebene und Erfassbare".

Die Frage war: Entweder das Sittengesetz ist das Absolute und wahrhaft Reale, oder es ist es nicht. Wenn nicht, was ist dann das wahrhaft Reale? Vorausgesetzt, es sei irgend ein x, so muss dieses nach dem genannten Grundsatze uns auch erfassbar sein.

Was heisst das nun eigentlich, ein übersinnliches Etwas ist uns erfassbar? Mit Absicht haben wir den doppeldeutigen Ausdruck gebraucht, um damit den doppelt gewandten Gedanken Fichte's zu bezeichnen. In den Aphorismen nemlich ist die Voraussetzung die, dass das Uebersinnliche (Gott) theoretisch erfassbar sei, d. h. dass das objektive Wesen Gottes durch die speculirende menschliche Vernunft erkannt werden könne. Eine solche Erkennbarkeit des Uebersinnlichen erwartet Fichte dagegen in der Offenbarungskritik nicht mehr. Aber das Uebersinnliche (das Sittengesetz oder die sittliche Freiheit) ist ihm hier praktisch erfassbar, indem es in der intellectuellen Wahrnehmung sich unmittelbar als Anforderung an den Willen bethätigt und erst mittelbar der theoretischen Vernunft als Gegenstand der Erkenntniss gegeben wird.

Ob und in welchem Sinne würde nun hier jenes vorausgesetzte Uebersinnliche x für den Menschen erfassbar sein? Soviel ist klar: Erkennbar könnte es dem endlichen Verstande nicht sein, denn sonst würden wir transcendent [108]. Aber auch praktisch wäre es nicht erfassbar, weil sich nur das eine Sittengesetz unmittelbar im Menschen bethätigt, wie jeder, der sein eigenes Bewusstsein prüft, erkennen muss.

Also ist in Wahrheit doch das Sittengesetz allein das Uebersinnliche und somit Reale. Und Fichte würde dies auch in der Offenbarungskritik gar nicht in Frage gestellt haben, wenn er damals nicht noch immer versucht hätte, die Realität des dogmatischen Gottesbegriffs zu beweisen. Aus diesem Grunde gab er dort auf eine Weile die Autonomie des Sittengesetzes auf und suchte dasselbe mit dem Naturgesetze zusammen aus einem höheren Gesetze abzuleiten, das in Gott herrsche.

In der Sache wird aber durch diese Inkonsequenz nichts geändert. Denn entweder ist hier Gott etwas ganz anderes, als der Gott, der als Gesetzesträger und -Ankündiger dargestellt wird: dann ist ein Widerspruch im Systeme — und allerdings besteht dieser Widerspruch in der Offenbarungskritik — oder beide Male wird unter Gott derselbe Begriff verstanden. Dann ist also Gott auch hier, wie sonst, das objektivirte Sittengesetz. Daraus würde dann folgen, dass die höhere Einheit über Sitten- und Naturgesetz, jene postulirte obere Gesetzgebung, welche beiden zu Grunde liegt, nichts anderes sei, als eben das Sittengesetz selber.

Auf diesen Schluss kann uns — und konnte Fichte — auch noch eine andere Betrachtung führen. Wir suchten oben die Frage zu beantworten: Wie ist es möglich, dass Sitten- und Naturgesetz sich nicht widersprechen? Beide, sagten wir, sind ganz verschiedene Gesetzgebungen, die eine für die sinnliche, die andere für die sittliche Welt. Wenn sie trotzdem übereinstimmen, so — schlossen wir — kann dies nur möglich sein dadurch, dass beide gemeinschaftlich in einer höhern Gesetzgebung gegründet sind.

Mit Fichte's Voraussetzung der Erfassbarkeit des Uebersinnlichen konnte jedoch dieser Schluss nicht bestehen. Ist nun nicht aber doch noch eine andere Möglichkeit vorhanden, die Kausalität des Sittengesetzes in der Sinnenwelt zu erklären? Beide Gesetzgebungen sind total verschieden, sagten wir. Gewiss? Sind sie das wirklich, an und für sich, oder scheinen sie uns nur so und sind in Wahrheit ein und dasselbe, nur in unsrer subjektiven Betrachtungsweise verschieden? Das Sittengesetz thut sich uns unmittelbar kund in unsrer intellectuellen Wahrnehmung, das Naturgesetz lernen wir durch sinnliche Wahrnehmung kennen. Könnte nicht durch diese verschiedene Betrachtungsweise dasselbe Gesetz verschieden erscheinen?

Eine solche Wesensgleichheit der beiden, ihrer Erscheinung nach so verschiedenen Gesetze deutet Fichte in der Offenbarungskritik schon an, wenn er sagt: „Könnten wir das Princip (jener postulirten oberen Gesetzgebung) einer Weltanschauung zum Grunde legen, so würde nach ihm ein und eben dieselbe Wirkung, die uns auf die Sinnenwelt bezogen nach dem Moralgesetze als frei, und auf Kausalität der Vernunft zurückgeführt in der Natur als zufällig erscheint, als völlig nothwendig erkannt werden." [108.]

Was aber folgt alles daraus, wenn wir so das Naturgesetz nur für eine andere Anschauungsform des Sittengesetzes ansehen? — Denn wir können nicht umgekehrt sagen wollen, das Sittengesetz sei nur eine andere Weise, das Naturgesetz anzusehen. Denn das Sittengesetz ist das Uebersinnliche, das Uebersinnliche aber ist das wahrhaft Reale. Ist aber das Sittengesetz das wahrhaft Reale, und ist doch andrerseits das Naturgesetz mit ihm völlig wesensgleich, nur anders erscheinend, so kann dies letztere nur eine Erscheinungsform des Sittengesetzes sein.

Nun erscheint uns — vermöge der sinnlichen Wahrnehmung — das Naturgesetz realgültig, nemlich in der Sinnenwelt. Ist das denn aber möglich, dass etwas gar nicht real existirendes realiter wirke? Keinenfalls: Ist also das Naturgesetz nur Schein, so ist auch die Welt, in der es herrscht, nur Schein.

Die ganze Welt nur Schein — ein sonderbarer Gedanke, und doch liegt er gar nicht so fern. Denn hat es nicht wenigstens Aehnlichkeit, wenn Fichte selbst in den Aphorismen der Welt das ursprüngliche Sein abgesprochen, das nur dem schöpferischen Uebersinnlichen zukomme; und mehr noch, wenn Kant die ganze Welt, sofern sie sinnlich wahrgenommen wird, als blosse subjektive Erscheinung nachgewiesen? Freilich hatte dieser jedem Dinge der Erscheinung ein reales „Ding an sich“ zu Grunde liegend angenommen. [1]) Dementsprechend hatte auch Fichte in der Offenbarungskritik noch von einer „Geisterwelt“ gesprochen (107) — sich selber ungetreu. Denn Dinge an sich und eine Geisterwelt durfte er nicht für real halten: hätten sie doch dann zum Uebersinnlichen gehört, und hätten uns damit erfassbar sein müssen. Von solchen Wesen wissen wir jedoch unmittelbar thatsächlich nichts. Nur das Sittengesetz ist uns unmittelbar mit unsrer Existenz gegeben. Folglich ist dies allein das Uebersinnliche und das wahre „Ansich“, das aller Erscheinung zum Grunde liegt [210].

So existirt in Wahrheit nur das eine Sittengesetz. Die ganze Welt ist mir als Realität verschwunden, ist blosser Schein. Mir schwindelt unter den Füssen. — Mir? Bin ich denn, wenn die ganze Welt nur Schein ist? — Ja, ich bin, denn das Uebersinnliche offenbart sich in mir. Mir ist ein Zweck gegeben, ich soll, das Sittengesetz verlangt durch mich realisirt zu werden. Dieses ist aber das Uebersinnliche und wahrhaft Wirkliche. Also bin auch ich — um meines nothwendigen Zweckes willen.

Aber wie soll ich nun mich und überhaupt alle moralischen Wesen denken als Realisationsformen, und die Sinnenwelt als eine Anschauungsform des Uebersinnlichen? Die Antwort darauf wird die Philosophie zu suchen haben, und so — entsteht die Wissenschaftslehre.

Wissenschaftslehre ist nach Fichte eine genetische Ableitung dessen, was in unserm Bewusstsein vorkommt [1,32]. Sie hat die Aufgabe, das System unsrer von dem Gefühle der Nothwendigkeit begleiteten Vorstellungen, d. i. die Erfahrung, auf ihren Grund zurückzuführen [1,423]. Die Erfahrung ist aber eine doppelte, eine äussere und eine innere:

---

[1]) Eben hieran zeigt sich der wesentliche Unterschied zwischen Kant's und Fichte's Auffassung der Sinnenwelt als blosser Erscheinung ganz klar. Des ersteren Satz ist erkenntniss-theoretisch, des letzteren metaphysisch.

Wir haben ein Welt- und ein Selbstbewusstsein. Beides soll aus seinem nothwendigen Grunde abgeleitet werden. Dieser Grund ist aber das Uebersinnliche, das wirklich Reale. Die Wissenschaftslehre hat also die Aufgabe, die Sinnen- und die Menschenwelt aus dem Uebersinnlichen herzuleiten.

Aber wie? Thut nicht ganz dasselbe schon die Religion, wenn sie beides von Gott geschaffen sein lässt? Und so wäre ja die Tendenz der Wissenschaftslehre und die der Religion ganz die nämliche.

Allerdings leiten beide die Sinnen- und die Menschenwelt her aus dem Uebersinnlichen. Aber der Begriff von diesem Uebersinnlichen, den zwar nicht die Religion — denn diese ist gar nicht Theorie — wohl aber das irre gehende Nachdenken der meisten Religiösen unter dem Namen Gottes voraussetzt, ist in sich unmöglich. Gemeint ist mit diesem dogmatischen Gottesbegriffe freilich das Richtige, der Kern desselben ist durchaus wahr, aber die begriffliche Form, die Erscheinungsweise desselben ist falsch. Denn in Wahrheit kann das Uebersinnliche nicht ein Wesen wie Gott sein, sondern lediglich das Sittengesetz. Von diesem geht aber die Wissenschaftslehre aus. Diese bietet also den Wahrheitsgehalt der Religion in adäquater Form dar.

Aufgabe und Methode der Religionswissenschaft.

Die Wissenschaftslehre erkennt den Wahrheitsgehalt der Religion an, ja sie bietet selbst nichts anderes als diesen. Aber dieser Wahrheitsgehalt ist ihr zufolge durch die verschiedenen Religionssysteme in unreine Gefässe gefasst. Daher hat die Religionswissenschaft innerhalb der Wissenschaftslehre zunächst die Aufgabe, nachzuweisen, worin die falschen Vorstellungsformen der Religion — genauer: der positiven Religionen und des philosophischen Dogmatismus — bestehen und woher sie entstehen. [2]) Sie hat demnach eine Erscheinungslehre, eine **Phänomenologie der Religion** zu geben. Dies kann sie nur dadurch, dass sie das Wahre in der Religion, welches sie selbst ja in adäquater Form enthält, von der Erscheinungsform scheidet. Ihre Methode ist daher die **Kritik**. Denn kritisiren heisst scheiden.

Mit diesem Kritisiren tritt die Religionswissenschaft keineswegs der Religion selbst zu nahe. Denn sie ist lediglich Theorie der Religion, ist Wissenschaft, nicht selber Religion. Alle Theorie aber ist an sich völlig todt. Die Religion dagegen ist ganz Leben und keine Theorie, sie ist innere Erfahrung, eine Empfindung, die die Religionswissenschaft keineswegs bestreiten kann, sondern nur einfach abzuleiten hat.

Denn die Philosophie, selbst wenn sie vollendet ist, kann die Empfindung nicht geben noch ersetzen; diese ist das einige wahre, innere Lebensprincip [343]. Die Philosophie kann nur Fakta erklären, keineswegs selbst sie hervorbringen [178]. So ist die Philosophie über die Religion nicht die Religionslehre, noch weniger soll sie an die Stelle des religiösen Sinnes treten; sie ist allein die Theorie desselben [345]. Den auf unmittelbarer Wahrnehmung beruhenden religiösen Sinn hat sie in seiner Nothwendigkeit zu begreifen und abzuleiten [347]. Schlechthin nothwendig ist aber nur, was in der Vernunft gegründet ist und was nicht nothwendig ist, ist ebendesshalb schlechthin vernunftwidrig [179]. Daher kann diese kritische

---

[2]) Schon die Aphorismen gaben die Grundzüge zu einer solchen Phänomenologie der Religion, wenn sie die Eigenschaften, die man Gott beizulegen pflegt, den Anthropomorphismus und die Christologie, Sündenbewusstsein und Versöhnungsopfer auf das Bedürfniss des Herzens zurückführten. Fichte hat eben spekulirt, bevor er noch ein Schüler Kant's ward. Und darum ist es unrichtig, die Fichte'sche Spekulation ganz auf Kants Einfluss zurückzuführen und die Wissenschaftslehre lediglich als Fortbildung des Kritizismus anzusehen.

Philosophie sich nicht auf irgendwelche Fakta, sondern nur auf Prinzipien der reinen Vernunft gründen: sie ist Transzendentalphilosophie [347].

Kritische und Transzendental-Philosophie war bereits das System Kant's. Ja, eben dies ist eigentlich der Begriff und innige Geist seiner Philosophie, das, worauf er immer zurückkommt [343]. Und so bietet Fichte mit dieser Aufgabestellung für die Philosophie nicht etwas neues. Er selbst hatte bereits in seiner Offenbarungskritik das Problem gestellt: Wie ist Offenbarung möglich? Den Offenbarungsglauben also hatte er als etwas gegebenes hingenommen und zu erklären gesucht. Der Unterschied ist nur: was damals und was bei Kant nicht zum Bewusstsein gekommen war, das stellt er jetzt ausdrücklich als die alleinige Aufgabe und die alleinige Befugniss jeder Philosophie hin. Philosophie nennt er Wissenschaftslehre, Theorie und Wissenschaft alles Wissens [339]. Religionsphilosophie ist also die Theorie der Religion, die den Inhalt der gegebenen Religion erklären, und die Entstehung derselben im Bewusstsein abspiegeln, aber nicht einen neuen Inhalt schaffen soll. Und so gilt es nicht allein von seiner Begriffsbestimmung der Religionsphilosophie, sondern überhaupt von seiner Definition der Philosophie als Wissenschaftslehre, wenn er sagt: „Ich habe ein Geschäft, das in seiner ganzen Bestimmtheit Keiner vor mir übernommen hat, und das insofern etwas neues ist. Ich habe es mit der Ableitung (Deduktion) der Religion aus dem Wesen der Vernunft zu thun; und zwar keineswegs, um dem Menschen dadurch die Religion beizubringen, sondern nur blos und lediglich in wissenschaftlicher Absicht" [386]. Diese Bestimmung des Begriffs der Philosophie ist ihm der „Haupt- und charakteristische Punkt" seines Systems [384]. Mit vollem Bewusstsein tritt dasselbe einer falschen erschaffenden Philosophie entgegen, die wie die unmittelbar vor Kant herrschende Wolffisch-Baumgarten'sche — und, fügen wir hinzu, wie

Fichte's vormaliger deterministischer Idealismus — in den Standpunkt des gemeinen Bewusstseins sich stelle und nichts geringeres beabsichtige, als die Sphäre desselben zu erweitern und durch die Kraft seiner Syllogismen sich neue Objekte des natürlichen Denkens zu erschaffen [339 f.]. Dieser kann Fichte nur zurufen: „Arme Philosophie! Wenn es nicht schon im Menschen ist, so möchte ich wenigstens nur das wissen, woher denn deine Repräsentanten, die doch wohl auch nur Menschen sind, selbst nehmen, was sie durch die Kraft ihrer Beweise uns geben wollen; oder wenn diese Repräsentanten in der That Wesen von einer höheren Natur sind, wie sie darauf rechnen können, Eingang bei uns Anderen zu finden und uns verständlich zu werden, ohne etwas ihrem Glauben analoges in uns vorauszusetzen" [178].

Diese falsche Philosophie hat aber geherrscht und hat grossen Einfluss gewonnen. Ein grosser Theil unserer Theologie ist solche Philosophie, und ein grosser Theil unserer Bücher für den religiösen Volksunterricht, Katechismen, Gesangbücher und dergl. ist Theologie [347]. Theologie aber, sofern man unter dem Worte nicht die Religionslehre, die Lehre von den Beziehungen Gottes auf endliche Wesen, sondern, wie es eigentlich soll, die Lehre von dem Wesen Gottes an und für sich selbst, ohne Beziehung auf endliche Wesen versteht — eine solche Theologie soll gänzlich vernichtet werden, als ein alle endliche Fassungskraft übersteigendes Hirngespinnst [386 f.].

Sie zu vernichten mitsammt aller falschen, produktiv sein wollenden Philosophie, ist eben die Aufgabe der wahren, ableitenden Philosophie der Wissenschaftslehre. Deren Zweck ist demgemäss zunächst negativ und kritisch. Speziell ist die Religionsphilosophie bestimmt, unverständliche, unnütze, verwirrende, eben dadurch aber der Irreligiosität Blössen darbietende Lehren über Gott wegzuschaffen, indem sie zeigt, dass sie nichts sind, und dass schlechterdings nichts davon in des Menschen Hirn passt [345].

Und doch ist in diesen Lehren die Wahrheit gegeben. Die Religion an und für sich ist durchaus wahr, denn sie beruht auf der uns unmittelbar mit unserem Wesen gegebenen inneren Wahrnehmung des Uebersinnlichen. An deren Wahrheit aber kann ich nicht zweifeln. „Ich kann nicht zweifeln, sage ich, kann auch nicht einmal die Möglichkeit, dass es so sei, dass jene innere Stimme täusche, dass sie erst anderwärts her autorisirt und begründet werden müsse, mir denken; ich kann sonach hierüber nicht weiter vernünfteln, deuteln und erklären. Jener Ausdruck ist das absolut Positive und Kategorische" [182].

Sonach enthält die Religion allerdings die Wahrheit, aber indem der philosophirende Religiöse, sei er nun Theolog oder Laie, jene unmittelbare Wahrnehmung zu deuten versucht, kommt er zu unhaltbaren dogmatischen Begriffen. Die volle Wahrheit bietet nur die reine, in sich selbst klare Philosophie, die Wissenschaftslehre. Sie stellt den Wahrheitsgehalt der Religion dar, sie ist nichts anderes als eine Seinslehre, eine Ontologie der Religion. Wollen wir also die Wahrheit der Religion darstellen, so werden wir die Wissenschaftslehre vorzutragen haben.

Die Wissenschaftslehre ist eine systematische Ableitung des Inhalts aller Erfahrung, sowohl der inneren, wie der äusseren Wahrnehmung, aus dem Grunde des Uebersinnlichen.

Die äussere Wahrnehmung ist eine zufällige, bedingte. Wir können Menschen sein, ohne zu sehen oder zu hören. Es giebt auch blinde und taube Menschen. Also nicht, dass ein Jeder sieht und dass ein Jeder hört, ist nothwendig; nur wenn einer sieht, sieht er nothwendig auch die Farbe, und wenn einer hört, hört er auch den Ton.

So ist zwar der Inhalt der äusseren Wahrnehmung ein nothwendiger, aber die Wahrnehmung selbst ist nicht nothwendig, sondern bedingt. Anders mit der inneren Wahrnehmung. Hier ist nicht nur der Inhalt ein unbedingter, sondern diese innere Wahrnehmung selbst ist eine absolut nothwendige, die menschliche Existenz selbst konstituirende.

Was aber das Wesen des Menschen schlechthin bedingt, das muss der Mensch nothwendig auch als das Reale überhaupt denken. Die beiden Sätze: „Etwas ist in unserer Vernunft gegründet“ und „Es ist schlechthin nothwendig und wahrhaft real“ hängen unmittelbar mit einander zusammen. Der eine ist nicht ohne den andern möglich: und setzen wir den einen, so setzen wir damit zugleich auch den anderen. Das ist formal die erste Voraussetzung — wenigstens des Fichte'schen Denkens.

Unmittelbar giebt sich aber im Menschen kund und ist desshalb schlechthin nothwendig allein das Uebersinnliche, das Sittengesetz. Dies ist material der erste Grundsatz, von dem wir ausgingen.

Was haben wir nun für eine Methode zur Ableitung der Erfahrung aus dem Realen, dem Uebersinnlichen? Für die Phänomenologie bot sich uns die Kritik dar, die von dem realen Inhalte die Begriffsform abstreifte. Welche Methode ergiebt sich für die Ontologie, die diesen realen Inhalt selber zu entwickeln hat?

Das Uebersinnliche ist uns gegeben. Wir sollen und können es nicht erst durch unser Denken erschaffen, sondern wir können es nur in unserem Denken nachbilden wollen. Denn Denken heisst nicht Erdenken, sondern Nachdenken. Das Denken produzirt nicht, sondern spekulirt. Daraus folgt aber, dass die Methode der Ontologie nur eine spekulative sein kann.

Eben als Methode nun — dies liegt schon im Begriffe — ist die spekulative Methode ein folgebeständiges, zusammenhängendes Denken, ausgehend von einem Punkte, aus dem alles Uebrige abgeleitet wird. Das Uebersinnliche ist dieser

Punkt, denn es ist das schlechthin Ursprüngliche, sowohl für unser Bewusstsein, wie an sich. Aus dem Uebersinnlichen allein kann also alles übrige Existirende erklärt werden und muss aus ihm erklärt werden, wenn anders es verstanden werden soll. Denn verstehen heisst das Gesetz sehen, wonach ein gewisses Sein zu Stande kommt — g e n e t i s c h e Erkenntniss [4, 536; [8]) vgl. 4, 463 u. s.]. Die Ontologie hat demnach in ihrer Betrachtung die reale Abhängigkeit alles Seins von dem Uebersinnlichen ideal nachzubilden. So können wir, um dies mitanzudeuten, dass die Spekulation eine Entwickelung zu betrachten hat, die Methode der Ontologie eine g e n e t i s c h - s p e k u l a t i v e nennen. Die Namen „entwickelnde“ oder „evolvirende Methode“, die man sonst wohl gebraucht hat, um Fichte's Methode zu charakterisiren, besagen dasselbe, auch der Ausdruck „deduktive Methode“ meint wenigstens das gleiche.

Fichte's Religionsphilosophie also stellt sich, so weit sie blosse Theorie sein will, eine doppelte Aufgabe: die Erscheinungsformen und den Wahrheitsgehalt der Religion von einander zu sondern und darzustellen, und hat demgemäss eine doppelte Methode: eine kritische in der Phänomenologie und eine spekulative in der Ontologie. Sie ist also nach Aufgabe und Methode k r i t i s c h - s p e k u l a t i v e R e l i g i o n s w i s s e n s c h a f t, deren Wesen eben in der begrifflichen Sonderung eines objektiv gültigen Wahrheitsgehaltes von seiner subjektiven und zeitlich bedingten Erscheinungsform und in der Ableitung der letzteren aus dem ersteren besteht.

Kritik und Spekulation ist die u n m i t t e l b a r e Aufgabe der Religionswissenschaft innerhalb der Wissenschaftslehre. Darin bleibt sie völlig, was sie an und für sich nur ist, reine

---

[8]) Es wird gestattet sein, diesen Satz aus einer späteren Schrift (der Staatslehre 1813) hier heranzuziehen, da ihn Fichte eben so gut auch in dieser Periode, ja sogar in seiner deterministischen Zeit schon hätte aufstellen können. S. o. S. 20.

Theorie, gänzliche Abstraktion vom Leben, recht eigentlich Nicht-Leben [343]. Mittelbar, aber, d. h. in wie fern ihre Kenntniss mit der des Lebens sich vereinigt, hat sie auch einen positiven Nutzen als pädagogisches Regulativ [345]. Eigentliche Philosopheme einer transzendentalen Theorie sind an sich allerdings todt und haben gar keinen Einfluss in das Leben, weder guten noch bösen, ebensowenig als ein Gemälde lebt und sich bewegen kann [350]. Aber dadurch, dass sie zeigt und gewissermaassen abspiegelt, wie in des Menschen Herzen der religiöse Sinn sich entwickelt, ausbildet und verstärkt, zeigt sie auch, wie die Menschheit zu demselben zu bilden sei — nicht vermittelst der Philosophie, diese bildet nicht das Leben, sondern lehrt nur es einsehen — sondern durch Erweckung der wahren übersinnlichen Triebfedern des Lebens [345].

Theoretische Religionswissenschaft.

1. Die religiöse Weltanschauung.

a. Phänomenologie.

Wir beginnen mit Fichte's Anschauungen von der Phänomenologie der Religion, weil diese sich unmittelbar aus dem Gedankenkampfe der vorigen subjektivistischen Periode herausringen, während es auf der andern Seite wiederum die Ontologie ist, die dann weiter über sich selbst hinausdrängt zu einer neuen und letzten Periode in Fichte's Denken. Endlich ist zwar nicht der Haupt-, wohl aber der Streitpunkt der eigentlichen religionsphilosophischen Schriften dieser Zeit die Phänomenologie. Diese tritt uns also naturgemäss zunächst entgegen, wenn wir die Fichte'sche Religionsphilosophie auf dem ältern Standpunkte der Wissenschaftslehre ins Auge fassen.

Kritik des dogmatischen Gottesbegriffs.

Die erste Aufgabe aller wahren Religionsphilosophie ist Kritik, Unterscheidung des Kerns und der Ansatzkrystalle in den Religionsbegriffen. Der Hauptbegriff in aller Religion ist nun der Begriff Gottes: werden doch nach der verschiedenen Vorstellung von Gott verschiedene Religionen unterschieden, Monotheismus, Polytheismus u. s. w. Der Gottesbegriff einer jeden Religion ist also auch zuerst kritisch zu untersuchen nöthig. Von Fichte's Standpunkt aus wird vor allem der zunächst gegebene dogmatische Gottesbegriff, der Gottesbegriff der bisherigen Philosophie und der christlich-kirchlichen Lehre zu untersuchen sein. Der Gottesbegriff der christlich-kirchlichen Lehre: denn diese ist nach Fichte nicht das wahre Christenthum, und nur letzteres kann den Gottesbegriff rein enthalten.

Aber freilich überall, wo das Christenthum an uns gelangt, ist es schon hindurchgegangen durch den räsonnirenden, verunreinigenden Verstand [349]. Der Gottesbegriff des empirischen Christenthums ist also der Kritik zu unterwerfen. Der des wahren, reinen Christenthums bedürfte dessen nicht; denn er wäre nichts anderes, als der der Religion überhaupt. Alle Unterschiede der Religionsformen, sind ja nur vorhanden, weil die Religion nie rein in die Erscheinung tritt. An und für sich ist, was durch die Vernunft gesetzt ist, schlechthin bei allen vernünftigen Wesen ganz dasselbe. Die Religion und der Glaube an Gott ist durch sie gesetzt, sonach in gleicher Weise gesetzt. Es giebt in dieser Rücksicht nicht verschiedene Religionen, nicht mehrere Götter; es ist schlechterdings nur ein Gott. Und dieser eine Gott offenbart sich in allen Vernunftwesen auf die gleiche Weise, als sittliches Gesetz. Verschieden kann bei verschiedenen nur sein der Begriff, die Denk- und Vorstellungsform Gottes. Für diese ist aber damit zugleich das Kriterium ihrer Wahrheit gegeben. Denn nur dasjenige im Begriffe Gottes, worüber Alle einstimmen und übereinstimmen müssen, kann das

Wahre sein; dasjenige in ihrem Begriffe von Gott, worüber sie streiten, darüber haben nothwendig Alle Unrecht, eben darum, weil sie darüber streiten können. Das, worüber dergestalt gestritten werden kann, ist nur durch eine falsche Philosophie erräsonnirt, oder aus einem auf falsche Philosophie gegründeten Katechismus auswendig gelernt: Die wahre Religiosität enthält gar nichts darüber; hier ist für sie eine leere Stelle; denn sonst könnte nicht gestritten werden [348, vgl. 266 f.].

Was nun im Gottesbegriffe aller Religionen das Gemeinschaftliche und zwar das nothwendig ihnen zu Grunde liegende ist, wissen wir aus dem Obigen bereits. Es ist das sich selbst in Sitten- und Sinnenwelt realisirende Sittengesetz, oder wie es Fichte nennt, die moralische Weltordnung. Die Basis des religiösen Glaubens ist demnach die Ueberzeugung von der wahrhaftigen Realität eines solchen Gesetzes oder einer solchen Ordnung [363]. Jene lebendige und wirkende moralische Ordnung ist selbst Gott. Wir bedürfen keines anderen Gottes und können keinen anderen fassen [186].

Wenn daher doch in der christlich-kirchlichen Lehre die Existenz eines anderen Gottes, als eines absoluten Wesens behauptet wird, so ist dies eine dem Wesen der Religion fremde Zuthat. Als eine solche zeigt sich auch deutlich unser Gottesbegriff einerseits in seinem Ursprunge, andererseits in seinem Inhalte.

1) Der Ursprung des dogmatischen Gottesbegriffs.

Die erste Frage ist: Woher ist der Begriff in uns entstanden? Schlechthin ursprünglich in der menschlichen Vernunft begründet ist er nicht. Denn das einzige unmittelbar Gewisse, was uns gegeben wird, sowie wir uns selbst gegeben werden, ist unsere sittliche Bestimmung [210]. Nur die Beziehung einer übernatürlichen Weltordnung auf unser sittliches Gefühl ist das erste schlechthin Unmittelbare [208]; aus jener moralischen Weltordnung herauszugehen und dadurch einen dogmatischen Gottesbegriff zu gewinnen, liegt unmittelbar kein Grund in der Vernunft. Der ursprüngliche Verstand macht sonach diesen Schluss sicher nicht und kennt keine solche besondere göttliche Persönlichkeit hinter und über der moralischen Weltordnung. Beweis dafür ist Jeder sich selbst. Denn, wenn man sein Inneres befragt, wird man finden, dass jene Weltordnung das absolut Erste aller objektiven Erkenntniss ist, gleichwie die eigene freie und moralische Bestimmung eines Jeden das absolut Erste aller subjektiven; dass alle übrige objektive Erkenntniss durch sie begründet werden muss, sie aber schlechthin durch kein anderes bestimmt werden kann, weil es über sie hinaus nichts giebt [186].

Also, so viel ergiebt sich zunächst negativ, aus der ursprünglichen Vernunft haben wir jenen Begriff von Gott nicht. Woher haben wir ihn denn aber positiv?

Fichte giebt hierauf eine doppelte Antwort. Einerseits behauptet er, er stamme aus einem nichtigen System, aus einer falschen, sich selbst missverstehenden Philosophie (186), die nichts für wahr annehmen will, wenn sie es nicht beweisen kann, die auch der absoluten Ankündigung des Sittengesetzes nicht trauen zu dürfen glaubt, ohne vermittelst Aufzeigung des Grundes den Glauben an dasselbe legitimiren zu können.

Wesentlich verschieden erscheint es, wenn er andererseits den Ursprung jener Objektivirung des Sittengesetzes im Begriffe Gottes tiefer und allgemeiner begründet findet, nemlich nicht bloss in einer verirrten Philosophie, sondern in einem dem Menschen überhaupt natürlichen Denken, in der Endlichkeit seines Verstandes. Er sagt nemlich: Wer die verschiedenen Beziehungen der sittlichen Weltordnung auf sich und sein Handeln in dem Begriffe eines existirenden Wesens, das er vielleicht Gott nennt, zusammenfasst und fixirt, thut eben nichts anderes, als was wir alle thun, indem wir gewisse Bestimmungen des Gefühls in dem Begriffe einer ausser uns vorhandenen Kälte oder Wärme zusammenfassen, ohnerachtet wohl kein Verständiger behaupten wird, dass für ihn eine solche Wärme oder Kälte unabhängig von diesen Beziehungen auf sein Gefühl vorhanden sei [208].

Die gleiche Erklärung der Entstehung des dogmatischen Gottesbegriffs giebt Fichte auch an einer anderen Stelle in den „Rückerinnerungen, Antworten, Fragen."

Ausgehend von dem zu seinen theoretischen Voraussetzungen gehörigen Satze, dass Gott nicht ein todtes Sein, sondern ein reines Handeln, Leben und Princip einer übersinnlichen Weltordnung ist, weist er dort, als in diesem Begriffe des reinen Handelns eingeschlossen, mehrere Prädikate auf: gleichmässig ein Schaffen, Erhalten und Regieren. Das Princip, auf welchem diese mannigfaltigen Prädikate beruhen, soll denn aber doch nur eins sein. Wir müssen sie also im Denken zusammenfassen. Nun liegt es jedoch im menschlichen Denken begründet, dass man von einem Prädikate nicht zu dem anderen fortgehen, dass man die verschiedenen Prädikate nicht zu einander zählen und in sich zusammenfassen kann, ohne etwas Dauerndes, dem diese Prädikate zukommen, vorauszusetzen und dieses, eben gerade durch jenes Denken, zu erzeugen. Weil man es aber den Gesetzen und dem Zusammenhange des Denkens nach mit Nothwendigkeit erzeugt, so ist es erklärlich, dass man diesen objektivirten Träger der Eigenschaften nicht für sein eigenes Produkt ansieht. So geschieht es, dass die Prädikate des Schaffens, Erhaltens, Regierens, die allein das ursprünglich Gewisse und Unmittelbare waren, unbewusst durch das Denken in dem Subjekte eines Schöpfers, Erhalters und Regierers vergegenständlicht werden [366 f.].

Durch die doppelte Beantwortung der Frage, was der Ursprung der dogmatischen Gottesvorstellung sei, scheint Fichte diese selbst nach einer doppelten Weise zu charakterisiren; einerseits als wesentlich philosophisch-dogmatischen Begriff: Gott das allerrealste Wesen, der Urgrund alles Seins;

andrerseits als religiöse, kirchlich-dogmatische Anschauung:
Gott der allein Heilige und Heiligende. Dass eine solche
Unterscheidung jedenfalls guten Grund hat, leuchtet ein.

2) Der Inhalt des dogmatischen Gottesbegriffs.

Durch den subjektiven Ursprung des dogmatischen Gottesbegriffs war seine objektive Gültigkeit mindestens fraglich
geworden. Aus dem Ursprunge des Begriffs ergiebt sich aber
zugleich sein Inhalt, und dieser zeigt deutlich die Unhalt-
barkeit desselben.

Der Begriff war einmal entstanden, indem das unmittelbar gegebene Sittengesetz auf ein dasselbe begründendes Subjekt bezogen wurde. Dieser Schluss vom Begründeten auf
den Grund wird nun durch den ursprünglichen Verstand gemacht lediglich auf dem Gebiete der sinnlichen Erfahrung,
um das fliessende Phänomen an ein bestehendes Substrat anzuknüpfen, welches stets körperlich ist. Hier, bei dem Uebersinnlichen, müsste also bei dem Fliessenden, dem reinen
Handeln stehen geblieben werden; denn dies ist selbst das
Unmittelbare. Wenn man trotzdem auch hier jenen Schluss
macht, so sucht und erhält man unvermeidlich ein bestehendes,
körperliches Substrat für das reine Handeln der Gottheit
[263]; es entsteht also der Begriff eines substantiellen,
körperlichen Gottes.

Auf der anderen Seite entstand der dogmatische Gottesbegriff durch Objektivirung des reinen Handelns und durch
Uebertragung der uns allein unmittelbar gewissen Prädikate
auf ein durch Denken erzeugtes Subjekt. Dieser Denkakt
geschieht zwar allgemein, aber doch nur, sobald man auf jene
uns unmittelbar allein gewissen Prädikate reflektirt. Also
lediglich um das reine Handeln begreifen, und die Mannich-
faltigkeit der Prädikate zusammen denken zu können, wird
Gott gedacht. Es ist ähnlich wie mit dem Entstehen unsrer
Vorstellung einer menschlichen Seele. Mein Fühlen, Begehren,

Denken, Wollen u. s. w. erkenne ich unmittelbar. Durch keinen Akt von Vermittlung, sondern nur dadurch, dass ich in ihnen bin, sie setze, kommen sie mir zum Bewusstsein. So lange ich in diesem Bewusstsein stehen bleibe, ganz praktisch, d. i. ganz Leben und That bin, weiss ich nur dies mein Fühlen u. s. w., aber nicht mich als die Einheit und das Princip dieser verschiedenen Bestimmungen. Der Begriff des Ich, oder der Seele, des Geistes entsteht uns also erst mittelbar, als Produkt unseres abstrahirenden und zusammenfassenden Denkens [367 f.]. In derselben Weise besteht aus dem Begreifenwollen die Vorstellung eines persönlichen und insofern selbstbewussten Gottes.

Beide Vorstellungen sind aber unmöglich und widersprechend: „und es ist erlaubt, dies aufrichtig zu sagen und das Schulgeschwätz niederzuschlagen, damit die wahre Religion des freudigen Rechtthuns sich erhebe" [188].

Gott kann nicht Substanz sein. Denn Substanz bedeutet nothwendig ein im Raume und in der Zeit sinnlich existirendes Wesen [216]. [4]) Gott aber ist das schlechthin

------

[4]) Hiernach könnte Lasson (Johann Gottlieb Fichte im Verhältniss zu Kirche und Staat, Berlin 1863) Recht zu haben scheinen, wenn er sagt, S. 87: „Wenn geläugnet wird, dass Gott eine Substanz sei, so ist dabei wohl zu merken, dass Substanz bei Fichte eben eine Form verendlichender Anschauung ist, und in diesem Sinne wäre ja Gott nach Niemandes Urtheil als Substanz zu denken. Es handelt sich hier also nur um den Sprachgebrauch." In der That liegt aber der Schwerpunkt ganz wo anders. Fichte meint nicht: Ich verstehe unter Substanz ein in der Zeit sinnlich existirendes Wesen; das kann Gott nicht sein, folglich haben alle diejenigen Unrecht, die Gott Substanz nennen. Auf den Ausdruck ist es keinem weniger, wie Fichte angekommen. Was er sagen will, ist vielmehr das: Wer Gott als Substanz denkt, d. h. als ein handelndes Subjekt statt des reinen Handelns selbst, als Wesen, Sein, oder wie man sagen mag, der muss ihn folgerecht sinnlich sich vorstellen. Wie dies gemeint ist, wird klar werden, wenn man an die von Fichte herangezogenen Begriffe „Seele" und andrerseits „Tugend" denkt. Die Seele — nach der

Uebersinnliche, das Absolute. Also ist es unmöglich, Gott sinnlich als Substanz zu denken. Gott ist keine Substanz, sondern reines Handeln, Leben und Prinzip einer übersinnlichen Weltordnung. Ihn als Substanz zu denken, ist eben so verkehrt, als wenn man die Tugend sich als eine Kugel oder als eine Pyramide vorstellen wollte [261].

So ist der Begriff eines substanziellen, sinnlichen Gottes theoretisch (physisch) unmöglich und widersprechend. Praktisch (moralisch) kann er zwar unschädlich sein, wenn Jemand nemlich diesen Begriff zu weiter nichts benutzt, als zu dem Zusammenfassen der unmittelbar in seinem Innern sich offenbarenden Verhältnisse einer übersinnlichen Welt zu ihm [208]. Das richtig geartete Gemüth lässt sich durch eine falsche Verstandesvorstellung nicht leicht beirren. Aber doch kann dieser Begriff auch praktisch sehr gefährlich und geradezu unmoralisch, also moralisch unmöglich sein, und, wie Fichte den Vorwurf des Atheismus zurückgebend behauptet, er ist dies bei seinen Gegnern. Ja, im Grunde muss es so sein; denn wenn man nur konsequent ist, so sind Dogmatismus in der Spekulation und Eudämonismus in der Sittenlehre nothwendig bei einander, ebenso wie Idealismus und Moralismus [217]. Ein eudämonistischer Gottesbegriff ist aber unsittlich: in die theoretisch falsche Vorstellungsform des Dogmatismus ergiesst er einen praktisch falschen, unmoralischen Inhalt.

Denn ihr Endzweck ist immer Genuss, ob sie denselben nun grob begehren, oder noch so fein ihn geläutert haben,

---

gewöhnlichen Anschauung — ist, die Tugend ist gar nicht, sie wird realisirt, und wäre ohne diese Realisirung nicht zu denken. Nach Fichte ist nun Gott nicht Seele — eine solche wäre eben ein sinnliches Wesen; klassisches Beispiel: „der Geist Gottes schwebt über dem Wasser" — sondern, wie die Tugend, „Idee". Man denke an den göttlichen νοῦς des Platon. Ueberhaupt bietet Platon's Philosophie eine ganze Reihe Analogieen zur Wissenschaftslehre dar. Nur auf das wenigste macht Fichte selbst aufmerksam 11, 42 f., schliessend: „Bin ich darum Platoniker? Ich glaube wohl mehr zu sein."

Genuss in diesem Leben und, wenn sie eine Fortdauer über den irdischen Tod hinaus sich gedenken, auch dort Genuss: — sie kennen nichts anderes als Genuss. Dass nun der Erfolg ihres Ringens nach diesem Genusse von etwas Unbekanntem, das sie Schicksal nennen, abhänge, können sie sich nicht verhehlen. Dieses Schicksal personifiziren sie — und dies ist ihr Gott. Ihr Gott ist der Geber alles Genusses, der Austheiler alles Glücks und Unglücks an die endlichen Wesen: dies ist sein Grundcharakter [218].

Ein Gott aber, der der Begier dienen soll, ist ein verächtliches Wesen; er leistet einen Dienst, der selbst jedem erträglichen Menschen ekelt. Ein solcher Gott ist ein böses Wesen, er ist ganz eigentlich der Fürst der Welt, ein heilloser Götze [219.]

Dies die Folgen der theoretisch falschen Vorstellung Gottes als körperlich sinnlichen Wesens — allerdings nur in sinnlichen Herzen.

Unmöglich und widersprechend ist zweitens auch die Vorstellung Gottes als einer bewussten Persönlichkeit. Dieselbe beruht, wie oben bereits gesagt, auf dem Bestreben, die Unendlichkeit des reinen Handelns zu begreifen dadurch, dass man sie in einem Subjekte fixirt.

Aber es ist von vorn herein ein Widerspruch, Gott verstandesmässig begreifen zu wollen. Denn alle Realität, die wir fassen, ist nur endlich und sie wird es dadurch, dass wir sie fassen [265]. Damit wird nicht gesagt, dass Gott überhaupt nicht erfassbar ist. Jene Voraussetzung Fichtes bleibt, dass das Uebersinnliche dem Menschen erfassbar ist, aber eben in dem Sinne, in welchem wir dies bereits oben erklärten: das Uebersinnliche ist nicht bloss ein erfassbares neben anderem, sondern das allein Erfassbare und nothwendig zu Erfassende, die alleinige den Menschen sich als solche kundgebende Realität. So nehmen wir das Uebersinnliche allerdings wahr, ja, dadurch, dass wir es wahrnehmen, werden

wir erst unserer selbst und der sinnlichen Welt bewusst
[210]; aber wir dürfen es nicht begreifen wollen; denn jedes
Begreifen ist, wie das Wort andeutet, ein Umfassen (com-
prehendere), ein in Schranken Einschliessen. Es ist sonach
klar, dass, sobald man Gott zum Objekte eines Begriffs macht,
er eben dadurch aufhört, Gott, d. h. unendlich zu sein [265].

Gott ist unbegreiflich, weil er unendlich ist. Deshalb
ist jeder Begriff von Gott unmöglich. Also darf man einerseits Gott nicht mit der Welt zusammendenken wollen [266],
andrerseits ist auch der dogmatische, ausserweltliche Gott
unmöglich. Denn er ist doch wohl die Welt nicht, da er
ja ausser der Welt ist. Sein Begriff ist sonach durch Negation bestimmt; alles Bestimmte ist aber ein Beschränktes;
also ist ein solcher Gott nicht unendlich, sonach nicht Gott [265].

Weil Gott nicht begreiflich ist, ist es nun auch nicht
möglich, ihm Persönlichkeit und Bewusstsein zuzuschreiben.
Denn „was nennt ihr denn Persönlichkeit und Bewusstsein?
Doch wohl dasjenige, was ihr in euch selbst gefunden, an
euch selbst kennen gelernt und mit diesem Namen bezeichnet
habt? Dass ihr aber dies ohne Beschränkung und Endlichkeit
schlechterdings nicht denkt, noch denken könnt, kann euch
die geringste Aufmerksamkeit auf eure Konstruktion dieses
Begriffs lehren. Ihr macht sonach dieses Wesen durch die
Beilegung jenes Prädikates zu einem endlichen, zu einem
Wesen euresgleichen, und ihr habt nicht, wie ihr wolltet, Gott
gedacht, sondern nur euch selbst im Denken vervielfältigt“
[187 vgl. 2, 304].. Gott kann also nicht Persönlichkeit und
Bewusstsein zugeschrieben werden, weil er dadurch uns begreiflich, also endlich würde. Desshalb, aber auch nur desshalb läugnet Fichte das Bewusstsein Gottes. „Der Materie
nach — dass ich mich bemühe, das Unbegreifliche auszu-
drücken, so gut ich kann! — der Materie nach ist die Gottheit
lauter Bewusstsein, ist Intelligenz, reine Intelligenz, geistiges
Leben und Thätigkeit. Dieses Intelligente aber in einen Be-

griff zu fassen und zu beschreiben, wie es von sich selbst und anderen wisse, ist schlechthin unmöglich" [266].

Es ist also ein Irrthum, dass man den Unbegreiflichen begreifen will. Aber es ist nur ein theoretischer Irrthum, der mit der Rechtgläubigkeit des Herzens sehr füglich beisammen bestehen kann [267]. Ob indessen nicht auch hier, wie bei dem Begriffe einer göttlichen Substanz, aus dem theoretischen Irrthum praktisch schädliche Folgen hervorgehen können, und welche etwa, wird nicht ausgeführt.

3) Die Beweise für die Realität des dogmatischen Gottesbegriffs.

Der dogmatische Begriff von Gott als einer persönlichen und selbstbewussten Substanz, ist seinem Ursprunge nach als in der Endlichkeit des menschlichen Verstandes begründet, seinem Inhalte nach als unmöglich und widersprechend nachgewiesen. Die Kritik hat damit eigentlich ihr Geschäft vollendet; denn sie hat von dem realen Gehalte der Gottesidee die subjektive Anschauungsform abgestreift. Wir könnten demnach von der Phänomenologie zur Ontologie der Religion übergehen. Aber die Realität jenes freilich eben als irreal bewiesenen Begriffs ist doch durch verschiedene sogenannte Beweise zu erhärten gesucht. Von vorn herein ist zwar klar, dass dieselben ihren Zweck nicht erreichen können, so gewiss das Unmögliche nie als wirklich nachgewiesen werden kann. Die Kritik möchte aber doch ohne Widerlegung wenigstens des hauptsächlichsten jener vermeintlichen Beweise ihr Geschäft nicht vollendet zu haben scheinen.

Die Realität des dogmatischen Gottesbegriffs soll in jenen Beweisen bewiesen werden. Ein Beweis überhaupt ist die Anzeigung des Grundes, irgend etwas anzunehmen. Sonach bedürfen der Beweise und sind der Beweise fähig lediglich vermittelte Erkenntnisse, keineswegs aber unmittelbare, die man weiss dadurch, dass man überhaupt weiss, und so, wie man auch nur von sich selbst weiss [267 f.].

'Der Glaube an eine übersinnliche Welt, weil er uns mit unserer Existenz gegeben ist, also unter die unmittelbaren Wahrheiten gehört, ist sonach keines Beweises fähig und bedürftig, eben so wenig wie es zu beweisen ist, dass ein Gegenstand, den man roth erblickt, wirklich roth ist. Ist also, wie Fichte behauptet, Gott eben diese übersinnliche Welt, so ist das Dasein Gottes nicht zu beweisen. Es ist unmittelbar gewiss [268].

Nun stellt jedoch die dogmatische Theologie und Philosophie den Begriff Gottes als einer persönlichen Substanz auf und sucht die Realität desselben, also die Existenz des in demselben gedachten Wesens zu beweisen. Das Dasein eines Wesens beweisen heisst aber, dasselbe als die allein zureichende, also nothwendige Ursache eines gegebenen Bedingten nachweisen und desshalb seine Existenz postuliren [vgl. 268].

Was ist nun das gegebene Bedingte, dass nur durch die Kausalität Gottes erklärt werden könnte? In der Regel wird geantwortet werden: die Sinnenwelt; aus deren Existenz und Beschaffenheit will man auf das Dasein und die Eigenschaften eines sie bestimmenden Gottes schliessen. Untersuchen wir diesen Schluss.

Entweder erblickt man die Sinnenwelt aus dem Standpunkte des gemeinen Bewusstseins, den man auch den der Naturwissenschaft nennen kann, oder vom transzendentalen Gesichtspunkte aus. Im ersten Falle, wo ausser der Sinnenwelt unmittelbar nichts anderes als existirend gewusst wird, könnte überhaupt nur von dieser aus auf Gott geschlossen werden. Denn diese wird als die Totalität alles Existirenden angenommen. Ausser ihr giebt es nichts, also auch nichts, was aus einer göttlichen Kausalität abzuleiten nothwendig scheinen könnte. Eben desshalb aber ist von diesem Standpunkte aus die Vernunft genöthigt, bei dem Sein der Welt, als einem absoluten, stehen zu bleiben; die Welt ist schlechthin, weil sie ist, und sie ist so; schlechthin weil sie so ist. Auf diesem Standpunkte wird von einem absoluten Sein ausgegangen, und dieses absolute Sein ist eben die Welt. Beide Begriffe sind identisch. Die Welt wird ein sich selbst begründendes, in sich selbst vollendetes und eben darum ein organisirtes und organisirendes Ganzes, das den Grund aller in ihm vorkommenden Phänomene in sich selbst und in seinen immanenten Gesetzen enthält. Eine Erklärung der Welt und ihrer Formen aus Zwecken einer Intelligenz ist, in wie fern nur wirklich die Welt und ihre Formen erklärt werden sollen, totaler Unsinn.

Ueberdiess hilft uns der Satz: Gott hat die Welt erschaffen = eine Intelligenz ist Urheber der Sinnenwelt, nicht das geringste. Denn er ist schlechthin unverständlich. Gott soll ein intelligentes Wesen sein. Seine Aeusserungen sind also Gedanken, Begriffe. Wie nun diese entweder in Materie sich verwandeln mögen in dem ungeheuren Systeme einer Schöpfung aus Nichts, oder die schon vorhandene Materie modifiziren mögen in dem nicht viel vernünftigeren Systeme der blossen Bearbeitung einer selbständigen ewigen Materie — darüber ist noch immer das erste verständliche Wort vorzubringen [179 f. 214].

Also aus dem gemeinen Bewusstsein heraus, das die Sinnenwelt ohne Weiteres für real nimmt, können die Schwierigkeiten eines Schlusses auf ein diese Realität bedingendes anderes reales Wesen nicht gelöst werden. Der versuchte Beweis ist misslungen.

Diese Schwierigkeiten verschwinden allerdings, wenn man die Welt nicht von dem gemeinen, sondern von dem transzendentalen Gesichtspunkte aus ansieht. Von hier aus ist das schlechthin Reale allein das Uebersinnliche. Das Sinnliche aber ist nichts Reales.

Auf dem Standpunkte des gemeinen Bewusstseins konnte

man nur von der Sinnenwelt aus versuchen auf Gott zu schliessen. Denn diese galt als das einzig Existirende. Hier hat man dagegen ein Reales im Uebersinnlichen. Aber direkt aus dem Begriffe desselben ergiebt sich schon, dass man nicht etwa von seiner Realität auf die Existenz eines dieses bestimmenden Gottes schliessen darf. Denn diese übersinnliche Weltordnung ist selbst das Absolute und durch sich selber Bestimmte, schlechthin Ursprüngliche, das kein anderes als Möglichkeitsgrund voraussetzt [268].

So ist also die letzte Möglichkeit genommen, durch einen Schluss von etwas Bedingtem auf ein Bedingendes den Begriff Gottes zu beweisen. Denn auf transzendentalem Standpunkte aus der Realität der Sinnenwelt auf Gott zu schliessen, wäre nicht bloss eine Unmöglichkeit, wie derselbe Versuch vom gemeinen Bewusstsein aus, sondern von vorn herein ein Selbstwiderspruch. Denn die sinnliche Welt ist von diesem Standpunkte aus überhaupt nichts Reales. In Allem, was wir erblicken, erblicken wir blos den Widerschein unserer eigenen inneren Thätigkeit. Aber was nicht ist, nach dessen Grunde kann nicht gefragt werden; es kann nichts ausser ihm angenommen werden, um dasselbe zu erklären [180; 269].

„Die sinnliche Welt ist von diesem Standpunkte aus überhaupt nichts Reales." In wie fern? Die Begründung dieses Satzes führt uns sofort mitten hinein in die Wissenschaftslehre und damit in die Ontologie der Religion, denn wie wir bereits oben behauptet und jetzt durch eine gedrängte Darstellung der Grundzüge zu beweisen haben werden, ist das ganze Fichte'sche System im Grunde nichts anderes als dieses.

b. Ontologie.

1) Gott.

Das Uebersinnliche ist die Urthatsache des menschlichen Bewusstseins, das konstitutive Moment in demselben, ohne welches dasselbe gar nicht sein könnte. Dies ist demnach auch an sich das Ursprüngliche und wahrhaft Reale, das schlechthin durch sich selbst Wirkliche und Wirkende, aus dessen Wirken alles, dessen wir uns sonst noch bewusst werden können, hervorgeht. Dieses Uebersinnliche ist Gott. Alle Verstandesbegriffe von Gott sind lediglich Vorstellungsformen, durch die das nur wahrnehmbare Uebersinnliche denkend begreiflich gemacht werden soll, aber — nicht kann.

Das Uebersinnliche kann nicht denkend begriffen werden; denn es ist das Unendliche. Durch das Begreifen würde es aber in endliche Schranken eingeschlossen werden. Als das Unendliche darf es ferner, wie schon oben gesagt ist, nicht als reales (nur logisches) Subjekt vorgestellt werden. Denn das Prädikat würde weiter sein als das Subjekt, was dessen Unendlichkeit widersprechen würde. Das Uebersinnliche ist also reiner Prädikatsbegriff.

Das Uebersinnliche ist das wahrhaft Reale, heisst demnach genauer: es ist das wahrhafte Real-Sein. Real-Sein ist aber nicht ein todtes, ruhendes Sein, wie man solches den Gegenständen der Sinnenwelt zuschreibt. Unter wahrer Realität kann nur ein schlechthin auf sich selbst beruhendes, ein durch und aus sich selbst seiendes Sein verstanden werden. Ein solches Sein ist aber ein Wirksamsein, ein Handeln, und zwar das schlechthin ursprüngliche Handeln, aus dem alles übrige Handeln und Sein hervorgeht. Das Uebersinnliche oder Gott ist also reines Handeln, absolute Spontaneität, ein esse in mero actu.[5] Wie das Meer unabsehbar in seinen Wogen dahinschäumt, so erstreckt sich die unendliche Thätigkeit in das Unermessliche. Aber das Meer zieht auch seine Fluten

---

[5] Diese Auffassung des Realen nicht als eines Seins, sondern als Wirkens, durchdringt übrigens Fichte's ganze Terminologie. In seiner Philosophie „ist alles That, Bewegung und Leben; sie findet nichts, sondern sie lässt alles unter ihren Augen entstehen" [381]. Daher heisst ihr Ordnung thätiges Ordnen (ordo ordinans), Wirkung nicht Bewirktes, Effekt, sondern Akt des Wirkens [382].

zurück. Und so ist auch die Bewegung des übersinnlichen Thuns nicht blos eine ausdehnende, sondern auch eine zurückziehende. In unserem Bewusstsein, das von dem Uebersinnlichen erst konstituirt wird, finden wir diese doppelte Thätigkeit nicht minder, und unterscheiden darnach eine praktische und eine theoretische Vernunft, ein Wollen und ein Wissen.

Die ursprüngliche Thätigkeit ist einerseits in ihrer allgemeinen Form eine ausdehnende, praktische. Sie ist ein Wollen und, weil sie unendlich ist, ein unendliches Wollen. Fichte nennt sie desshalb geradezu den unendlichen Willen.

In seiner unendlichen ausdehnenden Thätigkeit trifft aber das Uebersinnliche nicht auf ein ausser ihm befindliches und es selbst begrenzendes Objekt, wie etwa jene Meereswellen schliesslich an das Ufer schlagen; denn dann wäre es nicht unendlich. Sondern wie im Meere, wenn es keine Ufer hätte, immer wieder Welle an Welle treffen würde, also das Meer immer nur sich selber bewegte, so kann auch die unendliche ausdehnende Thätigkeit im Wollen nicht etwas ausser ihr setzen — denn es ist gar nichts ausser ihr vorhanden — sondern nur sich selbst. Es findet also vollständige Identität zwischen wollendem und gewolltem Handeln, zwischen Subjekt und Objekt des Uebersinnlichen statt.

Die zweite Form der unendlichen Thätigkeit ist die reflexive, theoretische. Die Wellen rollen zurück; das Uebersinnliche ist nicht ein blosses Hinschäumen in das Unermessliche, sondern auch eine Einkehr in sich, ein sich selbst Durchdringen und sich selbst Erfassen. Das Uebersinnliche ist also nicht blos Wollen, sondern auch Denken, Wissen. Fichte nennt es desshalb, und das mit Vorliebe, (absolutes) Wissen, auch wohl reines Licht oder Sehe.

Wenn wir Menschen denken, so denken wir ein Seiendes. Denken und Sein fallen uns schlechthin auseinander. Das unendliche Denken dagegen findet ausser sich nichts, es kann also nur sich selbst denken. In diesem Denken fallen also

Subjekt und Objekt, Denkendes und Gedachtes (Seiendes), Wissen und Gewusstes schlechthin in eine untrennbare Einheit zusammen. Die unendliche Thätigkeit ist also sowohl nach ihrer ausdehnenden wie nach ihrer zurückgehenden Richtung vollkommene Identität von Subjekt und Objekt. Man kann sie desshalb Subjekt-Objekt, oder, weil es reiner Prädikatsbegriff ist, besser Subjekt-Objektivität nennen.

. Die doppelte Richtung aber der unendlichen Spontaneität, die wir gesondert betrachtet haben, ist völlig ineinander und durcheinander, in schlechthinniger Einheit zu denken. Beide Seiten auch im Ausdrucke zusammen zu fassen sucht Fichte, wenn er das Uebersinnliche absolute Vernunft, Ichheit, oder (allgemeines) Leben nennt, wie ja in dem Begriffe der menschlichen Vernunft, des menschlichen Ich-Seins oder des Lebens gleichfalls die praktische und die theoretische Thätigkeit verbunden gedacht werden.

Diese Subjekt-Objektivität ist Subjekt-Objektivität aber zunächst nur an sich, nicht für sich. Sie ist ein Sich-Wollen, aber nicht ein Sich-Er wollen, nicht ein Sich-Realisiren. Sie ist ein Sich-Wissen, aber ein blos formales Sich-Durchdringen, nicht ein Selbstbewusstsein, nicht ein Wissen von etwas, auch nicht von sich selbst, sondern das Wissen. Also — wie es Löwe[6]) treffend bezeichnet — „der actus purus, das reine Ansich des unendlichen in sich reflektirten Schauens, Wissens und Wollens, ohne etwas zu erschauen, zu wissen und zu wollen, gewissermaassen das leere, unendliche in sich Hinein- und durch sich Hindurch-Schauen, ohne bei irgend einem Geschauten anzuhalten, die unendliche Bewegung des Wollens, ohne irgendwo zum Stehen zu kommen und ein Gewolltes zu fixiren." Es ist wie ein unaufhörliches aus sich hinaus und in sich herein Wogen eines unendlichen Meeres.

---

[6]) Löwe, Dr. Joh. Heinr., Die Philosophie Fichte's nach dem Gesammtergebnisse ihrer Entwickelung. Stuttgart 1862. S. 37.

2) Die Menschheit.

·Das beschriebene unendliche Handeln ist also das Uebersinnliche, das wahrhaft Reale, aus dem alles Existirende‚ abgeleitet werden muss, es ist Gott.

Wie ist nun die Genesis alles Seienden aus diesem Absoluten zu denken?

Das Uebersinnliche ist ja nach dem Obigen nicht ein blosses formales Thätigsein, sondern es ist zugleich Freiheit und Wissen, ist Vernunft. Alle Vernunft hat aber ihren Zweck. Die unendliche Vernunft, die nichts ausser sich hat, kann, wie sie das schlechthin Erste ist, auch nur selber das schlechthin Letzte, der schlechthinnige Endzweck sein. In dem Begriffe des Endzwecks liegt aber ein Herausgehen über sein blosses Ansichsein zu einem Fürsichsein. Der Endzwek bedarf etwas, dessen Endzweck er ist. Er will realisirt werden, und kann sich realisiren nur durch sich selbst.

Die in der ausdehnenden Thätigkeit ausströmende Kraft soll also zu einer wirklichen Aeusserung kommen, durch die sie sich selbst wollend und denkend vor sich hinstellt. Real wirksam aber kann das Unendliche nur werden, wenn es in einem einfachen Punkte anhebt. So müsste also das absolute Leben sich auf einen Punkt kontrahiren. Dies ist der ursprüngliche actus individuationis. Solche Kontraktionspunkte der absoluten Spontaneität sind die Individuen. D i e Individuen, nicht blos d a s Individuum: Jener Akt des Sich-Kontrahirens findet nicht etwa nur einmal statt. Denn die Urthätigkeit ist unendlich. Sie kann desshalb nicht in e i n e r individuellen Form sich erschöpfen. Würde sie damit zu Ende sein, so wäre sie eben endlich. Als unendliche Thätigkeit muss sie also eine unendliche Reihe von Individuen setzen.

Das Individuum ist sonach gar nicht ein besonderes Sein ausserhalb des allgemeinen Lebens, sondern es ist eine blosse Form desselben, und zwar eine Form seiner absoluten Freiheit. Das individuelle Sein ist durchaus nicht real-kräftig, es ist nur die nothwendige Form, durch die die unendliche Thätigkeit hindurchgehen muss, um aus der blos hinstaunenden Anschauung hinüber zu gelangen zu wirklicher Thätigkeit. In der unendlichen Reihe von Individuen realisirt das Uebersinnliche sich selbst in seinem Denken und Wollen.

Die Individuen sind daher erstlich die Form, in der das allgemeine Leben seiner selbst bewusst wird. Nur in ihnen ist es nicht ein blosses Ansich, sondern zugleich ein Fürsich, nicht blos das schlechthinnige Wissen, sondern das sich selbst Wissen, das Bewusstsein. Der Strenge nach kann man also nicht sagen: das Individuum wird seiner selbst bewusst. Denn das Individuum ist gar nicht, es ist blosse Form der absoluten Vernunft. Man kann nur sagen: Das Leben wird seiner bewusst in der individuellen Form, als Individuum [2, 64 f.] In diesem fällt desshalb, was in der unendlichen Thätigkeit selbst unmittelbar eins war, auseinander. Aus dem Subjekt-Objekt wird eine Reihe von Subjekten und eine Reihe von Objekten. Denken und Gedachtes werden unterschieden, letzteres heisst Sein.

In der individuellen Form realisirt sich das Absolute zweitens als Wollen. Sittliche Freiheit ist der Inhalt der unendlichen Thätigkeit. Diese setzt sich durch die Individuation selbst. In dem Individuum gehen demnach auch hier Subjekt und Objekt auseinander als die realisirende Freiheit und als die realisirt werdende Sittlichkeit. Wollen und Sollen unterscheiden sich nun.

Das Individuum also ist nicht etwa ein besonderes Sein, sondern ein Mittel für die Selbstrealisirung des unendlichen Lebens. In der unendlichen Reihe von Individuen hat aber jedes einzelne seine bestimmte Stellung und seine bestimmte, schlechthin ihm, und ihm allein gestellte Aufgabe. Dieselbe wäre also nach dem Vorigen gleichmässig ein bestimmtes, im einzelnen Menschen und durch denselben zu realisirendes Bewusstwerden und Sittlichwerden. Fichte legt jedoch anfangs allen Nachdruck auf das letztere. Sittlich zu sein und nach seiner besonderen Aufgabe zur Erfüllung des Sittengesetzes beizutragen ist der Endzweck des Individuums; das Wissen erscheint dazu nur als Mittel. Später tritt die Bedeutung des Wissens mehr hervor als des sich über Grund und Bedeutung des Sittengesetzes völlig klaren Bewusstseins, aus dem dann das Thun schon von selber folgt.

Die Verwirklichung des Sittengesetzes ist also die allgemeine Aufgabe aller Individuen, d. h. der Menschheit. Und eben darin besteht ihr Wesen. Sie würde nicht Menschheit sein, wenn sie nicht dazu dienen könnte, jenen absoluten Endzweck des allgemeinen Lebens zu realisiren. Innerhalb der Menschheit, der Gesammtheit der Individuen, hat aber jede einzelne Individuationsform, jeder einzelne Mensch seine besondere Aufgabe, seine Pflicht. Durch diese Vertheilung der sittlichen Aufgaben an eine unendliche Reihe von Individuen wird zugleich das Verhältniss jedes einzelnen Wesens zum anderen bestimmt. Das Sittengesetz überhaupt ist der Gattungscharakter der Menschheit; die individuelle sittliche Aufgabe, die Pflicht, ist das unterscheidende Merkmal jedes einzelnen Menschen.

Die Pflicht ist also das, was das Wesen des Individuums — des allgemeinen Lebens in individueller Form — ausmacht. In dem Begriffe dieses absoluten Gebots ist aber zugleich die Freiheit, die Möglichkeit der Ausführung mitgesetzt. „Indem ich jenen mir durch mein eignes Wesen gesetzten Zweck ergreife und ihn zu dem meines wirklichen Handelns mache, setze ich zugleich die Ausführung desselben durch wirkliches Handeln als möglich. Beide Sätze sind identisch; denn 'ich setze mir etwas als Zweck vor' heisst: 'ich setze es in irgend einer zukünftigen Zeit als wirklich'; in der Wirklichkeit aber wird die Möglichkeit nothwendig mit gesetzt. Ich muss, wenn ich nicht mein eignes Wesen verläugnen will, das erste, die Ausführung jenes Zweckes, mir vorsetzen; ich muss sonach auch das zweite, seine Ausführbarkeit, annehmen: Ja es ist hier nicht eigentlich ein erstes und ein zweites, sondern es ist absolut eins. Beides sind in der That nicht zwei Akte, sondern ein und eben derselbe untheilbare Akt des Gemüths" [183].[7]) Mit dem „Ich soll" ist das „Ich kann" unmittelbar gegeben. Denn die sittliche Aufgabe wird dem Individuum durch das Uebersinnliche gestellt, das sich durch die individuelle Thätigkeit selbst realisiren will. Es liegt also so zu sagen im Interesse Gottes, dass die Menschen, was sie sollen, auch können; denn was sie sollen, ist nur sein Wille. Derselbe kommt aber zur Realisirung dadurch, dass sie ihn thun. Wenn so die Freiheit des Individuums die nothwendige Form der Offenbarung des allgemeinen Lebens ist, so kann derselben nichts hindernd im Wege stehen, da nichts ausser dem Allgemeinen ursprünglich existirt und, was existirt, nur seine Daseinsform ist.

3) Die Natur.

Das unendliche Handeln war durch die Selbstkontraktion seiner reflektirenden Thätigkeit in einer unendlichen Reihe von Ichpunkten aus der Ichheit in die Formen der Iche eingetreten. Die Individuenwelt ist das Produkt der zurückziehenden, in sich einkehrenden Form der absoluten Spontaneität.

Nun ist dies aber nicht die einzige Form der Urthätigkeit, sondern wir haben dieselbe auch als ausdehnendes Handeln, als absolute Entäusserung kennen gelernt. Die der Ichenwelt parallel laufende Erscheinungsform derselben ist nun die Sinnenwelt, die Natur.

Dass bei der Duplizität der Formen der Thätigkeit auch die Erscheinungsform derselben eine doppelte sein muss, er-

---

[7]) Vgl. 387, 2,673 u. ö., auch Kant 6,207, 210, 213: „Wenn das moralische Gesetz gebietet, wir sollen jetzt bessere Menschen sein, so folgt unumgänglich, wir müssen es auch können."

giebt sich leicht. Denn das blosse Hinströmen des absoluten
Lebens ist doch kein wirkendes, also kein wirkliches Handeln.
Es ist ein blos mögliches Leben. Durch die zweite Form,
in der das allgemeine Leben durch Selbstzurückziehung auf
unendlich viele Kontraktionspunkte zum Bewusstsein und wirklichen Wollen kommt, wird nun die erstere einhaltlich ergänzt. Wiederum aber stellt sich in dieser zweiten Form
das Leben niemals in seiner Ganzheit und seinem vollendeten Sein dar, sondern nur in Anfängen, die eine Fortentwickelung ins Unendliche setzen. Darum musste auch diese
zweite Form des allgemeinen Lebens durch die erste in Bezug auf den Umfang ergänzt werden. Keine der Formen
für sich, sondern beide in ihrer Vereinigung sind die volle
Erscheinung des Uebersinnlichen [vgl. 2, 654 f.].

Die Sinnenwelt ist sonach eine Erscheinungsform des
Uebersinnlichen oder des Sittengesetzes. Dieses Uebersinnliche ist das wahrhaft Reale, und die Sinnenwelt ist blos die
versinnlichte Ansicht desselben. Und weil das Uebersinnliche
der einige wahre Urstoff unseres Bewusstseins ist [261], so
kann man auch sagen: Die Welt ist nichts weiter, als die
nach begreiflichen Vernunftgesetzen versinnlichte Ansicht unseres eigenen inneren Handelns, als blosser Intelligenz, innerhalb unbegreiflicher Schranken, in die wir nun einmal eingeschlossen sind.

Jene Schranken sind uns freilich nur ihrer Entstehung
nach unbegreiflich, ihre Bedeutung ist das Klarste und Ge-
wisseste, was es giebt, sie sind unsere bestimmte Stelle in
der moralischen Ordnung der Dinge. Was wir zufolge ihrer
wahrnehmen, hat Realität, die einzige, die uns angeht. Unsere
Welt ist das versinnlichte Materiale unserer Pflicht. Dies
ist das eigentliche Reelle in den Dingen, der wahre Grund-
stoff aller Erscheinung [184 f.]. Aus der Gewissheit des
Uebersinnlichen folgt uns also allein die Gewissheit des Sinnlichen, d. h. sowohl die theoretische Nothwendigkeit, die

sinnliche Welt für existirend zu halten, wie die moralische Verbindlichkeit, sie als Mittel zur Realisirung des Uebersinnlichen selbst zu ehren. „Die übersinnliche Welt ist unser Geburtsort und unser einziger fester Standpunkt; die sinnliche ist nur der Widerschein der ersteren. Du glaubst nicht an Gott, weil du an die Welt glaubst: du erblickst vielmehr eine Welt lediglich darum, weil du an Gott zu glauben bestimmt bist" [212].

2. Das Wesen der Religion.

a. Die Religion an sich.

Im Anschluss an die eben angeführten Worte aus seiner „Appellation an das Publikum" schildert Fichte das Wesen der Religion durch eine Charakteristik eines wahrhaft frommen Menschen. „Nach allem," sagt er, „ist meiner Lehre zufolge der Charakter des wahren Religiösen der: Es ist nur Ein Wunsch, der seine Brust hebt und sein Leben begeistert, die Seligkeit aller vernünftigen Wesen (d. h. die absolute Selbstgenügsamkeit ihrer Vernunft, ihre gänzliche Befreiung von der Sinnlichkeit durch reine Moralität, 206, 366). Dein Reich komme ist sein Gebet. Ausser diesem einen hat nicht das Geringste für ihn Reiz; er ist der Möglichkeit, noch etwas anderes zu begehren, abgestorben. Er kennt nur Ein Mittel, jenen Zweck zu befördern, das, der Stimme seines Gewissens in allen seinen Handlungen unverrückt, ohne Furcht und Klügeln zu folgen. Das verknüpft ihn wiederum mit der Welt, nicht als einem Gegenstande des Genusses, sondern als mit der durch sein Gewissen ihm angewiesenen Sphäre seines pflichtmässigen Wirkens. Er liebt die Welt nicht, aber er ehrt sie um des Gewissens willen. Zweck wird sie ihm nie, in ihr hat er nie etwas zu beabsichtigen oder hervorzubringen, sondern nur durch sie, nach einem ihm unbegreiflichen und ihn nicht kümmernden Zusammenhange. Seine Absicht geht immer auf das Ewige, welches nie erscheint, das aber der untrüglichen Zusage in seinem Inneren zufolge sicherlich erreicht wird. Darum sind ihm auch die Folgen seiner pflichtmässigen Handlungen in der Welt der Erscheinungen völlig gleichgültig; wie sie auch scheinen mögen, an sich sind sie sicherlich gut; denn wo die Pflicht geübt wird, da geschieht der Wille des Ewigen, und dieser ist nothwendig gut. Nicht mein Wille, sondern Seiner geschehe, nicht mein Rath, sondern der Seinige gehe von Statten, ist der Wunsch seines Lebens, und so verbreitet sich unerschütterliche Freudigkeit über sein ganzes Dasein" [212].

Ein solcher Charakter, wie der geschilderte, ruht aber auf fester, klarer Ueberzeugung. Der Religiöse glaubt — nicht in dem Sinne eines blossen Fürwahrannehmens, wie man ein historisches Ereigniss, das man selbst nicht miterlebt, auf die Erzählungen andrer hin glaubt, sondern in dem eigentlich religiösen Sinne des Wortes, in dem es ein unmittelbares Wissen aus dem sittlichen Bewusstsein heraus bedeutet — er weiss, dass die Welt an sich nichts ist mit ihrer Lust, und dass sie nur für ihn da ist als das versinnlichte Materiale seiner Pflicht. Es weiss, dass er selbst nichts ist als ein kleines Glied der grossen sittlichen Weltordnung, dass aber eben durch sein menschliches Dasein ihm die Aufgabe gestellt ist, an seinem Theile zu der Verwirklichung des allgemeinen Weltplanes beizutragen. Er weiss, dass, wenn er nur thut, was die Pflicht gebeut, in der That auch erreicht und verwirklicht wird, was er in seinem pflichtmässigen Wirken nur erstreben kann.

Das Wesen der Religion besteht also in der absoluten Gewissheit und Ueberzeugung von der Möglichkeit, nicht etwa blos sich selbst, d. i. seinen Willen, durch den Begriff der Pflicht zu bestimmen, — denn dies erkennen wir als möglich, dadurch, dass wir es wirklich thun — sondern durch diese pflichtmässige Bestimmung unseres Willens den Zweck der Vernunft auch ausser unserem Willen zu befördern [359].

Der Ort des religiösen Glaubens, jenes Etwas im Systeme des nothwendigen Denkens, an welches der religiöse Glaube sich anschliesst und daraus hervorgeht, ist so nach der Fichteschen Philosophie der nothwendige Zweck des Menschen bei seinem Gehorsam gegen das Pflichtgebot [387], das nothwendige Denken und Fordern einer intelligiblen Ordnung, Gesetzes, Einrichtung, oder wie man es nennen will, nach welcher die wahre Sittlichkeit, die innere Reinheit des Herzens nothwendig Folgen hat [394 vgl. 363 f.].

Der Effekt alles menschlichen Handelns ist durch ein doppeltes bedingt, durch ein von dem Menschen selbst abhängendes, nemlich seine Willensbestimmung, und durch etwas, auf dessen Mitwirkung er nur rechnen kann und rechnén muss, durch eine ausser ihm vorhandene Ordnung. So beim Handeln in der sinnlichen Welt: Es genügt nicht, dass der Mensch Samen in die Erde streut; durch das blosse Säen geht derselbe nicht auf, sondern durch die Wirkung der Naturordnung. So auch bei allem sittlichen Handeln, dem reinen guten Willen. Hier ist die Ordnung eine intelligible, und diese ist eben das Uebersinnliche, das, wie oben gezeigt, selbst Menschheit und Welt, um den einen Endzweck zu verwirklichen, zur Erscheinung bringt.

Hierin liegt nun der Unterschied von Sittlichkeit und Religion begründet. Denn die moralische Gesinnung ist damit vollendet, dass man einfach thut, was die Pflicht gebeut. Der religiöse Glaube dagegen ist die Ueberzeugung, dass aus dieser moralischen Gesinnung auch wirklich der absolute Vernunftzweck, die allmählige Realisirung der Sittlichkeit, hervorgeht.

Sonach sind Sittlichkeit und Religion für Fichte allerdings etwas verschiedenes, und er nennt es einen aus der Luft gegriffenen Vorwurf, wenn man seiner Theorie vorrücke, dass sie die Religion ganz aufhebe und nur ihren Namen stehen lasse, während blos Sittlichkeit übrig bleibe [364].

Aber doch sind ihm beide nur in abstracto, nur in der theoretischen Betrachtung zu scheiden. Desshalb sagt er an einer anderen Stelle geradezu: „Moralität und Religion sind absolut Eins; beides ein Ergreifen des Uebersinnlichen, das erste durch Thun, das zweite durch Glauben [209]. Die durch die Philosophie gemachte Distinktion der Ansicht darf man nicht für eine wirkliche Unterscheidung der Sache halten. Denn in der Wirklichkeit sind beide von einander untrennbar. Religion ohne Moralität ist Aberglaube, die den Unglückseligen mit einer falschen Hoffnung betrügt und ihn zu aller Besserung unfähig macht. Umgekehrt kann auch die Moralität nicht ohne religiösen Glauben bestehen. Es ist unmöglich, dass die Pflicht ohne Rücksicht auf irgend einen Zweck gethan wird. Der Mensch kann überhaupt nicht ohne Zweck handeln. Denn indem er sich zum Handeln bestimmt, entsteht ihm der Begriff eines Zukünftigen, das aus seinem Handeln folgen würde, d. i. eben der Zweckbegriff. Der Zweck bei dem pflichtmässigen Handeln ist nur kein Genuss, der Wille wird hier nicht durch die Aussicht auf sinnliche Lust, sondern durch das Pflichtbewusstsein selber bestimmt. Und dass dieser Zweck durch die Realisirung des Sittengesetzes wirklich, so weit dies die Aufgabe jedes einzelnen Individuums ist, erfüllt werde, das ist eben der religiöse Glaube. In ihm liegt zugleich die Gewissheit, dass die aus der Willensbestimmung in der sinnlichen Welt erfolgende Handlung und ihre Folgen, so wenig man sie auch vorher berechnen kann, dennoch gut und dem Vernunftzwecke gemäss sind, selbst wenn es anders scheinen sollte. Der Inhalt dieses religiösen Glaubens ist, wenn man es sich auch nicht so deutlich und nicht in dieser begriffsmässigen Form denkt, der Glaube an ein Prinzip, zufolge dessen aus jeder pflichtmässigen Willensbestimmung die Beförderung des Vernunftzweckes im allgemeinen Zusammenhange der Dinge sicher erfolgt. Das Prinzip ist zwar schlechthin unbegreiflich der Art und Weise seines Wirkens nach; doch wird es seinem Vorhandensein nach absolut gesetzt [365].

Den Unterschied der Religion und der Sittlichkeit findet also Fichte darin, dass durch letztere das Rechtthun schlechthin gesetzt wird, ohne Bewusstsein des Grundes: ein maschinenmässiges, sklavisches Vollbringen des absoluten Gebots, während die Religion das Bewusstsein des Zweckes dieses sittlichen Handelns hinzufügt.

Schlechthin und ohne Angabe des Grundes verlangt so das Sittengesetz: Du darfst nicht lügen, und sollte die Welt darüber in Trümmern fallen. Aber der Religiöse ist des Grundes und Zusammenhanges jener Forderung sich bewusst und weiss, dass die Welt darum nicht in Trümmern zerfallen kann, dass also jenes eine blosse Redensart ist. Denn er weiss, dass die Welt überhaupt nur da ist zur Realisirung des Sittengesetzes, dass also in dem Plan ihrer Erhaltung sicherlich nicht auf eine Lüge gerechnet ist [185].[8])

---

[8]) Dies der Zusammenhang jener Stelle, die freilich dem (mit gutem Grunde anonymen) Verfasser des „Schreiben eines Vaters an seinen studirenden Sohn über den Fichte'schen und Forberg'schen Atheismus 1798" unverständlich geblieben ist. Nur zur Probe dafür, dass man schon damals nach Art heutiger Zeitungspolemik missverstehen, verdrehen und damit verläumden konnte, und dies mit Erfolg, sei der hierauf bezügliche Passus aus jenem Machwerk mitgetheilt: *„Jede wahrhaft gute Handlung gelingt, und jede böse misslingt sicher; denen, die nur das Gute recht lieben, müssen alle Dinge zum Besten dienen.* Das soll vermuthlich heissen: Jede gute Handlung hat gute, und jede böse Handlung hat böse Folgen; denn diesen Sinn erfordern die Worte: *Denen, die nur das Gute u. s. w.* Ganz richtig! Nur müssen wir auch gewiss versichert sein, dass unsre Handlungen wirklich gut sind. Aber den Atheismus predigen und unerfahrenen jungen Leuten die vornehmste Stütze der Tugend, den Glauben an Gott, Unsterblichkeit und Vergeltung entreissen, ist wahrlich keine gute Handlung. Dies thut Herr Fichte und *erklärt den Begriff von Gott, als einer besonderen Substanz, nochmals mit dürren Worten für unmöglich und widersprechend*, nennt die richtige Lehre von Gott *Schul-*

Dies ist also das einzig mögliche Glaubensbekenntniss: „Fröhlich und unbefangen vollbringen, was jedesmal die Pflicht gebeut, ohne Zweifeln und Klügeln über die Folgen." Dadurch wird das Bewusstsein der göttlichen Ordnung, in der wir Glieder sind, uns lebendig und wirklich. Jede unserer Handlungen wird in der Voraussetzung derselben vollzogen, und alle Folgen dieser Handlungen werden nur in ihr aufbehalten [185]. Daher ist die wahre Religion nicht ein Rechtthun schlechthin — denn das ist blosse Sittlichkeit — sondern ein freudiges Rechtthun [188, vgl. 2, 305], eine Pflichterfüllung in dem kindlich zuversichtlichen Vertrauen auf die göttliche Weisheit.

---

geschwätz, welches niederzuschlagen er für seine Pflicht hält, *damit*, wie er sagt, *die wahre Religion des freudigen Rechtthuns (???) sich erhebe;* er wollte vielleicht sagen: damit allen Lastern Thür und Thor geöffnet werde. Und von Schulgeschwätz sollte ein junger Mann gar nicht reden, dessen ganze sogenannte Philosophie durchaus unverständliches, verworrenes Schulgeschwätz ist. Uebrigens möchte ich doch Herrn Fichte fragen, ob es mit Moralität bestehen könne, Jünglingen, die zum Theil zum Lehramte in Kirchen und Schulen bestimmt sind, offenbar atheistische Grundsätze beizubringen? Eine christliche Obrigkeit wird doch sicher keine Atheisten zu geistlichen Aemtern befördern wollen. Solche Prediger und Schullehrer werden also doch zum Schein lehren müssen, es sei ein Gott. Nach ihren Grundsätzen wäre dies aber eine Lüge, und Fichte giebt die Regel: *Du darfst nicht lügen, und wenn die Welt darüber in Trümmer zerfallen sollte.* — Er lenkt aber gleich wieder ein, und sagt: 'Aber dies ist nur eine Redensart; wenn du im Ernste glauben dürftest, dass sie zerfallen würde, so wäre wenigstens dein Wesen schlechthin widersprechend und sich selbst vernichtend. Aber dies glaubst du eben nicht, noch darfst du es glauben; du weisst, dass in dem Plane ihrer Erhaltung sicherlich nicht auf eine Lüge gerechnet ist.' Schön und gründlich! Aber auch witzig!" [315 f. die charakteristischen drei? nach 314.] Solche Polemik, selbst „schön und gründlich, aber auch witzig", konnte die Veranlassung zu Fichte's Amtsentsetzung werden. „O! durch welche Geringfügigkeiten werden die menschlichen Schicksale bestimmt!" [280.]

So ist Religion allerdings etwas anderes und mehr als Sittlichkeit. Aber doch kann Fichte sagen, beide sind absolut dasselbe, weil in Wirklichkeit das freudige Rechtthun aus dem blossen Rechtthun hervorgeht. Der wahre Glaube ist zwar nicht das Rechtthun selbst, aber er wird konstruirt durch dasselbe [185]; denn sobald man sich zum Wollen der Pflicht, schlechthin weil sie Pflicht ist, erhebt, zu einem Wollen, das keine sinnlichen Triebfedern hat, sondern nur das Uebersinnliche des Gedankens, und dem es schlechthin nicht um das Objekt der That, sondern um das Uebersinnliche der Gesinnung zu thun ist, — also durch seine Denkart sich selbst in eine andere Welt versetzt, dringt sich uns sogleich und unwiderstehlich der Geist und die Gewissheit dieser anderen Welt auf; die Befreiung des Willens, welche wir uns selbst schaffen, wird uns Mittel und Unterpfand einer Befreiung unseres ganzen Seins, welche wir uns selbst nicht verschaffen können. „Erzeuge nur in dir die pflichtmässige Gesinnung und du wirst Gott erkennen und, während du uns anderen noch in der Sinnenwelt erscheinst, für dich selbst schon hienieden im ewigen Leben dich befinden“ [209 f.].

b. Die Religionen.

Die Religion steht ihrem Wesen nach im unmittelbaren Zusammenhange mit der Sittlichkeit, und ist uns mit dieser ohne weiteres gegeben. Wie aber gelangt man nun zu Sittlichkeit und Religion?

An und für sich ist ja der Mensch nichts anderes als Kontraktionspunkt der absoluten sittlichen Freiheit. Mit unsrer höheren Natur hebt also unser Leben nothwendig an. Aber es hebt nicht mit dem Bewusstsein davon an. Denn sich seines durch seine sittliche Bestimmung sittlichen Wesens klar zu werden, ist vielmehr die durch das individuelle Leben zu realisirende Aufgabe.

Die erste Stufe, um zur klaren Erkenntniss seines Seins

in Gott zu kommen, ist nun das blosse Bewusstsein seiner selbst, zu dem jeder kommen muss, um überhaupt Mensch genannt werden zu können. Dieses Selbstbewusstsein tritt schon dadurch ein, dass man unter dem Mannigfaltigen, welches der blosse Naturtrieb fordert, eine Auswahl treffen lernt.

Aber wie kommt der Mensch über diese Stufe hinaus? Eine äussere Nothwendigkeit treibt ihn nicht und darf ihn nicht treiben, weil er sonst nicht mit Freiheit handeln würde. Ihm selbst ist andrerseits auch kein Antrieb gegeben, sich zur Reflexion auf sein geistiges Wesen zu erheben. Im Gegentheil, im Menschen wohnt eine ursprüngliche Trägheit zur Reflexion. Diese aber ist das positive Uebel, das radikale Böse. „Die Faulheit ist die Quelle aller Laster" [6, 343]. Dieselbe ist aber dem Menschen nur zu natürlich. „Der Mensch ist von Natur faul, sagt Kant sehr richtig."

Wie soll nun aber bei dieser eingewurzelten Trägheit, welche gerade die einzige Kraft lähmt, durch die der Mensch sich helfen soll — seine Freiheit — ihm geholfen werden? — Was fehlt ihm denn eigentlich? Nicht die Kraft; diese hat er wohl, aber das Bewusstsein derselben, und der Antrieb sie zu gebrauchen. Dieser kann nicht von innen kommen. Soll er also nicht durch ein Wunder entstehen, sondern auf natürlichem Wege, so muss er von aussen kommen.

Er könnte ihm nur durch den Verstand kommen und das gesammte theoretische Vermögen, welches allerdings gebildet werden kann. Das Individuum müsste sich selbst in seiner verächtlichen Gestalt erblicken, und Abscheu vor sich empfinden. Dies durch den Gegensatz: es müsste Muster erblicken, die ihm zeigten, wie es sein sollte, die ihm Achtung und mit dieser die Lust einflössten, dieser Achtung sich selbst auch würdig zu machen. Einen andern Weg der Bildung giebt es nicht. Dieser giebt, was da fehlt, Bewusstsein und Antrieb. Die Besserung und Erhebung aber hängt immerfort, wie sich versteht, ab von der eigenen Freiheit; wer diese auch dann noch nicht braucht, dem ist nicht zu helfen.

Woher aber sollen nun diese äusseren Antriebe unter die Menschheit kommen?

Da es jedem Individuum ohnerachtet seiner Trägheit doch immer möglich bleibt, sich über sie zu erheben, so lässt sich zugleich annehmen, dass unter der Menge der Menschen sich einige wirklich emporgehoben haben werden zur Moralität. Es wird nothwendig ein Zweck dieser sein, auf ihre Mitmenschen einzuwirken und zwar als Muster ihnen Bewusstsein und Antrieb ihrer sittlichen Freiheit zu geben.

So etwas nun ist die positive Religion: Veranstaltungen, die vorzügliche Menschen getroffen haben, um auf andere zur Entwickelung des moralischen Sinnes zu wirken.

Diese Veranstaltungen können wegen ihres Alters, wegen ihres allgemeinen Gebrauches und Nutzens etwa noch mit einer besonderen Autorität versehen sein, welche denen, die ihrer bedürfen, sehr nützlich sein mag. Vorerst nur zur Erregung der Aufmerksamkeit: denn etwas anderes — Glauben auf Autorität und blinden Gehorsam — können sie nicht bezwecken, ohne die Menschen von Grund aus unmoralisch zu machen.

Es ist sehr natürlich, dass jene Menschen, aus deren Innerem sich durch ein wahres Wunder und durch gar keine natürliche Ursache, jener moralische Sinn entwickelte, den sie vielleicht bei keinem ihrer Zeitgenossen antrafen, dieses Wunder sich so deuteten, dass es durch ein geistiges und intelligibles Wesen ausser ihnen bewirkt sei: und wenn sie unter sich selbst ihr empirisches Ich verstanden, so hatten sie ganz recht. Es ist möglich, dass diese Deutung bis auf unsere Zeiten herabgekommen sei. Sie ist theoretisch wahr in dem angezeigten Sinne, sie ist, auch wenn sie nicht so genau bestimmt wird, ganz unschädlich, wenn nur durch sie kein blinder Gehorsam erzwungen werden soll; und jeder wird es mit seinem Glauben daran halten, wie er seiner Ueberzeugung nach kann: sie ist in praktischer Beziehung für die meisten Menschen ganz indifferent [4, 198 — 205].

Kunstlehre der Religions-Wissenschaft.

Die positiven Religionen sind als Mittel zur Erzeugung der religiösen, d. h. der ihres Grundes bewussten sittlichen Gesinnung erkannt worden. Nicht sie sind Zweck, sondern jene ist es, und zwar der Endzweck der gesammten Weltentwickelung. Denn die Menschheit, und durch sie die Sinnenwelt ist nichts anderes als die Sichdarstellung des göttlichen Wesens als Wollen (in der Sittlichkeit) und Wissen (in der Religion).

Als Mittel zur Erreichung dieses absoluten Weltzweckes haben nun die positiven Religionen gedient und dienen noch immer dazu.

Wenn nun auch die Wissenschaft der Religion zu manchen anderen Resultaten gelangt, als die Lehrsätze der Kirchen aussagen, so liegt doch in der Natur der Sache, dass sie die schon zur Bildung der reinen sittlich-religiösen Gesinnung vorhandenen Kirchen benutzt zu dem Zwecke, zu dem sie allein dienen sollen.

Alle Kirchen gründen sich aber auf Symbole, die ihre Glaubenslehren in populärer Form enthalten, weil sie allen ihren Mitgliedern, auch den ungebildetesten, verständlich sein sollen. Daher bieten die Symbole nicht abstrakte Sätze, sondern sinnliche Darstellungen. Sie sind Symbole auch in der andern Bedeutung des Wortes, als konkrete Bilder abstrakter Gedanken. Die sinnliche Darstellung in ihnen ist blosse Hülle, und der Begriff ist der eigentliche Inhalt.

„Das Wesentliche jedes möglichen Symbols ist nun der Satz: Es giebt überhaupt etwas Uebersinnliches und über alle Natur Erhabenes. Wer dies im Ernste nicht glaubt, kann nicht Mitglied einer Kirche sein: Er ist aller Moralität und aller Bildung zur Moralität unfähig. Welches nun dieses Uebersinnliche, der wahre heilige und heiligende Geist, die wahre moralische Denkart sei, darüber eben will die Gemeinde durch Wechselwirkung immer mehr sich bestimmen und vereinigen. Dies ist z. B. auch der Zweck und der Inhalt unseres christlich-kirchlichen Symbols. Nur ist dasselbe, als realisirtes Symbol in der Sinnenwelt, als Glaubensbekenntniss einer wirklichen, sichtbaren Gemeinde, entstanden unter Gliedern der jüdischen Nation, die schon vorher ihre eigenen Gebräuche, Vorstellungsarten, Bilder hatten. Es war natürlich, dass sie jenen Satz sich unter den ihnen gewöhnlichen Bildern dachten. Es war natürlich, dass sie das Uebersinnliche anderen Völkern, die als Völker (von ihrem gelehrten Publikum ist nicht die Rede) erst durch sie zum deutlichen Bewusstsein desselben emporgehoben wurden, in keiner anderen Gestalt mittheilen konnten, als in der es ihnen selbst erschien. Ein anderer Religionsstifter, Muhamed, ertheilte demselben Uebersinnlichen eine andere, seiner Nation angemessenere Form, und er that wol daran; wenn nur die Nation seines Glaubens nicht das Unglück betroffen hätte, dass sie aus Mangel eines gelehrten Publikums stillgestanden wäre" [4, 242 f.].

So wie dieses, wird aber auch jedes andere Volk stehen bleiben, das mit dem Gehalte seiner Glaubensbekenntnisse zugleich die Einkleidungsformen festhalten will. Denn so unbeweglich auch der wirkliche Gehalt aller Symbole bleibt, um so veränderlicher muss die sinnliche Darstellung desselben sein, da das Verständniss sich ändert und allmählich fortschreitet. Umgestaltet aber kann die Form des Symbols nur werden unter Uebereinstimmung aller Glieder der Kirche, wenn sie alle der bisherigen Einkleidungsform entwachsen sind. So lange dagegen nur Einzelne derselben entrathen können, bleibt für den religiösen Volkslehrer die Pflicht, in seiner Unterweisung von dem Symbole auszugehen, wenn er

auch von der Wahrheit der Vorstellungen, von denen er ausgeht, nicht überzeugt ist.[9]) Er muss von dem Symbole ausgehen, als von etwas vorausgesetztem, keineswegs darauf
hingehen, als auf etwas zu begründendes. Das Symbol ist
lediglich Anknüpfungspunkt. Es wird nicht gelehrt — dies
wäre der Geist des Pfaffenthums —, sondern von ihm aus
wird gelehrt. Dieses weitere Fortschreiten, diese Erhebung
des Symbols ist übrigens der Geist des Protestantismus, wenn
dieses Wort überhaupt eine Bedeutung haben soll. „Das Halten
auf das Alte, das Bestreben, die allgemeine Vernunft zum
Stillstande zu bringen, ist der Geist des Papismus. Der Pro-
testant geht vom Symbole aus ins Unendliche fort; der Papist
geht zu ihm hin als zu seinem letzten Ziele. Wer das
letztere thut, ist ein Papist, der Form und dem Geiste nach,
obgleich die Sätze, über welche er die Menschheit nicht hinaus-
lassen will, der Materie nach ächt lutherisch, oder calvinisch
u. dgl. sein mögen" [4,245].

Es liegt also schon im Begriffe des Symbols, dass es

---

[9]) Dies wäre nach Fichte keine Unredlichkeit. Denn, sagt er:
„was läuft denn eigentlich gegen meine bessere Ueberzeugung? Doch
hoffentlich nicht der zu Grunde liegende Begriff eines Uebersinnlichen;
wol aber diese Art der Bezeichnung, als feste Bestimmung. Aber
wer giebt es denn für wirkliche Bestimmung aus? Ich für meine Person
bestimme mir das Uebersinnliche anders; aber von dieser meiner Bestimmung kann und soll ich nicht ausgehen, denn sie ist streitig; sondern
von dem, worüber sie mit mir übereinkommen können, und das ist, der
Präsumtion nach, das kirchliche Symbol. Zu meiner Ueberzeugung
sie zu erheben ist mein Ziel, aber das kann nur allmählich geschehen;
so dass wir von dem ersten angegebenen Punkte immer in Uebereinstimmung bleiben. Ich lehre doch meiner Ueberzeugung ganz gemäss, in wiefern ich nur wirklich im Herzen das Symbol betrachte
als Mittel, sie zu meiner Ueberzeugung allmählich zu erheben...
Darauf dringen, dass diese Einkleidung Bestimmung sei, ist Unwissen-
heit. Wider eigene Ueberzeugung es sich zum Zwecke machen, andere bei diesem Glauben zu erhalten, ist gewissenlos und das eigentliche wahre Pfaffenthum" [4, 244].

umgestaltet und vertieft werden kann und muss. Den Anstoss dazu giebt jedesmal der Fortschritt der allgemeinen Verstandeserkenntnisse. Dieser aber geht aus von der Wissenschaft, der Thätigkeit der Gelehrten, die desshalb absolut frei sind und durch kein Symbol oder sonstige Richtschnur zurückgehalten werden dürfen.[10]) So aber arbeiten alle Wissenschaften schliesslich nur auf das eine Ziel sittlich-religiöser Vervollkommnung des Menschengeschlechts hin, zum klaren Beweise, dass alles Leben und die ganze Welt nichts ist, als die Realisirung der sittlichen Freiheit.

Rück- und Ausblick.

Zum Beginn unserer Darstellung der Fichte'schen Religionsphilosophie in der Periode des objektiven ethischen Idealismus haben wir versucht, Fichte auf seinem Entwicklungsgange von seiner Kantischen Periode zur Wissenschaftslehre zu begleiten. Wir haben weniger über den Philosophen und die Entwicklung seiner Anschauungen gehandelt, als mit ihm philosophirt, dabei seinen Gedankengängen folgend. So an seiner Hand vorwärts schreitend haben wir aber allmählich immer mehr den subjektiven Idealismus der vorigen Entwicklungsstufe hinter uns gelassen und aus den Augen verloren. Am Ziele angelangt werden wir daher,

---

[10]) Die Prediger, weil sie zur Vervollkommnung der Menschen hinarbeiten sollen, müssen selbst weiter sein, als die Gemeinde, sie müssen eine gelehrte Bildung genossen und sich zu Gelehrten gebildet haben. Sie sind demnach beides, Lehrer (des Volks) und Gelehrte, müssen aber diese beiden Funktionen sorgfältig von einander trennen. „Es ist eine Bedrückung des Gewissens, dem Prediger zu verbieten, seine abweichenden Ueberzeugungen in gelehrten Schriften vorzutragen; aber es ist ganz in der Ordnung, ihm zu verbieten, sie auf die Kanzel zu bringen, und es ist von ihm selbst, wenn er nur gehörig aufgeklärt ist, gewissenlos, dies zu thun" [4, 252].

um den Abstand der beiden Perioden richtig zu schätzen, noch einmal die Resultate beider kurz vergleichen müssen.

In den Unterschied beider Anschauungen wird uns am besten das beidemal aufgestellte Verhältniss der Religion zur Sittlichkeit einführen. In der Offenbarungskritik erscheint die Religion ihrem Wesen nach als durchaus identisch mit der Sittlichkeit. Wie Kant die Religion definirt als „Erkenntniss aller Pflichten als göttlicher Gebote, nicht als Sanktionen, d. i. willkürlicher, für sich selbst zufälliger Verordnungen eines fremden Willens, sondern als wesentlicher Gesetze eines jeden freien Willens für sich selbst, die aber dennoch als Gebote des höchsten Wesens angesehen werden müssen,“[11]) so ist auch für Fichte in jener Zeit die Religion nichts anderes, als die Moral in Beziehung auf Gott als Gesetzgeber. Die wahre Religion ist, um einen Ausdruck Kant's[12]) zu gebrauchen, „die Religion des guten Lebenswandels.“

In der eben besprochenen Periode dagegen hat die Religion eine selbständige Stellung neben der Sittlichkeit erlangt. Selbständig freilich nur in abstracto. Denn in Wirklichkeit können Sittlichkeit und Religion nicht aus einander fallen. Beide sind ein Ergreifen des Uebersinnlichen, die erstere durch Thun, die letztere durch Glauben. War vorher die Religion eine untergeordnete Form der Sittlichkeit und für den vollkommen sittlichen Menschen eigentlich — in diesem „eigentlich“ liegt das Schwankende des Systems — überflüssig; erschien sie dort nur als die durch die sinnliche Schwäche des Menschen bedingte, und desshalb lediglich nach seiner subjektiven Beschaffenheit mehr oder minder nöthige und minder oder mehr abzustreifende sinnliche Form der Sittlichkeit, so sind sie hier beide einander nebengeordnet. Die Religion soll nicht mehr die Sittlichkeit vorbereiten, son-

---

[11]) Kant, 4, 251. vgl. 7, 346 f. 371.
[12]) Kant, 7, 116.

dern soll sie begleiten; sie soll nicht mehr in die Sittlichkeit aufgehen, sondern sich mit ihr wechselseitig durchdringen. Die Religion ist nicht mehr nur Religion des guten Lebenswandels, Religion des blossen Rechtthuns, sondern des freudigen Rechtthuns. Der Mensch soll nicht bloss handeln, weil es das Sittengesetz gebietet, sondern weil er in der Religion erkennt, dass er durch sein Handeln den allgemeinen Weltzweck befördert; und soll eben diesen sich zum Zwecke seines Handelns setzen.

Mit dieser verschiedenen Fassung des Religionsbegriffs hängt folgerecht die verschiedene Ontologie der Religion zusammen.

In beiden Perioden ist das Sittengesetz das Unmittelbare und wirklich Reale. Schiebt sich auch in der ersten noch der Begriff Gottes ein, so ist derselbe in jenem Zusammenhange doch nur ein Widerspruch, wie das Fichte in einer späteren Charakteristik dieses Standpunktes (505) selbst als unwidersprechlich wahr bezeichnet. Seinen ganzen Inhalt erhält derselbe ja auch, wie wir gesehen haben, lediglich durch das Sittengesetz. Er steht in Wirklichkeit nicht über demselben, sondern unter ihm. So ist auch in der vorherigen Periode — wenigstens nach Fortschiebung jenes aus der alten Metaphysik hergenommenen, hier dem Ganzen widersprechenden Gottesbegriffs — das Sittengesetz, als das wahrhaft Reale und Unmittelbare, selbst Gott. Das Sittengesetz gebietet, und zwar unbedingt, also müssen wir auch können, was es gebietet. Aus dem „Ich soll" folgt unmittelbar und liegt schon in ihm das „Ich kann." Das behauptet Fichte in beiden Perioden gleichmässig, und wenn er es auch in der Offenbarungskritik nicht gerade so ausspricht, so ist es doch seine Voraussetzung.

Aber hier eben liegt auch der Unterschied. Das „Ich soll" schliesst das „Ich kann" in sich — bleibt in der vorigen Periode eine blosse Behauptung, für die die Begründung fehlt, die blosse Anerkennung eines Faktums, für das die Erklärung nicht gegeben wird.[13]) In der jetzt dargelegten Periode sucht Fichte diese gegenseitige Bedingtheit von Gesetz und Freiheit zu begreifen.

Das Sittengesetz ist das wahrhaft Reale, ist die Voraussetzung auf beiden Entwicklungsstufen. Aber nur auf der zweiten zieht Fichte daraus den Schluss: dann bringt es auch alles, was existirt, hervor. Daher also die Einheit der menschlichen Freiheit mit dem Soll des Gesetzes. Letzteres setzt selbst das menschliche Wollen. Dieses ist nur eine Aeusserung des absoluten Gesetzes, das Mittel für dessen Selbstrealisirung. Das Gesetz ist also hier ein erschaffendes, ein reines Setzen.

Vorher dagegen gab es, gänzlich von einander verschieden, ein absolutes Soll und eine Menge menschlicher Willen, die sich dem ersteren zu fügen hatten. Das Sollen brachte also nicht das Wollen schlechthin hervor, sondern es ordnete dasselbe nur. Das Sittengesetz war eine blosse Ordnung der ausser ihm vorhandenen Welt, der Individuen- sowohl, wie der Sinnenwelt. Es verlangt die Herrschaft über das vorab unabhängig von ihm vorhandene Naturgesetz. Der Mensch, hiess es, steht als intelligibles Wesen unter dem ersteren, als Sinnenwesen unter dem zweiten. Als intelligibles Wesen kann er vom Naturgesetze unabhängig und bloss dem Sittengesetze unterthan sein, aber er kann auch sich gegen das erstere sträuben, mit seinem Willen dem Soll nicht Genüge thun und sich ganz unter die Herrschaft des Muss ergeben. Beides hängt von der Willkür jedes Individuums ab. Wir nennen desshalb das System der ersten Periode subjektiven ethischen Idealismus. Denn Idealismus überhaupt ist eine Philosophie ohne Frage, die dem Uebersinnlichen die Herr-

---

[13]) Ganz ebenso bleibt auch Kant, wo er die schlechthinnige Einheit beider behauptet (4, 128 ff; 6, 207, 210, 213 u. sonst), die Begründung schuldig.

schaft über die Sinnenwelt giebt; auch Ethizismus ist sie, indem sie jenes Uebersinnliche als das absolute sittliche Gesetz definirt, wie denn Fichte geradezu sein Prinzip das des reinen Moralismus nennt [235], aber es ist nicht minder ein Subjektivismus, wenn die Verwirklichung der Herrschaft des Uebersinnlichen und Sittlichen von dem individuellen Willen der Menschen abhängig gemacht wird. Der Subjektivismus der früheren Periode zeigt sich übrigens auch darin, dass der, sie von der Sittlichkeit unterscheidende, spezifische Charakter der Religion lediglich in die individuelle Anschauung gesetzt wird, dass der Gottes- und Offenbarungsbegriff allerdings als real möglich gedacht, dass aber, ob man ihn annehmen will, oder nicht, lediglich von dem subjektiven Belieben oder Bedürfniss abhängig gemacht wird.

Wie anders stellt sich dagegen die Religionsphilosophie dieser Periode! Der entscheidende Punkt ist der, dass in ihr der Glaube nicht mehr vorgestellt wird als eine willkürliche Annahme, die der Mensch machen könne oder auch nicht, nachdem es ihm beliebt, als ein freier Entschluss, für wahr zu halten, was das Herz wünscht, weil es dasselbe wünscht [179]. Nur was in der Vernunft gegründet ist, erkennt sie an. Dies ist ihr schlechthin nothwendig. Die Vernunft ist ihr aber nicht die des Individuums, sondern die allgemeine, objektive. Der Charakter der gegenwärtigen Periode ist also ein objektiver ethischer Idealismus. Von einem subjektiven Willen ist hier überhaupt nicht mehr die Rede, geschweige dass auf ihn die Theorie der Religion gegründet wäre. Das menschliche Wollen und Denken, d. h. der menschliche Geist, überhaupt der Mensch, ist nur die Aeusserungsform der absoluten Thätigkeit des Sittengesetzes oder der sittlichen Freiheit.

Demgemäss kann es nun auch nicht ein vermeintlicher unhaltbarer Subjektivismus gewesen sein, der Fichte über diesen Standpunkt hinaus weiter drängte, sondern eine aus seiner Lehre unmittelbar folgende Konsequenz, die sich übrigens schon frühe geltend machte. Gott ist nach dem Bisherigen das absolut reale Handeln, aber zur Wirksamkeit kommt seine Thätigkeit nur in dem Handeln der unendlichen Zahl von Individuen. Die Individuen sind also unmittelbar die Erscheinung des göttlichen Wesens. Dieses geht auf in einem unendlichen Werden. Wenn also Fichte als Ausdruck seiner Gottesidee den Schiller'schen Vers anführt [189]:

> „Ein heiliger Wille lebt,
> Wie auch der menschliche wanke;
> Hoch über der Zeit und dem Raume webt
> Lebendig der höchste Gedanke;
> Und ob alles im ewigen Wechsel kreist,
> . Es beharrt im Wechsel ein ruhiger Geist.

— so kann er mit Recht doch nur die Bezeichnung Gottes als des heiligen Willens und des höchsten Gedankens für sich in Anspruch nehmen. Ein ruhiger, im ewigen Wechsel beharrender Geist aber ist Gott nach seinen bisherigen Ausführungen nicht, sondern selbst ein unendlicher Wechsel. Wir erinnern an unser oben gebrauchtes Bild des ewigen Meergewoges. Gott gleicht jenem Hin- und Herrollen der Wellen. Aber was da rollt, ist doch ein Seiendes, und die Bewegung ist doch nur eine Aeusserung desselben. Wir werden also Gott nicht als in jenem ewigen Bewegen aufgehend denken dürfen, sondern als das Grund-Sein, welches sich in jener ruhelosen Thätigkeit darstellt.

Damit aber werden wir zu der letzten Entwicklungsstufe des Fichte'schen Systems geführt, deren endgültige Zusammenfassung ihm selbst leider nicht beschieden worden ist.

B. Der absolute ethische Idealismus.

Hinausgehend über die objektive Realität eines übersinnlichen reinen Handelns, als den .Seinsgrund desselben noch ein über das Wissen hinausliegendes und nur denkbares Ur-sein anzunehmen, hatte Fichte bereits in der Sittenlehre von 1798 einen Ansatz gemacht. Näher geht auf diese Frage die Wissenschaftslehre 1801 ein. Und in allen dann folgenden Darstellungen wird dieser Gedanke nicht wieder aufgegeben, sondern immer klarer entwickelt. Das Innere des Systems hat aber dadurch keine Aenderung erlitten. Mit jenem Ur-sein ist nicht ein neues Prinzip in die Wissenschaftslehre gekommen. Methode und Gedankenentwicklung bleiben dieselben. Nur wird über das Werden hinaus auf seinen nur zu denkenden Grund zurückgegangen. Dies ist aber nicht eine Umbildung, sondern eine Fortbildung des früheren Systems.

Wir haben die vorige Periode der ihr vorhergehenden gegenüber als die Periode des objektiven ethischen Idealismus charakterisirt. Einer früher wol auf das gegenseitige Verhältniss von Fichte, Schelling und Hegel angewandten Nomenklatur gemäss können wir die gegenwärtige Periode, die noch eine weitere Vertiefung des Fichte'schen Idealismus darstellt, die Periode des a b s o l u t e n e t h i s c h e n I d e a l i s m u s nennen. Denn was auf das Verhältniss jener drei verschiedenen philosophischen Systeme unter einander nicht hat passen wollen, da nicht der idealistische Grad, sondern der Grundbegriff eines jeden das unterscheidende ist, dies wird für die Fortentwicklung des ethischen Idealismus Fichte's seine Berechtigung haben. Auf seinen subjektiven ethischen Idealismus folgte der objektive, und dieser wieder drängte weiter zum absoluten. Letzterer ist die letzte Evolution seines Prinzips.

In der O n t o l o g i e der Religion wird bei dieser Weiterführung zu berücksichtigen sein, wie dieselbe auf den Gottesbegriff und auf die Bestimmung des Wesens der Religion Einfluss gehabt hat. Damit zusammen hängt eine tiefere Erfassung des Christenthums als durch Lehre und Verfassung weltschöpferischen Prinzips.

Die Phänomenologie bringt in Bezug auf die Kritik des dogmatischen Gottesbegriffs nichts neues. Derselbe hat in der Wissenschaftslehre ein für allemal seine Gültigkeit verloren. Ja, er wird hier geradezu ein Produkt der Selbstliebe, eine Selbstobjektivirung genannt. Er ist ein Gott, den der Mensch sich lediglich einbildet [520]. Dagegen tritt in dieser Zeit eine in grossartigen Zügen skizzirte Kritik der Weltgeschichte nach ihrem religiösen Gehalte in den Vordergrund.

Endlich die Kunstlehre der Religionswissenschaft in dieser Periode sucht, sich immer reicher entfaltend, die Mittel für die allmähliche Verwirklichung des Endzwecks der ganzen Weltentwicklung, d. h. die Auferbauung des Himmelreichs.

Theoretische Religionswissenschaft.

1. Ontologie der Religion.

a. Die religiöse Weltanschauung.

Nach der früheren Ansicht war Gott ein absolutes Handeln und zugleich ein absolutes Werden, als Subjekt-Objekt des Handelns. Wenn man aber ein absolutes Werden zu denken versucht, so muss man dasselbe, sei es auch noch so kurze Zeit, dauern lassen. Aber selbst abgesehen davon, dass das Werden nicht ohne Sein zu denken ist, so ist es doch auch real immer nur ein Sein, was Einheit und Dauer in das Werden bringt. Wir müssen also dem absoluten Handeln und Werden ein Sein zu Grunde liegend denken, dessen Aeusserung jenes ist. Desshalb war es falsch, die Aeusserung des Seins auf der früheren Stufe für das Sein selbst, für Gott anzusehen, denn dieses haben wir jetzt eben als Bild, als Erscheinung eines Anderen, das dann erst das Absolute ist, erkannt. Also das der Aeusserung, der Erscheinung oder dem Bilde — wie wir es nennen mögen — zu Grunde liegende Sein müssen wir Gott nennen. Nur darf man sich dieses Sein nicht als ein todtes, stehendes denken. Sein und Leben ist eins. Das Sein kann nicht anders, es muss leben, es muss dasein. Es ist desshalb recht eigentlich ein Seien, eine Aktivität des Seins.

Seine Aeusserung aber, sein Dasein ist das, was wir früher Gott selbst nannten, oder das Uebersinnliche, das allgemeine Leben, das Wissen, und welche Ausdrücke sonst noch dafür gebraucht sind. Das Dasein ist Bewusstsein des Seins und zwar das Bewusstsein des Seins, die einzig mögliche Form, in der das Sein dazusein vermag. Das reale Leben des Wissens ist daher in seiner Wurzel das innere Sein und Wesen des Absoluten selber: und es ist zwischen dem Absoluten oder Gott und dem Wissen in seiner tiefsten Lebenswurzel gar keine Trennung, sondern beide gehen völlig in einander auf [443].

Die Menschheit gilt desshalb nicht mehr, wie vorher, als das unmittelbare Dasein des göttlichen Wesens, die Aeusserung seines Handels, sondern als das Dasein seines Daseins; denn wir sind in unserem untilgbaren Wesen nur Wissen, Bild und Vorstellung; und selbst in dem Zusammenfallen mit dem Einen, worin die wahre Seligkeit besteht, kann diese unsere Grundform nicht verschwinden. Selbst in diesem Zusammenfallen mit ihm wird er nicht unser eigenstes Sein selber, sondern er schwebt uns nur vor als ein Fremdes und ausser uns Befindliches, an das wir lediglich uns hingeben und anschmiegen in inniger Liebe. Er schwebt uns vor, an sich gestaltlos und gehaltlos, für sich keinen bestimmten Begriff oder Erkenntniss von seinem inneren Wesen gebend — denn er ist unendlich, für den endlichen Verstand nicht ergreifbar, und auch der inneren Wahrnehmung der Menschen nicht an sich, sondern nur in seinem Bilde, dem unendlichen Handeln, sich offenbarend — sondern nur als dasjenige, durch welches wir uns und unsere Welt denken und verstehen [461]. Der Begriff Gottes ist an sich leer und gehaltlos, aber er wird erfüllt durch die uns und ihn erst zu zweien scheidende und wieder zu einem bindende Wechselliebe, die durch den Begriff gedeutet und gestaltet wird. Der Begriff Gottes ist die reine Negation aller Begreiflichkeit, verbunden mit der ewigen Geliebtheit [540].

Es gehört aber zu dieser Unbegreiflichkeit, dass wir von Gott alle Willkür fernhalten und ihn als in sich nothwendig denken. Denn er ist das schlechthinnige Sein und Dasein. Was aber nur wirklich da ist, ist schlechthin nothwendig also da, wie es da ist; es könnte nicht auch nicht da sein, noch könnte es auch anders da sein, als es da ist. In dem wahrhaft Seienden ist daher an kein Entstehen, an keine Veränderlichkeit und an keinen willkürlichen Grund zu gedenken [7, 129].

Das zeitlose, unveränderliche göttliche Leben äussert sich nun als ein ins unendliche sich fortentwickelndes und immer höher steigendes Leben in einem Zeitflusse, der kein Ende hat. Dieses lebendige Dasein in der Erscheinung nennen wir das menschliche Geschlecht. Also allein das menschliche Geschlecht ist da. So wie das Sein aufgeht und erschöpft ist in dem göttlichen Leben, so gehet das Dasein oder die Darstellung jenes göttlichen Lebens auf in dem gesammten menschlichen Leben, und ist durch dasselbe rein und ganz erschöpft [6, 362]. Die Menschenwelt ist daher mittelbar, und durch das göttliche Dasein, das Wissen, vermittelt, das göttliche Dasein selbst, sowie das Wissen dasselbe Dasein unmittelbar ist. Wenn daher jemand sagt, dass die Welt auch nicht sein könne, dass sie zu einer andern Zeit aus nichts geworden, dass sie durch einen willkürlichen Akt der Gottheit, den dieselbe auch hätte unterlassen können, entstanden sei; — so ist das ganz dasselbe, als ob er sagte, Gott könne auch nicht sein und er sei einmal nicht gewesen, und sei zu einer andern Zeit aus nichts geworden, und habe sich selber durch einen Akt der Willkür, den er auch hätte unterlassen können, entschlossen, da zu sein [7, 130].

So ist das Menschengeschlecht nicht durch Willkür geworden und besteht nicht durch Willkür, sondern die Nothwendigkeit ist es, welche uns leitet und unser Geschlecht; keineswegs aber eine blinde, sondern die sich selber vollkommen klare und durchsichtige innere Nothwendigkeit des göttlichen Seins [7, 141 f.]. Eben dieser zufolge wird das göttliche Leben in seiner Darstellung zu einem ins unendliche sich fortentwickelnden, und nach dem Grade der inneren Lebendigkeit und Kraft immer höher steigenden Leben. Daher ist das Leben in allen Zeitpunkten seines Daseins, im Gegensatze mit dem göttlichen Leben, beschränkt, d. h. zum Theil nicht lebendig, und noch nicht zum Leben hindurchgedrungen, sondern insofern todt.

Diese Schranken nun, die es immerfort durch sein steigendes Leben durchbrechen, entfernen und in Leben verwandeln soll, sind die objektive Welt, die Natur. Die Natur ist nicht lebendig, wie die Vernunft, und keiner unendlichen Fortentwicklung fähig, sondern todt, ein starres und in sich beschlossenes Dasein. Sie ist das das Zeitleben anhaltende und hemmende und allein durch diese Hemmung zu einer Zeit ausdehnende, was ausserdem mit einem Schlage als ein ganzes Leben hervorbrechen würde. Sie soll ferner durch das vernünftige Leben in seiner Entwicklung selber belebt werden; sie ist darum der Gegenstand und die Sphäre der Thätigkeit und der Kraftäusserung des ins unendliche sich fortentwickelnden menschlichen Lebens [6, 362 f.]. —

Ganz kurz und klar zusammengefasst hat Fichte die vorstehenden Grundzüge seiner Lehre in seinen unter dem Namen „Die Staatslehre oder über das Verhältniss des Urstaates zum Vernunftreiche 1813" bekannten Vorlesungen 4, 431:

„Nur Gott ist. Ausser ihm nur seine Erscheinung. — In der Erscheinung nun das einzige wahrhaft Reale die Freiheit, — in ihrer absoluten Form, im Bewusstsein; also als eine Freiheit von Ichen. Diese und ihre Freiheitsprodukte das wahrhaft Reale. — An diese Freiheit nun ist ein Gesetz gerichtet, ein Reich von Zwecken, — das Sittengesetz. — Dieses darum und sein Inhalt die einzig realen Objekte.

„Die Sphäre der Wirksamkeit für sie — die Sinnenwelt: diese nichts denn das; in ihr keine positive Kraft des Widerstandes oder des Antriebes. Wer diese Antriebe gelten lässt, oder diesem Widerstande weicht, ist unfrei, nichtig. Nur durch die Freiheit ist er Glied der wahren Welt, ist er durchgebrochen zum Sein."

Eben dieselbe Anschauung findet Fichte bereits im Prolog des Johannesevangeliums. Der Johanneische Logos, das Wort (Vernunft, Weisheit) scheint ihn dasselbe, was bei ihm Wissen heisst. „Es war im Anfange, sagt er (der Evangelist); es war bei Gott; Gott selbst war es; es war im Anfange bei Gott. Kann deutlicher ausgesprochen werden dasselbe, was wir früher so ausgesprochen haben: Nachdem, ausser Gottes innerem und in sich verborgenem Sein, das wir zu denken vermögen, er überdies da ist, was wir bloss faktisch erfassen können, so ist er nothwendig durch sein inneres und absolutes Wesen da: und sein nur durch uns von seinem Sein unterschiedenes Dasein ist an sich und in ihm davon nicht unterschieden; sondern dieses Dasein ist ursprünglich vor aller Zeit und ohne alle Zeit bei dem Sein, unabtrennlich von dem Sein, und selber das Sein: — das Wort im Anfange, — das Wort bei Gott, — das Wort im Anfange bei Gott, — Gott selbst das Wort, und das Wort selbst Gott. Konnte schneidender und heraus-

springender der Grund dieser Behauptung angegeben werden:
in Gott, und aus Gott wird nichts, entsteht nichts; in ihm
ist ewig nur das Ist, und was dasein soll, muss ursprünglich bei ihm sein und muss es selbst sein? Weg mit jenem
verwirrenden Phantasma, — hätte der Evangelist hinzusetzen
können, wenn er viele Worte hätte machen wollen, — weg
mit jenem Phantasma eines Werdens aus Gott, dessen was
in ihm nicht ist und nicht ewig und nothwendig war; einer
Emanation, bei welcher er nicht dabei ist, sondern sein Werk
verlässt; einer Ausstossung und Trennung von ihm, die uns
in das öde Nichts wirft, und ihn zu einem willkürlichen und
feindseligen Oberherrn von uns macht. —

„Dieses Bei-Gott-sein nun, nach unserem Ausdrucke dieses
Dasein, wird ferner charakterisirt als Logos oder Wort. Wie
könnte deutlicher ausgesprochen werden, dass es die sich
selbst klare und verständliche Offenbarung und Manifestation,
sein geistiger Ausdruck sei, dass, wie wir dasselbe aussprachen,
das unmittelbare Dasein Gottes nothwendig Bewusstsein, theils
seiner selbst, theils Gottes sei; wofür wir den strengen Beweis
geführt haben.

„Ist nun erst dies klar, so ist nicht die mindeste Dunkel-
heit mehr in der Behauptung V. 3 'dass alle Dinge durch
dasselbige Wort gemacht sind, und ohne dasselbige nichts
gemacht ist, was gemacht ist u. s. w.' — und es ist dieser
Satz ganz gleichgeltend mit dem von uns aufgestellten, dass.
die Welt und alle Dinge lediglich im Begriffe, in Johannes
Worte, und als begriffene und bewusste — als Gottes Sich-
Aussprechen seiner selbst, — da sind; und dass der Begriff,
oder das Wort, ganz allein der Schöpfer der Welt überhaupt,
und, durch die in seinem Wesen liegenden Spaltungen, der
Schöpfer der mannigfaltigen und unendlichen Dinge in der
Welt sei.

„In Summa: Ich würde diese drei Verse in meiner Sprache
also ausdrücken: Ebenso ursprünglich als Gottes inneres Sein

ist sein Dasein, und das letztere ist vom ersteren unzertrennlich und ist selber ganz gleich dem ersten: und dieses göttliche Dasein ist in seiner eigenen Materie nothwendig Wissen: und in diesem Wissen allein ist eine Welt und alle Dinge, welche in der Welt sich vorfinden, wirklich geworden.

„Ebenso klar werden nun auch die beiden folgenden Verse. In ihm, diesem unmittelbaren göttlichen Dasein, war das Leben, der tiefste Grund alles lebendigen, substantiellen, ewig aber dem Blicke verborgen bleibenden Daseins, und dieses Leben ward im wirklichen Menschen Licht, bewusste Reflexion; und dieses Eine, ewige Urlicht schien ewig fort in den Finsternissen der niedern und unklaren Grade des geistigen Lebens, trug dieselben unerblickt und erhielt sie im Dasein, ohne dass die Finsternisse es begriffen" [481 f.].

Zum Schluss sei noch ein Sonett hier mitgetheilt, in dem Fichte den Grundgedanken seiner Philosophie also ausspricht:

> „Nichts ist denn Gott, und Gott ist nichts denn Leben;
> Du weissest, ich mit dir weiss im Verein;
> Doch wie vermöchte Wissen dazusein,
> Wenn es nicht Wissen wär' von Gottes Leben!
>
> 'Wie gern, ach! wollt' ich diesem hin mich geben,
> Allein wo find' ich's? Fliesst es irgend ein
> Ins Wissen, so verwandelt sich's in Schein,
> Mit ihm vermischt, mit seiner Hüll' umgeben.'
>
> Gar klar die Hülle sich vor Dir erhebet,
> Dein Ich ist sie; es sterbe, was vernichtbar,
> Und fortan lebt nur Gott in deinem Streben.
>
> Durchschaue, was dies Sterben überlebet,
> So wird die Hülle dir als Hülle sichtbar,
> Und unverschleiert siehst du göttlich Leben!"
>
> [8, 462; 11, 348 ¹)]

---

¹) In letzterer Fassung mit einigen Aenderungen: statt *weissest* und *weiss* in V. 2, und *Wissen* V. 3 steht dort: *schauest, — schau — Schauen.* In V. 12 haben wir aus dieser Rezension statt des 8, 462 befindlichen *Streben* (was wohl nur Druckfehler) *Sterben* aufgenommen.

Es mag wenige philosophische Systeme geben, die sich mit solcher Folgebeständigkeit entwickelt haben, treu haltend an den ersten Grundsätzen, wie die Fichte'sche Vernunftwissenschaft. Immer tiefer hat dieselbe gegraben, aber immer an dem gleichen Punkte, und ist mit jedem weiteren Vordringen auf neue Schätze gestossen. Einen Bergesgipfel hat sie zu ersteigen von Anfang sich gewählt, und ist, nicht achtend anderer Höhen, auf ihrem einmal begonnenen Wege fortgeschritten. Mit jedem höheren Klimmen aber hat sie weitere, freiere Blicke gethan. Auch in dieser Beziehung gilt also das oben angeführte Wort Fichte's von seiner Philosophie: „In ihr ist alles That, Bewegung und Leben."[2])

Noch wenige Monde vor seinem Tode (1813) ergiebt sich ihm durch erneutes Eindringen in die Spekulation, dass seine bisherige Forschung noch lange nicht tief genug ge-

---

[2]) Zwar sagt Fichte in einem Briefe an Reinhold 1800, Leb. u. Briefw. 2, 292: „Der Prinzipien meines Systems bin ich so sicher, dass ich nie, wenn ich nicht wahnsinnig werde, daran wieder zweifeln kann. Und da sollte ich noch lernen wollen?" Doch aber hat er diese Prinzipien immer weiter entwickelt, wie er denn auch, ohne sich damit zu widersprechen, selbst von dem vollendeten Gelehrten rastlose Weiterarbeit fordert. „Auch für diesen dauern die Anforderungen der von ihm ergriffenen Idee auf Ausführbarkeit und Ausführung fort, und sie werden fortdauern bis an das Ende seines Lebens, und so wird er nie Zeit erhalten, über die Vorzüglichkeit seiner Bestimmung Betrachtungen anzustellen, wenn auch nicht schon an sich dergleichen Betrachtungen nichtig wären. Aller Hochmuth gründet sich auf das, was man zu sein glaubt — zu sein im ruhenden und vollendeten Sein, und der Hochmuth ist eben darum in sich selbst nichtig und widersprechend; denn gerade dasjenige, was man ist, und wobei das ewige Werden anhält, ist man wahrhaftig — nicht. Unser wahrhaftiges und unmittelbares Sein in der göttlichen Idee kommt unablässig vor als Anforderung eines Werdens, demnach als Missbilligung unseres jedesmaligen stehenden Seins; und so macht die Idee uns wahrhaft bescheiden und beugt vor ihrer Majestät uns nieder in den Staub" [6, 387].

gangen ist [7, 596]. Er scheut sich nicht zu bekennen, dass er erklären müsse, wo er bisher sich durch Ignoriren und Absprechen geholfen habe [7, 586], und dass es Fragen giebt, die zu erledigen die bisherigen Prinzipien nicht hinzulangen scheinen [7, 593].

Wir erinnern uns, dass Fichte die Persönlichkeit und das Selbstbewusstsein Gottes geläugnet hatte als Begriffe, die vom endlichen Wesen entlehnt nicht auf den Unendlichen übertragen werden dürften. Persönlichkeit wenigstens — in dem gewöhnlichen Gebrauche des Wortes — hält er geradezu dem Gedanken des Unendlichen für widersprechend. „Bewusstsein Gottes möchte noch hingehen. Wir müssen einen Zusammenhang des göttlichen mit unserm Wissen annehmen, den wir nicht füglich anders, denn als ein Wissen der Materie nach denken können, nur nicht der Form unseres discursiven Bewusstseins nach. Nur das letztere läugnete ich und werde es läugnen, so lange ich meiner Vernunft mächtig bin."[3]

Die späteren Darstellungen der Wissenschaftslehre nun, schon die vom Jahre 1801 und 1804, zumal aber das Fragment seiner durch den Krieg 1813 unterbrochenen Vorlesungen, suchen den Begriff Gottes als eines Seins und Bewusstseins (absoluten Verstandes) in einander und durch einander zu erfassen.

Dazu drängte auch ein anderer Gedanke des Fichte'schen Systems. Die Welt ist dazu da, dass an ihr die Freiheit in dem menschlichen Geschlechte sich realisire. Sie ist das versinnlichte Materiale unserer Pflicht. Wir haben nichts anderes zu thun, als dem Pflichtgebote zu gehorchen, ohne Klügeln über die Folgen. Und sollte darum die Welt in Trümmer gehn: wir dürfen dem Sittengesetze nicht widerstreben.

Aber in der That kann sie ja auch gar nicht durch

---

[3] So übereinstimmend mit dem oben (S. 75 f.) aus der „Gerichtl. Verantw." angeführten Satze, in einem Briefe an Reinhold (1800). Leb. und Briefw. 2, 278.

unsern Pflichtgehorsam zu Grunde gehn, denn sie ist nur um
unsrer Pflicht willen da. Sie ist der Menschheit gegeben,
dass diese an ihr zur göttlichen Freiheit sich entwickle. Die
Menschheit findet sie vor als etwas ohne sie selbst und vor ihr
geordnetes, das sie hinwiederum doch selbst ordnen soll. Das
Faktische ist die unendliche Aufgabe für den Begriff [7, 586],
d. h. die vorhandene Welt soll in der unendlichen Zeit mit
Bewusstsein und Freiheit gebildet werden. So geht zwar
der Grundtrieb des Menschen, frei zu handeln, nicht auf die
schon gegebene Welt, welche ja nur leidend genommen werden
kann, wie sie eben ist, und in der eine zu ursprünglich
schöpferischer Thätigkeit treibende Liebe keinen Wirkungs-
kreis für sich fände, sondern er geht, zur Erkenntniss seiner
selbst gelangt, auf eine Welt, die da werden soll, eine apriorische,
die da zukünftig ist und ewig fort zukünftig bleibt. Aber die
sinnliche Welt ist denn doch das Mittel und die Bedingung der
Anschaulichkeit der für sich selbst unsichtbaren höheren Welt
[7, 304 f.]. Und die Realisirung jener Ideenwelt durch die Individuen ist immer bedingt durch die Weltfakten, die der Freiheit
ihre Aufgaben liefern. Diese treten uns entgegen als etwas ge-
gegebenes, von unserm Willen und Begriffe unabhängiges. Aber
ist in diesem Elemente des Unbegreiflichen, Unverstandenen
nicht zugleich ein Weltplan, darum eine Vorsehung und ein
Verstand? Welches ist denn das Gesetz der Weltfakten?
„Ich dürfte da allerdings einen tieferen, eigentlich absoluten
Verstand bekommen an der unendlichen Modifikabilität der
Freiheit, und dieser den inneren Halt gebend. Was ich daher als absolut faktisch gesetzt habe, möchte doch durch
einen Verstand gesetzt sein. (Hierdurch würde ich mich
Schellingen wieder mehr nähern.) Die Frage liegt in den
tiefsten Prinzipien, in der Untersuchung über die absolute
Verstandesform im Verhältniss zum absoluten Sein" [7, 586].
    Zusammen mit diesem Problem hängt und ist eigentlich
in ihm schon eingeschlossen die sehr wichtige Frage, was

in der Gesammtheit der einzelne Mensch gilt. Diese zu beantworten müsste zunächst klar gestellt sein, ob die einzelnen Individuen bestimmt sind schlechthin durch ein Gesetz, oder ob sie durch die Freiheit hervorgebracht werden, sofern im Menschen das zeugende Prinzip nicht bloss Natur, sondern an die Freiheit geknüpft ist. Dies greift ein in alles, was überhaupt durch Zeugung und Geburt vererbt wird. Denn hätte die Freiheit sich anders entwickelt, so wäre es nicht, oder wäre anders [7, 593]. Abgesehen davon aber ist klar, dass für die Einbildung der sittlichen Welt in die sinnliche einzelne Individuen eine hervorragende Bedeutung haben. Wenn durch diese ein schlechthin neues Glied des Fortschrittes eintritt in den Geschichtszusammenhang, eine durchaus neue Offenbarung des Geistes, so ist dies ein Durchbrechen des wiederkehrenden Fortganges, ein schlechthin Erstes und Anfangendes, was weder aus der Natur hervorgeht — diese bleibt an ihren Wechsel gebunden —, noch aus der Freiheit oder dem (endlichen) Verstande — diese können eigentlich nichts Neues setzen, in ihnen ist kein eigentlich erfinderisches Prinzip —, sondern nur aus dem stammen kann, was zwischen Natur und Freiheit fällt, geistige Natur oder Ursprünglichheit ist [7, 595].

Damit erhalten wir aber einen tieferen Begriff von Vorsehung und Wunder. Glaube an Wunder im gewöhnlichen Sinne zwar, d. i. an ursprüngliches Eingreifen des Geistigen in die Sinnenwelt, ebenso wie an Erscheinungen, und überhaupt an eine magische Einwirkung des Uebersinnlichen auf das Sinnliche, ist jedenfalls grober heidnischer Aberglaube, unwürdig des christlichen Vaters im Himmel, und aufhebend die Reinheit des Glaubens an ihn. Allerdings hat in diesem Stücke das wirkliche Christenthum noch am allerwenigsten gesiegt und den heidnischen Hang zum Wunderbaren ausgerottet. Doch bleibt wahr: Mit der Sinnenwelt hat Gott unmittelbar gar nicht zu thun, seine Sphäre ist der Wille des Menschen, und durch diesen erst wirkt er mittelbar auf jene. Wer darum diese anders will, der will sich dieser Wirkung entziehen und seine Pflicht geändert haben. Ein Wunderthäter konnte sein ein Moses, ein Elias, ein Romulus, aber niemals ein Christus, ein Stifter des Himmelreichs [4, 554 f.].

„Diese Wunder in der Sinnenwelt (vom Himmel)" sagt Fichte, „läugne ich entschieden: lehrend übrigens einen lebendigen und wirkenden Gott in der Geisterwelt. Dass er allen, die zu ihm sich nahen, ein neues Herz schafft, ist sein ewiges grosses Wunder, und einzelne Wunder in dieser Sphäre, dass ein Christus kam, er Apostel fand, diese bis auf diese Stunde die ihrigen gefunden, werden wir allenthalben zu bemerken Gelegenheit haben" [4, 555].

Wunder sind also nicht ein Durchbrechen der Naturgesetze durch unmittelbares göttliches Eingreifen — denn das Naturgesetz ist ja selbst das Eine göttliche Gesetz der Fortentwicklung des ewigen Lebens, schaffend und ordnend den Träger des Menschenlebens, in welchem wieder eben dasselbe Gesetz als Pflichtgebot sich offenbart [7, 233] —, sondern das eine grosse Wunder ist die Sichtbarmachung der sittlichen in der Sinnenwelt, und innerhalb desselben die kleineren Wunder, die neuen Offenbarungen, die als schlechthin neue Glieder des Fortschritts in den Geschichtszusammenhang eintreten. Aber dadurch wird das Prinzip des Wunders fortgehend für alle Zeit; wenn nämlich ohne dies die Menschheit gar nicht erhalten und besonders auf dieser Stufe der Ausbildung nicht erhalten werden könnte. Die nothwendige Voraussetzung hierbei ist immer, dass es noch keinen Begriff gebe für diese Sphäre, dass sie also noch der Freiheit und dem freien Verstande unzugänglich sei. Ist sie es nicht mehr, ist sie Gegenstand des freien Verstandesgebrauchs geworden: so kann es in dieser Sphäre keine Wunder mehr geben [7, 595].

So muss auch das, was wir gemeinhin das Ungefähr nennen, der Zufall, das Produkt der blindfreien, der nicht berechnenden, nicht eigentlich verständigen Freiheit, das in die blosse Gesetzmässigkeit der Natur zu bringen nicht möglich ist, unter der Leitung der göttlichen Vorsehung stehen, denn an dies Ungefähr reihen sich überhaupt Ereignisse der Geschichte an, in weiterer Folge oft die wichtigsten Entscheidungen [7, 595 f.].

„Um alles zusammenzufassen: Die Nothwendigkeit ist es, welche uns leitet und unser Geschlecht; keineswegs aber eine blinde, sondern die sich selber vollkommen klare und durchsichtige innere Nothwendigkeit des göttlichen Seins: und erst nachdem man unter diese sanfte Leitung gekommen, ist man wahrhaft frei geworden und ist zum Sein hindurchgedrungen; denn ausser ihr ist nichts denn Wahn und Täuschung. Nichts ist, wie es ist, deswegen weil Gott willkürlich es eben so will, sondern weil er sich anders als also nicht äussern kann. Dies zu erkennen, sich demüthig darein zu bescheiden und in dem Bewusstsein dieser unserer Identität mit der göttlichen Kraft selig zu sein, ist Sache aller Menschen: das allgemeine, absolute und ewig sich gleich bleibende in dieser Führung des Menschengeschlechts im klaren Begriffe aufzufassen, ist die Sache des Philosophen: die stets veränderliche und wandelbare Sphäre, über welche jener feste Gang fortgeht, faktisch aufzustellen, ist Sache des Historikers, an dessen Entdeckungen der erste nur beiläufig erinnert“ [7, 141 f.].

b. Das Wesen der Religion.

1) Begriff der reinen Religion.

Unmittelbar mit der Verinnerlichung des Gottesbegriffs in der gegenwärtigen Periode hängt auch eine tiefere Fassung des Wesens der Religion zusammen. Gott war auf dem vorigen Standpunkte die supreme Kausalität in Wollen und Wissen, und war als solche den Menschen unmittelbar erfassbar in der inneren Wahrnehmung. Jetzt wird unter jenem reinen Handeln nicht das innerliche Sein, sondern das äussere

Dasein Gottes, sein blosses Bild, verstanden. Das hinter jenem Bilde liegende, in ihm erscheinende Wesen Gottes kann demnach nicht mehr durch die innere Wahrnehmung den Menschen unmittelbar gegeben sein, sondern nur noch gedacht werden. Daraus folgt aber, dass man nur durch das eigentliche, reine und wahre Denken und schlechthin durch kein anderes Organ die Gottheit ergreifen könne. Denn das reine Denken ist selbst das göttliche Dasein; und umgekehrt, das göttliche Dasein in seiner Unmittelbarkeit ist nichts anderes denn das reine Denken [418 f.]. Kurz, nicht das blosse Wahrnehmen, sondern das Denken aus sich selber heraus, mit dem bekannten Ausdrucke der Schule: Metaphysik, zu Deutsch: Uebersinnliches ist das Element der Religion [7, 241]. Religion ist das wahre, das vollendete Leben. Das Element, der Aether, die substantielle Form aber des wahrhaftigen Lebens ist der Gedanke. Denn Leben und Seligkeit kann nur demjenigen zugeschrieben werden, das da seiner selbst sich bewusst ist. Alles Leben setzt daher Selbstbewusstsein voraus, und das Selbstbewusstsein allein ist es, was das Leben zu ergreifen und zu einem Gegenstande des Genusses zu machen vermag.

Das wahrhaftige Leben und die Seligkeit besteht nun in der Vereinigung mit dem Unveränderlichen und Ewigen: Das Ewige aber kann lediglich und allein durch den Gedanken ergriffen werden und ist als solches auf keine andere Weise uns zugänglich [410].

So ist es also das Wesen der Religion, dass man alles Leben als nothwendige Entwickelung des einen, ursprünglichen, vollkommen guten und seligen Lebens betrachte und anerkenne [7, 240 f.]. Dieses eine und unveränderliche Leben wird damit ergriffen als der Erklärungsgrund unserer selbst und der Welt, und zwar dies in doppelter Rücksicht, nemlich indem in ihm und seinem inneren, nur auf diese Weise begreiflichem Wesen als gegründet erkannt wird einerseits, dass es überhaupt da sei und nicht im Nichtsein verblieben; andererseits,

dass es gerade so da sei wie es da ist, nemlich als Leben in
uns und in der Welt [410].

Die Religion eröffnet also dem Menschen die Bedeutung
des einen ewigen Gesetzes, das als Pflichtgebot dem freien
und edlen, und als Naturgesetz dem unedleren Werkzeuge gebietet. Der Religiöse ergreift dieses Gesetz und fühlt es in
sich lebendig als das Gesetz der ewigen Fortentwickelung des
einen Lebens. Was dem moralischen Menschen Pflichtgebot
war, ist ihm die innere Fortschreitung des einen Lebens,
welches unmittelbar als Leben sich darstellt. Was Anderen
Naturgesetz ist, ist ihm die Entwickelung des als ertödtet
scheinenden Trägers des ersten Lebens [7, 233].

Damit erschliesst die Religion dem Menschen bereits
auf Erden das wahre selige Leben. Denn wenn auch das
göttliche Dasein nicht aus dem Dasein des Menschen verschwinden kann — denn so Gott aus ihm zu schwinden vermöchte, so würde er selbst aus dem Dasein schwinden —, so
wird doch dieses göttliche Dasein auf den niederen Stufen
des geistigen Lebens blos hinter trüben Hüllen und in ver-
worrenen Schattenbildern gesehen, welche aus dem geistigen
Sinnesorgane, mit dem man sie und das Sein erblickt, ab-
stammen; klar aber und unverhüllt, ausdrücklich als göttliches
Leben und Dasein es erblicken und mit Liebe und Genuss
in dieses also begriffene Leben sich eintauchen, das ist das
wahrhaftige und das unaussprechlich selige Leben [444].

So ist Leben und Seligkeit uns durch die Religion gegeben. Diese also ist das einzige wahrhaft Edle im Menschen,
die höchste Form der in sich selbst klar gewordenen Idee.
Aber die Religion ist gar kein äusserliches und erscheint nie
irgend in einer Aeusserung, sondern sie vollendet blos innerlich den Menschen. Dies ihr unterscheidender Charakter
gegenüber der Sittlichkeit. Sie ist Licht und Wahrheit im
Geiste. Das richtige Handeln findet sich dann von selber, denn
die Wahrheit kann nicht anders handeln als nach der Wahr-

heit. Aber dies richtige Handeln ist kein Opfer mehr, noch ein Dulden und Entbehren, sondern es ist selber die Ausübung und die Ausströmung der höchsten inneren Seligkeit. Wer mit Widerwillen und im Streite mit seiner inneren Finsterniss dennoch nach der Wahrheit handelt, den bewundere man und preise seinen Heldenmuth; wem es innerlich klar geworden, der ist unserer Bewunderung und Verwunderung entwachsen. Es ist in seinem Wesen gar kein Anstoss weiter, noch Unbegreifliches, sondern alles ist die eine, aus sich selbst fortfliessende klare Quelle [7, 251].

Und so ist es denn immer zuzugestehen, dass durch die Vollendung des Einzelnen sowol, wie schliesslich aller menschlichen Verhältnisse alles, was wir an dem Menschen zu bewundern pflegen, freiwillige Aufopferung, Heroismus, Selbstverlängnung, aufgehoben wird, und nur die Liebe des Guten, als das einige Unvergängliche, übrig bleibt [7, 170]. Das aber ist das eigentliche Wesen der Religion, Liebe zum Guten, welches Gute dem religiösen Sinne als das unmittelbare Werk Gottes in uns, und wir bei dem Vollbringen desselben als göttliches Werkzeug erscheinen [7, 187].

A n h a n g.

Unsterblichkeit.

Es würde kaum nöthig sein, noch besonders über die Fichte'sche Unsterblichkeitstheorie zu handeln, wenn dieselbe nicht mehrfach missdeutet worden wäre. Denn in Wirklichkeit schliesst, wie sich aus dem vorhergehenden genugsam ergeben haben wird, die Darstellung des Wesens der Religion bei Fichte zugleich die Lehre der Unsterblichkeit ein.

In der Sittlichkeit, die sich zur Religion vollendet, ergreifen wir das wahre Leben, oder richtiger, in ihr ergreift das Leben uns. Durch sie allein werden die Individuen, die ohne sie gar nichts sind und blosse Reflexionsformen der

Erscheinung, zu Darstellungsformen des ewigen Lebens. Durch die Religion also s i n d sie erst wahrhaft.

Sein aber heisst Nicht-untergehen-können [4, 471]. Wer also durch die Religion zum Leben hindurch gedrungen ist, kann dasselbe nicht wieder verlieren. Er ist unsterblich. Die Religion verheisst somit nicht nur die Unsterblichkeit, sondern gewährt sie schon; der Fromme glaubt nicht etwa bloss und hofft nur, dass er einmal unsterblich sein werde, sondern sofern er nur wirklich fromm ist, hat für ihn schon mitten in der Zeitlichkeit die Ewigkeit begonnen.

Anders freilich mit den Unfrommen. Die Frage, ob auch diese fortleben werden, konnte Fichte aus seinen Prinzipien heraus nicht mit gleicher Sicherheit beantworten. Lebt das Individuum nur, sofern das göttliche Leben in ihm lebt, so kann es auch fortleben nur unter dieser Bedingung. Unsterblichkeit könnte demnach nur den sittlich-frommen Menschen zugeschrieben werden. Andrerseits aber ist der Mensch, sofern er nicht sittlich ist, doch zur Sittlichkeit bestimmt. Er hört in sich die Stimme des Pflichtgebotes, und unterscheidet sich dadurch so unendlich vom Thiere. Sollte er so nicht auch fortdauern können als die Form, die in einem künftigen Leben dann vielleicht mit dem wahren Lebensgehalte erfüllt werde?

In seinen früheren Schriften hat Fichte diese Frage unberücksichtigt gelassen, später, so oft er darauf eingeht,[4] ist er geneigt, den unsittlichen Individuen das Fortleben abzusprechen. Und dies nur folgegemäss. Denn in solchen Menschen lebt ja nicht das einige und ewige Leben, die Sittlich-

---

[4] So weit mir bekannt, nur in den „Grundzügen u. s. w." (7, 25) und in der „Anweisung zum seligen Leben" (522, erklärt durch 530 f.) nimmt Fichte die Fortdauer auch derjenigen Individuen an, die ihren Zweck hier nicht erreicht haben. S. o. S. 131 ff. Jedenfalls darf man aber hierauf nicht die Behauptung gründen, dass seine Unsterblichkeitstheorie sehr wesentliche Modifikationen erfahren habe. Die Ausführung 11, 55 f. (s. o. S. 136 ff.) zeigt auch diese Behauptung in ihrem Zusammenhange.

keit, das Dasein Gottes, sondern sie sind im Grunde nichts weiter als die genetischen Punkte des Nichts [7, 591]. Ihr Tod scheint demnach nichts anderes, als das Erlöschen einer Naturgestaltung. Ihr Bewusstsein vergeht mit ihrem Leibe, ist es ja doch nichts anderes, als der Resonanzboden ihrer Sinnlichkeit.

Ganz anders mit dem Selbstbewusstsein der Frommen, der wahrhaft Lebenden. Sie wollen nicht selbst sein und in ihrer Persönlichkeit beharren. Solche Selbstliebe gilt ihnen im Gegentheil als Sünde, und als die eine Sünde, aus der alle andere folgt, als das absolut Böse. Sie wissen sich als das Dasein des göttlichen Daseins, als alle zusammen die eine Vernunft darstellend, die nur in der irdischen Ansicht in eine Vielheit von Individuen zerspalten wird.

Sie wissen aber auch andrerseits, dass eben die individuelle Form der Träger ist des Lebens, dass das Leben nur in Individuen zur Darstellung kommt; und daraus ergiebt sich ihnen, dass das Leben in der individuellen Form auch beharren muss, dass sie selbst also, da in ihnen das Leben Wirklichkeit geworden, eben indem sie ihr individuelles Auf-sich-beharren aufgaben, gerade dadurch als Individuen fortleben werden. „So lebe und so bin ich, und so bin ich unveränderlich, fest und vollendet für alle Ewigkeit; denn dieses Sein ist kein von aussen angenommenes, es ist mein eigenes, einiges, wahres Sein und Wesen" [2, 319].

Der Fromme also wird, so gewiss er lebt, auch fortleben. Das dass ist unzweifelhaft und es fragt sich nur das wie. Das eine ist hier klar (und von Fichte oft sehr nachdrücklich hervorgehoben), einen Himmel als Fortsetzung des hiesigen Genusses zu denken und zu hoffen, ist Zeichen der vollendeten Schlechtigkeit. Das wahre Leben ist auch auf Erden kein Geniessen, sondern sittliches Handeln. Aus dem Bewusstsein dieses Handelns entsteht die Welt. Wenn also die Sinnenwelt, als die Schranken, an denen das Leben sich in sittlichen Individuen darstellt, von einem sittlich gewordenen Menschen aufgegeben (wenn derselbe gestorben) ist, so bildet sich für ihn eine neue Sphäre des Handelns, des Handelns nicht mehr zum Sittlich-werden, sondern im Sich-sittlich-weiter-bilden. Auf diese neue Welt, in die nur die sittlich gewordenen Individuen gelangen, wird eine noch höhere folgen, und so fort ins Unendliche. —

Man mag diese Fichte'sche Unsterblichkeitstheorie phantastisch nennen, aber es ist ungegründet, in derselben verschiedene Entwickelungsstufen anzunehmen, sei es, als ob Fichte „in diesem Punkte seine Ansicht wiederholt in sehr auffallender Weise gewechselt" habe,[5] sei es, dass man diese vorausgesetzten Aenderungen mit einer früheren und späteren Gestalt des Systems in Zusammenhang bringt.[6]

Um die Grundlosigkeit dieser Behauptung zu zeigen, mögen eine Reihe von Stellen aus den verschiedensten Schriften und Zeiten Fichte's hier in chronologischer Reihenfolge angeführt werden. Dieselben mögen zugleich als Probe dienen, wie Fichte seinen Sprachgebrauch bei Bezeichnung einer und derselben Anschauung mannigfach geändert hat.

Das zwar würde nicht verwundern können, wenn wir in der Kantischen Periode, also vor Ausbildung des eigenen Systems, die Kantische Theorie einer ewigen Fortdauer des Individuums als des Mittels zur Verwirklichung einer unendlichen Aufgabe fänden. Eine Andeutung in der Rezension

---

[5] So Löwe S. 224—230. Die von ihm genannten Stellen sind oben sämmtlich mit angeführt.

[6] So Erdmann, Dr. Joh. Ed., Grundriss der Geschichte der Philosophie, 2. Aufl. Berlin 1870; B. 2, S. 447 — wohl nach der Andeutung von Löwe S. 230 —: So lange das Sollen das Höchste ist, so gestaltet sich die Unsterblichkeitslehre wie bei Kant: die rastlose Arbeit verbürgt die Arbeitszeit. Sobald sich aber das absolute Sein in den Vordergrund stellt, neigt er sich der Spinozistischen Ansicht zu, dass die Unsterblichkeit im Besitz der Wahrheit bestehe, oder vielmehr durch diesen ersetzt werde.

des Aenesidemus [7]) scheint auch wirklich diesen Sinn zu haben:
„Das Streben (der Vereinigung von reinem Ich = Sittengesetz,
und empirischem Ich = Individuum) kann nicht aufhören, als nach
Erreichung des Zieles, d. h. die Intelligenz (die Individuen-
welt) kann keinen Moment ihres Daseins, in welchem dieses
Ziel (d. h. die wirklich gewordene Einigung = ein Ich — das
Sittengesetz —, das durch seine Selbstbestimmung — in den
Individuen — alles Nicht-Ich — die Natur — bestimme)
noch nicht erreicht ist, als den letzten annehmen (Glauben
an ewige Fortdauer [8]))" [1, 23].

Alle Aeusserungen dagegen aus der Zeit der Ausbildung
der Wissenschaftslehre stimmen unter sich überein und ergeben
das oben skizzirte Gesammtbild. In der „Appellation an
das Publikum" 1799 heisst es: Dass die Kräfte schon jetzt
in Wirksamkeit sind, welche die innere Sphäre meiner Thätigkeit, die ich meinen Leib nenne, zerstören sollen, befremdet
mich nicht. Dieser Leib gehört zur Natur, und ist vergäng-
lich, wie alles, was zu derselben gehört, aber dieser Leib ist
nicht ich. Ich selbst werde über seinen Trümmern schweben
und seine Auflösung wird mein Schauspiel sein. Dass die
Kräfte schon in Wirksamkeit sind, welche meine äussere
Sphäre, die erst jetzt angefangen hat, es in den nächsten
Punkten zu werden; — welche euch, ihr leuchtenden Sonnen
alle und die tausendmaltausend Weltkörper, die euch umrollen,

---

[7]) Die Offenbarungskritik lässt sich auf die Unsterblichkeitslehre
nicht näher ein. Auch S. 36 und 136 ff. geben keinen sichern Anhalt.
Jedenfalls gilt sie als ein Postulat der praktischen Vernunft wie
bei Kant. Vgl. 118.

[8]) Wenn nicht die Anlehnung an Kant deutlich, und die Absicht, den Kritizismus gegen Aenesidemus zu vertheidigen, ausgesprochen
wäre (1, 24 f.), vor allem, wenn nicht die der angeführten Stelle folgenden Sätze auf die „Unsterblichkeit der Seele" bezogen werden
müssten, würde man hier freilich nicht sowol an eine Fortdauer der
Seele nach dem Tode, als an ewige Dauer des Menschengeschlechtes
auf Erden zu denken geneigt sein.

zerstören werden, kann mich nicht befremden: ihr seid durch eure Geburt dem Tode geweiht. Aber wenn unter den Millionen Sonnen, die über meinem Haupte leuchten, die jüngstgeborene ihren letzten Lichtfunken längst wird ausgeströmt haben, dann werde ich noch unversehrt und unverwandelt derselbe sein, der ich jetzt bin; und wenn aus euren Trümmern so vielemale neue Sonnensysteme werden zusammengeströmt sein, als eurer alle sind, ihr über meinem Haupte leuchtende Sonnen, dann werde ich noch sein, unversehrt und unverwandelt, derselbe der ich heute bin; werde noch wollen, was ich heute will, meine Pflicht; und die Folgen meines Thuns und Leidens werden noch sein, aufbehalten in der Seligkeit aller [237]. Wohlgemerkt: das Ich, das hier von sich redet, ist nicht jeder Mensch, sondern derjenige, dessen Willen das göttliche Sein (das Sittengesetz) ausmacht [237], blos selbstthätiges Princip, und allein durch sein pflichtmässiges Handeln bestehend [236].

In der „Bestimmung des Menschen" 1800 heisst es u. a.: „Nicht erst, nachdem ich aus dem Zusammenhange der irdischen Welt gerissen sein werde, werde ich den Eintritt in die überirdische erhalten; ich bin und lebe schon jetzt in ihr, weit wahrer als in der irdischen; schon jetzt ist sie mein einziger fester Standpunkt, und das ewige Leben, das ich schon längst in Besitz genommen, ist der einige Grund, warum ich das irdische noch fortführen mag. Das, was sie Himmel nennen, liegt nicht jenseits des Grabes; es ist schon hier um unsere Natur verbreitet, und sein Licht geht in jedem reinen Herzen auf" [2, 283]. Die zwei Ordnungen, die rein geistige und die sinnliche, „sind von dem ersten Augenblicke der Entwicklung einer thätigen Vernunft an in mir und laufen neben einander fort. Die letztere Ordnung ist nur eine Erscheinung für mich selbst und für diejenigen, die mit mir in dem gleichen Leben sich befinden; die erstere allein giebt dem letzteren Bedeutung, Zweckmässigkeit und Werth. Ich bin unsterblich, unvergänglich, ewig, sobald ich den Entschluss fasse, dem Vernunftgesetze zu gehorchen; ich soll es nicht erst w e r d e n. Die übersinnliche Welt ist keine zukünftige Welt, sie ist gegenwärtig; sie kann in keinem Punkte des endlichen Daseins gegenwärtiger sein, als in dem andern; nach einem Dasein von Myriaden Lebenslängen nicht gegenwärtiger sein, als in diesem Augenblicke" [2, 289]. „Unter allem was. der natürliche Mensch für ein Uebel zu halten pflegt, ist es mir der Tod am wenigsten. Ich werde überhaupt nicht für m i c h sterben, sondern nur für a n d e r e — für die Zurückbleibenden, aus deren Verbindung ich gerissen werde; für mich selbst ist die Todesstunde Stunde der Geburt zu einem neuen herrlicheren Leben" [2, 315]. „Aller Tod in der Natur ist Geburt, und gerade im Sterben erscheint sichtbar die Erhöhung des Lebens. Es ist kein tödtendes Prinzip in der Natur, denn die Natur ist durchaus lauter Leben, nicht der Tod tödtet, sondern das lebendigere Leben, welches hinter dem alten verborgen beginnt und sich entwickelt. Tod und Geburt ist blos das Ringen des Lebens mit sich selbst, um sich stets verklärter und ihm selbst ähnlicher darzustellen. Und m e i n Tod könnte etwas anderes sein — meiner, der ich überhaupt nicht eine blosse Darstellung und Abbildung des Lebens bin, sondern das Ursprüngliche, allein wahre und wesentliche Leben in mir selbst trage? u. s. w." [2, 317 f.]. Das Universum erscheint mir demgemäss nicht mehr „als jener in sich selbst zurücklaufende Zirkel, jenes unaufhörlich sich wiederholende Spiel, jenes Ungeheuer, das sich selbst verschlingt, um sich wieder zu gebären, wie es schon war; es ist vor meinem Blicke vergeistigt und trägt das eigene Gepräge des Geistes: stetes Fortschreiten zum Vollkommeneren in einer geraden Linie, die in die Unendlichkeit geht" [2, 317]. Das gegenwärtige Leben verhält sich zu einem künftigen wie Mittel zum Zwecke. Und zwar ist es allein der gute Wille, durch den wir für ein anderes Leben arbeiten. Die uns unsichtbaren Folgen sind es, durch die wir in jenem Leben erst einen festen Standpunkt, von welchem aus wir dann weiter in ihm fortrücken, uns erwerben. Nun erscheint das gegenwärtige Leben nicht mehr als unnütz und vergeblich; dazu, und nur allein dazu, um diesen festen Grund in einem künftigen Leben zu gewinnen, ist es uns gegeben, und allein vermittelst dieses Grundes hängt es mit unserem ganzen ewigen Dasein zusammen. — Es ist sehr möglich, dass auch dieses zweiten Lebens nächstes Ziel durch endliche Kräfte mit Sicherheit und nach einer Regel ebenso unerreichbar sei, als das Ziel des gegenwärtigen Lebens es ist; und dass auch dort der gute Wille als überflüssig und zwecklos erscheine. Aber verloren kann er dort ebensowenig sein, als er es hier sein kann, denn er ist das nothwendig fortdauernde und von ihr unabtrennliche Gebot der Vernunft. Seine nothwendige Wirksamkeit würde sonach in diesem Falle uns auf ein drittes Leben hinweisen, in welchem die Folgen des guten Willens aus dem zweiten sich zeigen würden, und welches folgende Leben in diesem zweiten auch nur geglaubt würde, zwar mit festerer und unerschütterlicherer Zuversicht, nachdem wir die Wahrhaftigkeit der Vernunft schon durch die That erfahren, und die Früchte eines reinen Herzens in einem schon vollendeten Leben treu aufbewahrt wieder gefunden hätten [2, 286 f.].

Hierher gehört auch das oben (S. 124) schon erwähnte Wort, mit dem Fichte seine „Bestimmung des Menschen" schliesst.

Auch hier ist zu bemerken, dass das redende Ich nicht alle Individuen umschliesst, sondern nur diejenigen, die durch „guten Willen" den festen Standpunkt in jener Welt erworben haben, die sich achten und lieben nur als Werkzeuge des Vernunftzweckes, und deren Persönlichkeit ihnen schon längst in der Anschauung dieses Zieles verschwunden und untergegangen ist [2, 312].

Aus der „Wissenschaftslehre" 1804 seien hier genannt 10, 158: „Ueber die Unsterblichkeit der Seele kann die Wissenschaftslehre nichts statuiren [9]): denn es ist nach ihm keine Seele, und kein Sterben oder Sterblichkeit — mithin auch keine Unsterblichkeit —, sondern es ist nur Leben, und dieses ist ewig in sich selber, und was Leben ist, ist eben so ewig, wie dies: also sie hält es wie Jesus: wer an mich glaubet, der stirbt nie, sondern es ist ihm gegeben, das Leben zu haben in ihm selber.“

Nach den Vorlesungen über „die Grundzüge des gegenwärtigen Zeitalters“ (gehalten 1804—1805, herausgegeben 1806) giebt es „nur ein Leben, auch in Ansicht des Subjekts, das da lebt, d. h. es ist überall nur ein lebendiges, die eine lebende Vernunft: keineswegs also, wie man die Einheit der Vernunft auch wohl gewöhnlich aussagt und zugesteht, dass die Vernunft sei die eine, allenthalben sich selbst gleiche und mit sich selber übereinstimmende Kraft und Eigenschaft vernünftiger Wesen, welche Wesen sodann doch für sich selbst bestehen sollen, und zu deren Dasein jene Eigenschaft der Vernunft, als ein fremdes Ingrediens, ohne welches sie allenfalls auch hätten bestehen können, nur hinzukommt; sondern also, dass die Vernunft sei das einzig mögliche, auf sich selber beruhende und sich selber tragende Dasein und Leben, wovon alles, was als daseiend und lebendig erscheint, nur die weitere Modifikation, Bestimmung, Abänderung und eigene Gestaltung ist.“ „Widersprochen kann diesem Satze schlechthin aus keinem andern Grunde werden,

---

[9]) Es kann kein grösseres Missverständniss geben, als diesen Satz zu interpretiren: Die Wissenschaftslehre kann sich kein Urtheil darüber erlauben, ob es Unsterblichkeit, d. h. ein Fortleben nach dem Tode, giebt oder nicht. Fichte sagt nicht: Ueber die Unsterblichkeit könne die Wissenschaftslehre nichts statuiren (wie doch Löwe, S. 226 excerpirt), sondern: über die Unsterblichkeit der Seele kann sie nicht mitdisputiren, weder pro noch contra, einfach weil sie überhaupt keine Seele anerkennt. (Hierüber vgl. o. S. 72 u. Note 4.)

als aus dem Grunde des persönlichen Selbstgefühls, dessen Dasein, als einer Thatsache des Bewusstseins, wir keineswegs ableugnen, indem wir es eben so gut in uns empfinden, als irgend ein anderer. Nur leugnen wir gar ernstlich ab die Gültigkeit dieses Gefühls da, wo von Wahrheit und eigentlicher Existenz die Rede ist, in der festen Ueberzeugung, dass über diese Fragen ganz etwas anderes entscheiden müsse, als die durchaus täuschenden Thatsachen des Bewusstseins."

Das erwähnte eine und sich selber gleiche Leben der Vernunft wird „lediglich durch die irdische Ansicht und in derselben zu verschiedenen individuellen Personen zerspaltet, welche Personen nun durchaus nicht anders, als in dieser irdischen Ansicht und vermittelst derselben, keineswegs aber an sich und unabhängig von der irdischen Ansicht, da sind und existiren." „Die irdische Ansicht dauert, als Grund und Träger des ewigen Lebens, wenigstens auch in der Erinnerung ins ewige Leben fort, somit alles, was in dieser Ansicht liegt, daher auch alle individuellen Personen, in welche durch diese Ansicht die eine Vernunft zerspaltet wurde; weit entfernt daher, dass aus meiner Behauptung etwas gegen die individuelle Fortdauer folge, giebt diese Behauptung vielmehr den einzigen haltbaren Beweis für sie her. Und dass ich es kurz zusammenfasse und entschieden ausdrücke: die Personen dauern in alle Ewigkeit fort, wie sie hier existiren, als nothwendige Erscheinungen der irdischen Ansicht, aber sie können in aller Ewigkeit nicht werden, was sie nie waren, oder sind, Wesen an sich" [7, 23—25]. Dass es neben dem gegenwärtigen und ersten Leben unseres Geschlechtes noch eine unendliche Reihe künftiger Leben giebt, behaupten auch die „Grundzüge" [7, 243].

In der „Anweisung zum seligen Leben" 1806 heisst es: „Ganz gewiss zwar liegt die Seligkeit auch jenseits des Grabes, für denjenigen, für welchen sie schon diesseits desselben begonnen hat, und in keiner andern Weise und Art,

als sie diesseits in jedem Augenblicke beginnen kann; durch
das blosse Sichbegrabenlassen aber kommt man nicht in die
Seligkeit; und sie werden im künftigen Leben und in der
unendlichen Reihe aller künftigen Leben die Seligkeit ebenso
vergebens suchen, als sie dieselbe im gegenwärtigen Leben
vergebens gesucht haben, wenn sie dieselbe in etwas anderem
suchen, als in dem, was sie schon hier so nahe umgiebt, dass
es denselben in der ganzen Unendlichkeit nie näher gebracht
werden kann, in dem Ewigen" [409]. Denen, die den Willen
Gottes nur nebenbei und weil sie müssen, wollen, aus eigenem
Antriebe aber und gutwillig nur ihre Glückseligkeit begehren,
und weil sie dieselbe in dieser Welt nicht finden können, dieselbe von einem Himmel jenseits des Grabes erwarten, ihnen
erwidert Fichte in derselben Schrift, S. 521 f.: „Hier ist der
Himmel nicht, sagt ihr, jenseits aber wird er sein. Ich bitte
euch: was ist denn dasjenige, das jenseits anders sein kann,
als es hier ist? Offenbar nur die objektive Beschaffenheit der
Welt, als der Umgebung unseres Daseins. Die objektive Beschaffenheit der gegenwärtigen Welt demnach müsste es eurer
Meinung zufolge sein, welche dieselbe untauglich machte zum
Himmel, und die objektive Beschaffenheit der zukünftigen das,
was sie dazu tauglich machte; und so könnt ihr es denn gar
nicht weiter verhehlen, dass eure Seligkeit von der Umgebung
abhängt, und also ein sinnlicher Genuss ist. Suchtet ihr die
Seligkeit da, wo sie allein zu finden ist, rein in Gott und
darin, dass er heraustrete, keineswegs aber in der zufälligen
Gestalt, in der er heraustrete, so brauchtet ihr euch nicht auf
ein anderes Leben zu verweisen: denn Gott ist schon heute,
wie er sein wird in alle Ewigkeit. Ich versichere euch, und
gedenket dabei einst meiner, wenn es geschieht, — so ihr
im zweiten Leben, zu dem ihr allerdings gelangen werdet,
euer Glück wiederum von den Umgebungen abhängig machen
werdet, werdet ihr euch ebenso schlecht befinden wie hier;
und werdet euch sodann eines dritten Lebens trösten, und im

dritten eines vierten, und so ins unendliche — denn Gott kann weder, noch will er durch die Umgebungen selig machen, indem er vielmehr sich selbst, ohne alle Gestalt, uns geben will." — Wie in der Individuenwelt „ursprünglich das Sein sich brach, so bleibt es gebrochen in alle Ewigkeit; es kann daher kein durch diese Spaltung gesetztes, d. h. kein wirklich gewordenes Individuum jemals untergehen; welches nur im Vorbeigehen erinnert wird gegen diejenigen unserer Zeitgenossen, welche, bei halber Philosophie und ganzer Verworrenheit, sich für aufgeklärt halten, wenn sie die Fortdauer der hier wirklichen Individuen in höheren Sphären leugnen." — Jedes Individuum hat zuvörderst seinen bestimmten Antheil an dem sinnlichen Leben und seiner Liebe; — jeder ohne Ausnahme erhält aber auch nothwendig durch seinen blossen Eintritt in die Wirklichkeit seinen Antheil an dem übersinnlichen Sein; „denn ausserdem wäre er gar kein Resultat der gesetzmässigen Spaltung des absoluten Seins, ohne welches gar keine Wirklichkeit ist, und er wäre gar nicht wirklich geworden; nur kann, gleichfalls jedem ohne Ausnahme, dieses sein übersinnliches Sein verdeckt bleiben, weil er sein sinnliches Sein und seine objektive Selbständigkeit nicht aufgeben mag" [530 f.].

Es widerspricht diesen und den folgenden Ausführungen nicht, wenn es in den „Reden an die deutsche Nation", 1807—1808, als ein natürlicher Trieb dargestellt wird, den Himmel schon auf dieser Erde zu finden und ein ewig dauerndes in sein irdisches Tagwerk verflössen zu wollen. [7, 379]. Derartige Stellen handeln überhaupt nicht von der Unsterblichkeit der Seele, sondern von einer „irdischen Ewigkeit", von demjenigen, „was hienieden ewig sein kann" [2, 384]. Sie behaupten das Fortleben der Wirkungen eines Menschen (nicht seiner Persönlichkeit) in der Nachwelt, in der Gewissheit, dass ein Werk aus Gott gethan nicht verloren und vergeblich sein kann: ein christlicher Gedanke und ganz verschieden von der antiken Vorstellung, nicht sowohl fortzuwirken, als fortzudauern im Gedächtnisse der Nachwelt [vgl. 7, 604]. Hier dagegen mag eine Stelle erwähnt werden, die die eudämonistische Unsterblichkeitshoffnung in ihrer Wurzel angreift: „Darin eben besteht die Schlechtigkeit, dass man nur sein sinnliches Wohlsein liebe, und nur durch Furcht und Hoffnung für dieses, sei es nun im gegenwärtigen oder in einem künftigen Leben, bewegt werden könne“ [7, 283].

Die „Thatsachen des Bewusstseins“ 1810—1811, führen einen schon in der „Bestimmung des Menschen“ (S. o. S. 129) behandelten und sonst ⸴mehrfach angedeuteten Gedanken[19]) aus, den, dass auf diese Sinnenwelt eine Reihe übersinnlicher Welten folgen wird, d. h. nicht Welten, in die das unsterbliche Ich hineingehoben würde, sondern Welten, die das unendliche Leben in der Thätigkeit des Ichs und als Sphäre derselben erschafft. Es heisst darüber 2, 676 ff.: Wie man auch über die Sinnenwelt „in Absicht ihrer Unendlichkeit oder Nichtunendlichkeit denken möge, so ist doch dies unmittelbar klar, dass die sittliche Aufgabe in derselben, als beschreibend einen engeren Kreis, ein endliches sei, das da realisirt werden könne, und das irgend einmal in der wirklichen Zeit — durch die Summe aller Individuen, versteht sich, denn nur an Individuen ist das Ganze vertheilt, und nur in der Summe dieser spricht es sich aus — realisirt sein werde. Nun aber ist diese ganze allgemeine Sinnenwelt nur dazu da, damit in ihr die sittliche Aufgabe realisirt und anschaubar gemacht werde. Ist aber diese Aufgabe

---

[19]) Es ist auffallend, dass in der sonst so quellenkundigen Abhandlung von Löwe die oben erwähnten darauf bezüglichen Stellen ganz übergangen sind, und die Behauptung einer unendlichen Reihe auf einander folgender Welten als den „Thatsachen des Bewusstseins“ von 1810 eigenthümlich und demgemäss als „bedeutende Modifikation“ der früheren Unsterblichkeitslehre hingestellt wird (S. 227 f.).

realisirt, so fällt der Grund der Sinnenwelt und, da sie nur durch diesen im Sein erhalten wird, sie selbst hinweg und geht zu Grunde.

„Inwiefern aber der Endzweck das Leben selbst, nicht wie hier in einer zufälligen Aeusserung, sondern in seinem absoluten Sein bestimmt, ist er nothwendig unendlich, sowie in dieser Rücksicht das Leben selbst unendlich ist. Er müsste darum nach Untergang dieser ersten Welt durchaus in derselben Form, in der allein er sichtbar werden kann, in Individuen nemlich mit Naturtrieben, Freiheit und sittlicher Bestimmung, durch das Leben selbst als Natur, nemlich als allgemeine, eine und ewige Natur, hervorbringen eine zweite Welt. Von dieser würde gelten, was von der ersten; die durch sie gestellte Aufgabe würde irgend einmal gelöst sein, und so auch die zweite Welt zu Grunde gehen; aber, um die Unendlichkeit des Endzweckes darzustellen, nach demselben absoluten und formalen Grundgesetze hervorgebracht werden eine dritte, und so ins Unendliche fort. Der Endzweck würde am Leben sich sichtbar machen als eine unendliche Reihe aufeinander folgender Welten.

„Doch ist in dieser unendlichen Folge von Welten nur ein Leben und ein dasselbe bestimmender Endzweck. Wie bleibt nun beides eins und in sich zusammenhängend, und ist als Einheit sichtbar? Das Produkt der absolut unmittelbaren Bestimmung des Lebens durch den Endzweck sind die Individuen; erst innerhalb der Individuen durch die Selbstanschauung ihrer Kraft entstehen sinnliche Welten.... Jene sonach, die Individuen, durch das Sein des Endzwecks schlechtweg, keineswegs durch irgend eine besondere Aeusserung desselben begründet, bleiben dieselben; die individuelle Einheit geht hindurch durch die unendliche Reihe aller Welten: in wiefern nemlich diese Individuen in der Wirklichkeit ihr Sein durch den Endzweck bestimmt, d. h. den sittlichen Willen in sich erzeugt haben. Vermittelst dieses Willens, der das unmittelbare Sein des Endzwecks in ihnen ist, und welcher erst von ihnen aus und für sie und ihren ewigen Zweck Welten schafft, überleben sie den Untergang aller Welten. Die eigentliche und letzte Erscheinung des Endzweckes ist ja durchaus nur in der individuellen Form, und der Wille allein ist tauglich zu dieser Erscheinung, und die Welten sind erst die Sphären der Sichtbarkeit der individuellen Willen. Die, so den Willen nicht in sich erzeugt haben, dauern nicht fort. Sie sind blosse Erscheinungen dieser ersten Welt, nach den Gesetzen derselben, und vergehen mit dieser Welt." — „Da aber kein Individuum, sonach auch nicht die vergehenden, ohne sittliche Bestimmung ist, da ferner der sittliche Gesammtzweck dieser Welt erreicht werden muss: so bleibt der unter Bestimmung des Endzweckes stehenden Natur nichts übrig, als statt derer, die ihre Bestimmung nicht erfüllen, andre Individuen mit derselben individuellen Aufgabe zu erschaffen. Nur das Individuum, in dem der Wille zu einem festen und unwandelbaren Sein geworden ist, schreitet über in die künftigen Welten." „In den künftigen Welten sind darum immerfort, ebenso wie hier, Aufgaben und Arbeiten; aber es ist in ihnen durchaus kein sinnlicher, sondern nur guter und heiliger Wille."

Nach der „Wissenschaftslehre" 1812 bürgt die „Ergriffenheit durch das Gesetz für die Ewigkeit und Unendlichkeit des Ich und des Willens" [10, 487].

In dem „System der Sittenlehre" 1812 heisst es 11, 55 f.: Eine Icherscheinung in dem Zustande der Sittlichkeit, in der das Ich als solches gänzlich vernichtet ist, „ist ihrer absoluten Ewigkeit und Unvergänglichkeit unmittelbar sicher, es glaubt nicht, hofft nicht, erwartet nicht dieselbe, sondern es hat und besitzt sie unmittelbar in jedem gegenwärtigen Momente; denn es selbst, seiner Persönlichkeit nach, ist ja nichts, denn das Leben seines absoluten Begriffs (Gottes); dieses entwickelt sich in alle Ewigkeit fort, es selbst darum mit ihm, da es ja durchaus nichts anderes ist, als dieses Leben. Was ein solches sittliches Ich in jedem Augenblicke ist, ist ja nur und hat Realität in Beziehung auf eine unendliche Fortentwickelung, und ohne diese Beziehung vermöchte es gar nicht zu sein, darum hat das Ich in jedem die ganze Unendlichkeit mit umfasst und im wirklichen Besitze, jedes enthält in sich den Keim aller künftigen Zeit, die sich entwickeln und ihn mit entwickeln wird, da der Begriff nur in ihm zeitlich da ist. Er ist sich bewusst seiner Persönlichkeit ewiger Fortdauer, sagte ich, denn diese ist eben der Begriff, für die Ewigkeit, zufolge seines absoluten Willens. Für ihn giebt es darum nicht etwa ein anderes Leben, sondern nur die Fortsetzung dieses einen und selbigen in alle Ewigkeit. Für ihn giebt es keinen Unterschied zwischen Zeit und Ewigkeit; in die absolute Ewigkeit, d. i. diejenige Zeitreihe, die schlechthin kein Ende nehmen kann, ist er schon wirklich eingetreten. (Dies ist übrigens keine neue Lehre, sondern die alte, wohlbekannte: Kraft zu haben, das Leben zu haben aus ihm selber; und, wer den Willen Gottes thut, der stirbt nie.)

„Dagegen kann jedes Ich, das sich nicht als Leben des Begriffs erscheint, sicher sein der absoluten Vernichtung seiner Persönlichkeit, und das Beste, was es erwarten und hoffen kann, ist eben diese Vernichtung und der Durchbruch des neuen und schlechthin ewigen Lebens des Begriffs, von welchem wir reden. Sein Leben ist schlechthin sterblich, trägt den Tod in sich, weil es ein eigentliches Leben gar nicht ist. Ob nun allenthalben diese Sterblichkeit übergehen werde in das neue Leben, oder in ein absolutes Verschwinden seiner Erscheinung aus dem Systeme der Erscheinung, das wissen wir nicht; haben aber durchaus keinen Beweisgrund gegen die letzte Voraussetzung, und dies lässt sich darthun. Das bloss wissen wir, dass wir Jeden, der das Erscheinungsleben hat, behandeln müssen, als ob er zum wahren Leben bestimmt sei und darum ihn auch so betrachten, wie sich dies zu seiner Zeit finden wird. (Man hat vergebens so viele Beweise für die Unsterblichkeit gesucht. Einen allgemeinen giebt es nicht. Für seine Person aber kann Jeder unmittelbar wissen, wie es mit ihm steht. Sehe er hin in sein Selbstbewusstsein, ob er sich des absoluten Willens der Pflicht bewusst ist, oder nicht. Wer sich aber nach der Unsterblichkeit·nur recht sehnt, nemlich nach dieser geschilderten, dem ist wohl dieses Sehnen ein Unterpfand derselben. Diese Sehnsucht nun kann man vielleicht durch Belehrung in den Menschen erwecken.)“ Ebenso behauptet 11, 74 die „Nothwendigkeit der Unsterblichkeit Jedes, der nur sittlich sich bildet. Das künftige Leben ist ja nur möglich durch die Identität der Individuen, die das gegenwärtige bilden; denn es besteht ja blos in der Anwendung dessen, was sie hier gelernt haben, in der Verwirklichung des Bildes, das sie hienieden entwerfen halfen. Es kann da keiner fehlen, denn er gehört als ein Glied zu dem Ganzen, und zu der Aufgabe des Ganzen als Werkzeug. Im Gegentheil aber ist auch das klar, dass ein solcher, der hienieden nichts gelernt und nichts allgemein und ewig gültiges aus sich entwickelt hat, in einer solchen Ordnung der Dinge, als welche wir das jenseitige Leben hingestellt haben, durchaus nicht passt. So weit, als allgemeinen Satz, können wir es wohl aussprechen, dass ein solcher nicht unsterblich ist; und es kann sogar sittliche Zwecke befördern, es auszusprechen: der Anwendung aber auf ein besonderes Individuum müssen wir uns enthalten, und Jeden der Stimme seines eigenen Gewissens überlassen.“ Vergl. noch 11, 162 f.

In der „Staatslehre“ 1813 heisst es: „Himmel ist ewiges Leben aus, von und durch sich; wer aber hier nicht dazu kommt, der nie. Wenn das Heidenthum ein künftiges Leben annahm, so war dies nur eine Fortsetzung des hiesigen sinnlichen, und der Tod die Verbindung beider. Anders das

Christenthum, dies setzt das Ewige in das Zeitliche hinein, als den eigentlichen Anfang des Zeitlichen selbst" [4, 534].

Aus den „Thatsachen des Bewusstseins" 1813 sei hier erwähnt: „Ein künftiges Leben kann von dem gegenwärtigen sich nur dadurch unterscheiden, dass in ihm das Menschengeschlecht überhaupt als durchaus übersinnliches Prinzip des Sinnlichen dasteht, welches durchaus nur Prinzipiat geworden ist" [9, 503].

Endlich sei als Beschluss der langen Reihe, in ihrem wesentlichen Inhalte völlig übereinstimmender Stellen ein Wort aus den „Einleitungsvorlesungen in die Wissenschaftslehre" 1813 genannt: „Nur wer durchaus unabhängig von allem sinnlichen Dasein und aller Form desselben in seinem übernatürlichen Wesen ruht, der ist seiner Ewigkeit und ewigen Freiheit sicher; der kann auch die Wahrheit erfassen, und an diesem Kriterium kann Jeder sich prüfen. — So, wenn sie Beweise ihrer Unsterblichkeit geführt wissen wollen! Von wem die Wurzel seines Lebens jenseits aller Zeit und unabhängig von aller Zeit noch nicht mit dem inneren Auge unmittelbar ersehen worden, dem ist nicht zu helfen; die Einsicht lässt sich nicht in ihn hineinbeweisen, er muss sie eben sehen mit dem eigenen inneren Sinne" [9, 22].

2) Ursprung der reinen Religion.

Wer zur wahren Religion gelangt ist, der ist selig. Aber wie gelangt man denn zu dieser?

Religion besteht dem Obigen zufolge darin, dass man alles Leben als nothwendige Entwickelung des einen ursprünglichen, vollkommen guten und seligen Lebens betrachte und anerkenne. Nun ist's für's erste ganz klar, dass diese Ansicht nicht in der blossen Wahrnehmung und beobachtenden Anschauung des Lebens oder irgend eines Dinges liege, noch aus ihr zu entspringen vermöge. Durch die sorgfältigste Beobachtung des Daseienden wird man nie weiter kommen als zu wissen: so und so ist nun eben das Ding; keineswegs aber dazu, diese blosse Erscheinung überhaupt nicht gelten zu lassen, sondern eine höhere Bedeutung derselben anzunehmen. Die religiöse Ansicht kann sich daher nie aus der blossen Beobachtung der Welt erzeugen[11], indem sie ja vielmehr in der sich uns aufdringenden Maxime besteht: die gesammte Welt und alles Leben in der Zeit gar nicht für das wahre und eigentliche Dasein gelten zu lassen, sondern noch ein anderes, höheres Dasein jenseits der Welt anzunehmen. Diese Maxime muss sich **rein aus dem Gemüthe**, als ein absolut ihm eingepflanzter Grundzug entwickeln [7, 240 f.].

Rein aus dem Gemüthe heraus kann sich allein die Religion entwickeln, aus der demselben einwohnenden Stimme des Gewissens. Diese ist allen Menschen unmittelbar mit ihrem Menschsein gegeben. Und damit, mit dem Begriffe des Rechten ist überhaupt erst die Realität in die Welt geboren; alles Frühere sind die genetischen Punkte des Nichts [7, 591]. Die Aufgabe des Individuums ist nun, diese Gewissensstimme sich zum klaren Bewusstsein zu erheben und dadurch zur Religion zu gelangen.

Nun lebt aber der Mensch nicht für sich allein, sondern **in der Gesammtheit** und als Glied derselben, bedingt in

---

[11] Dem widerspricht es nicht, wenn es in den Vorlesungen „über das Wesen des Gelehrten und seine Erscheinungen im Gebiete der Freiheit" 1805 heisst 6, 427: „Dass ein Gott sei, leuchtet dem nur ein wenig ernsthaften Nachdenken über die Sinnenwelt ohne Schwierigkeit ein. Man muss zuletzt doch damit enden, demjenigen Dasein, was insgesammt nur in einem andern Dasein gegründet ist, ein Dasein zu Grunde zu legen, welches den Grund seines Daseins in sich selber habe; und dem in unaufhaltbaren Zeitflusse hinfliessenden Veränderlichen ein Dauerndes und Unveränderliches zum Träger zu geben." Die hier geforderte Erkenntniss, dass das Dasein der Welt in einem andern Dasein gegründet ist, ist selbst schon religiös, nicht aus Räsonnement, sondern aus dem inneren Wahrheitssinne hervorgehend, wie denn in Wirklichkeit dieser innere Beweis für das Dasein und Wesen Gottes der allein mögliche ist [7, 98].

seiner individuellen Entwickelung durch die Entwicklung der Gesammtheit, und umgekehrt diese wieder bedingend.

Wenn es also zu den inneren Bestimmungen der Menschheit gehört, dass sie in diesem ihrem ersten Erdenleben mit Freiheit zum Ausdruck der Vernunft sich erbaue, und wenn so viel gewiss ist, dass aus Nichts nie etwas wird, dass also die Vernunftlosigkeit nie zur Vernunft kommen kann, so muss wenigstens in einem Punkte seines Daseins das Menschengeschlecht in seiner allerältesten Gestalt rein vernünftig gewesen sein, ohne alle Anstrengung oder Freiheit. Wir werden also getrieben zur Annahme eines Normalvolkes,[12] das durch sein blosses Dasein, ohne alle Wissenschaft oder

---

[12] Die Idee eines Normalvolkes in dieser Form scheint Fichte in seiner letzten Zeit wieder aufgegeben zu haben, festhaltend übrigens an dem darin liegenden Grundgedanken einer Unmittelbarkeit des Sittlichen. In den Exkursen zur „Staatslehre" 1813: 7, 586 ff. findet sich darüber folgende Andeutung:

Die Herrscher in der Welt sind Nothoberherren, nur dazu da, damit dem Verstande und der Freiheit die Aufgabe des rechten Oberherrn — Gottes durch das Sittengesetz — zum Bewusstsein komme, ähnlich wie die Familie dazu da ist, zum Begriffe der Volkserziehung zu treiben. Herrschaften und Familienerziehung sind „Nothmittel, Vorbedingungen, zu Stande gekommen durch die Nothwendigkeit eines ersten Faktums der Ordnung und der Bildung, da die eigentliche Auflösung durch das eingesehene Gesetz fehlte. Da sagt man nun: Glück, zufällige Umstände, einzelne ausgezeichnete Männer der Geschichte hätten dies herbeigeführt. — Gut: was ist nun dieses Glück, dieser Zufall? — Ohne dies, könnte zunächst gesagt werden, wäre die menschliche Gesellschaft zu Grunde gegangen. Aber warum hätte sie nicht zu Grunde gehen sollen?

„Dass sie es nach schlechthin apriorischen Gesetzen nicht kann, ist bekannt. Wie hängen diese nun mit jenen historischen Ereignissen zusammen, oder wie zeigen sie sich in ihnen?

„Es scheint, ich komme da zu etwas, das nothwendig ist, so wie die Natur, aber sittlich, rechtlich wenigstens, in Beziehung auf das Bestehen der Welt der Freien, was sonst genannt worden: Goldenes Zeitalter, Stand der Unschuld, Normalvolk, stehend in Un-

Kunst, sich im Zustande der vollkommenen Vernunftkultur befunden habe, wie denn dies auch der Inhalt der Paradiesesmythe ist (7, 137). Nichts aber verhindert zugleich anzunehmen, dass zu derselben Zeit über die ganze Erde zerstreut scheue und rohe erdgeborene Wilde ohne alle Bildung, ausser der dürftigen für die Möglichkeit der Erhaltung ihrer Existenz, gelebt haben; denn der Zweck des menschlichen Daseins ist nur das Sich-Bilden zur Vernunft, und dieses konnte an diesen erdgeborenen Wilden gar füglich von jenem Normalvolke aus vollbracht werden [7, 133].

Die Religion dieses Normalvolkes nun war die wahre, sofern sie in dem Beruhen auf dem Dasein Gottes, im Hingegebensein an die Sittlichkeit bestand. In diesem Sinne ist also die wahre Religion so alt, als die Welt und von dem Dasein derselben unabtrennlich [7, 135. 167]. Der Hebräerbrief hat ganz recht, wenn er Jesum ausdrücklich einen Priester nach der Ordnung Melchisedeks, des Priesters Gottes des Allerhöchsten,[18]) nennt und so ihn als den Wiederhersteller der Melchisedeksreligion charakterisirt [7, 98].

Andrerseits' war diese Urreligion jedoch keineswegs

---

mittelbarkeit des Sittlichen. Was ich ehemals geahnet, beweist jetzt sich deutlicher: diese Welt muss erscheinen, als eine Welt der Freien. Sie könnten daher sich zerstören, doch sollen sie in der Erscheinung es nicht können; die Anstalt gegen solche Zerstörung müsste daher auch zugleich mit ihrer Existenz gesetzt sein. Die Freiheit müsste sich gewissen Formen gegenüber, ihrer ursprünglichen Gebundenheit bewusst werden: wir nennen es Glaube an die Autorität gewisser Satzungen und unmittelbaren Gehorsam gegen dieselben; innere (religiöse) Scheu, Ehrfucht. In dieser Form gelangt nun überall zuerst das Sittliche und Recht (als „Sitte") an den Freien: der Grund dieser Ursprünglichkeit liegt in jenem ewigen Gesetze, und sie ist das Zeichen, die unmittelbare Kundgebung davon."

[18]) „Welcher allerhöchste Gott die ganzen ersten Kapitel des ersten Buches Mosis hindurch dem untergeordneten Gotte und Nachschöpfer, Jehovah, ausdrücklich entgegengesetzt wird" [7, 98 f.].

die vollendete Religion, sofern sie noch nicht durch Freiheit das Bewusstsein ihrer Wahrheit entwickelt hatte.

Wenn nun aber dies die Aufgabe des Menschengeschlechts ist, ausgehend von einem entgegengesetzten Zustande und diesen vernichtend sich zu erbauen zu einem Reiche Gottes, zu einer Welt, in der Gott allein Prinzip sei aller Thätigkeit und nichts ausser ihm, indem alle menschliche Freiheit aufgegangen ist und hingegeben an ihn: so muss das Bewusstsein dieser Aufgabe erst in irgend einem Menschen einmal aufgegangen sein, und von diesem dann den übrigen zum Bewusstsein gebracht werden. Aus der faktischen Entwicklung des Menschengeschlechts lässt sich demnach eine gewisse Person in der Geschichte, die eigentliche Hauptperson in derselben, der Anfänger aller wahren Geschichte, schlechthin nothwendig nach einem Gesetze a priori ableiten.

Diese schlechthin nothwendige Person stimmt nun überein mit dem, was die Erzählungen uns von Jesu von Nazareth berichten, und wir verstehen jenes Gesetz und seine Anforderung in einem organischen Zusammenhange nur, wenn wir diesen Jesus als diese nothwendige Person denken [4, 541].

Die Frage bleibt nur, wie kam Jesus zu der Erkenntniss? Bis zu ihm hin war die Einsicht in das Himmelreich, wie er die wahre Religion nannte, noch etwas völlig unbekanntes und neues, in der alten Zeit gar nicht vorhandenes und erst durch die umschaffende That seines Erscheinens in die Welt eingetretenes [7, 608] — also konnte er sie nicht von einem anderen überliefert bekommen, sondern musste sie rein aus sich selbst, rein durch Anschauung und Begriff seiner selbst entnehmen. Unmittelbar in seinem Bewusstsein musste sie ihm gegeben sein: er musste sich unmittelbar ohne bewusste Freiheit durch sein Dasein als Bürger des Himmelreichs finden; sein Wille ging auf und war gefangen in einem höheren Willen, er war dessen Werkzeug, und so wurde er seiner sich bewusst. Er war, was wir ein bestimmtes künstlerisches oder praktisches Genie nennen, mit einem angeborenen Triebe zu einem gewissen Thun [4, 537 f.].

Ihm war das Bewusstsein aufgegangen, dass er Bürger war im Himmelreich. Was er aber war — dies liegt im Begriffe des Himmelreichs — das sollten alle anderen Menschen auch sein. Weil er es aber allein war, konnten sie es nur durch ihn werden. Alle sollten durch das von ihm in die Zeit eingeführte Bild, vermittelst der eigenen Freiheit in dieses Reich kommen: wiedergeboren werden von ihm aus. [14]) So ergab sich für ihn unmittelbar mitgesetzt in jenem Bewusstsein der Beruf, das Himmelreich seinen Brüdern mitzutheilen.

Die Einsicht in die Wahrheit des Himmelreichs und die damit ihm gewordene Aufgabe war also eine absolute Fortbestimmung seiner faktischen Anschauung und Verstandes durch ein Ursprüngliches aus seiner Individualität, d. i. aus Gott: wie dies — abgesehen von dem verschiedenen Inhalte solcher Inspiration — in der Form durchaus ebenso mit allen tüchtigen Menschen auf der Welt hergeht [4, 540]. Sein Selbstbewusstsein war unmittelbar die reine und absolute Vernunftwahrheit selber, seiend und gediegen und blosses Faktum des Bewusstseins — keineswegs wie bei uns Anderen allen genetisch noch aus einem vorhergegangenen anderen Zustande, und darum kein blosses Faktum des Bewusstseins, sondern ein Schluss. Hierin dürfte wohl der eigentliche persönliche Charakter Jesu Christi, welcher, wie jede Individualität, nur einmal gesetzt sein kann in der Zeit und in derselben nie wiederholt werden, bestanden haben. Er war durch sein Sein, wie er alle machen wollte (7, 606), die zu einem unmittel-

---

[14]) Diese Anforderung der Wiedergeburt an alle konnte er für sich selbst nicht aussagen, denn er war der geborene und einzige geborene, der eingeborene Bürger und Sohn, Werkzeug und geistige Effekt: ausser ihm keiner geboren, weder vor ihm, weil er sodann nicht sein konnte, noch nach ihm, weil er sodann vergebens und nicht für das ganze Geschlecht da wäre [4, 543].

baren Selbstbewusstsein gewordene absolute Vernunft oder, was
dasselbe bedeutet, Religion [572].

In Jesu Christo ist also die wahre Religion zum ersten
Male Leben geworden, und durch seine Himmelreichspredigt,
die durch seine Apostel und dann durch die Kirche, freilich
viel verhüllt und verkümmert, fortgepflanzt worden ist, ist
diese wahre Religion in die Welt eingeführt. Alle nach-
folgende Entwickelung des göttlichen Lebens in der Menschheit hat sich gegründet und ist bedingt gewesen durch das
Vorhandensein jenes Evangelii. Wie wir uns stellen mögen,
in den Boden der christlichen Zeit hinein sind wir gesetzt,
durch seine Einflüsse ist das faktische Grundsein bestimmt,
von welchen wir ausgehen [4, 544], und das einzige, was in
dem ewigen Fortflusse der durch dasselbe selbst erst gewordenen neuen Zeit besteht und unwandelbar ist, ist das Christenthum in seiner reinen, selbst unwandelbaren Gestalt, und dies
allein wird bleiben bis an das Ende der Tage [7, 214 vgl.
5, 484].

2. Phänomenologie der Religion.

In Jesu ist die wahre Religion zum ersten Male Leben geworden. Aber doch hat es schon vor ihm Religion gegeben.
Es wird also zu fragen sein, wie diese sich zum Christenthume, sowohl zum reinen, wie zum Christenthume in der Erscheinung verhält.

Die Phänomenologie der Religion hat es demgemäss zunächst mit einer Kritik der vorchristlichen Religionen zu thun.
Da das Christenthum das Prinzip der neuen Zeit ist, können dieselben passend unter dem Namen der alten Religion zusammengefasst werden. Unter dieser sind also sämmtliche
vorchristliche oder vom Christenthume nicht berührte Religionssysteme zu verstehen, auch das Judenthum, in dem
sogar der Begriff des heidnischen Gottes mächtig gesteigert

ist [7, 600].[15]) Völker, die jenen Religionen noch anhängen, gehören, selbst wenn sie in unsern Tagen leben, in Wirklichkeit zur alten Zeit, die freilich auch mitten in die christliche Welt hinein sich erstreckt.

---

[15]) Ueber den Muhamedanismus scheint Fichte geschwankt zu haben, hauptsächlich wohl, weil ihm, wie er in den „Reden an die deutsche Nation" 7, 391 gesteht, ein Urtheil über Muhamed abging. Nach den „Grundzügen des gegenwärtigen Zeitalters" 1804—1805 sei derselbe ein zweiter, jüngerer Zweig der wahren Religion, offenbar aus ebenderselben Urquelle mit dem Christenthume entstanden, nur die gänzliche Aufhebung des alten Bundes mit Gott keineswegs zugebend, darum aus dem Judenthume behaltend, was irgend anwendbar war, eben darum das Prinzip seines allmählichen Verderbens bei sich führend, und die ewig fortfliessende Quelle der äusseren Vervollkommnung, welche das Christenthum in sich hat, nicht aufnehmend. Bekehrungssüchtig so wie das Christenthum; des Schwertes wohl kundig, durch welches er vom Anfange an sich verbreitet hatte; aufgeblasen dem Christenthume gegenüber wegen eines an sich wenig bedeutenden Vorzugs, dass er die Einheit Gottes mit klarem Worte behauptete, welche im Christenthume dem Wesen nach wohl vorausgesetzt wurde, und nicht völlig so von grobem Aberglauben strotzte, als das damalige Christenthum [7, 196]. Im „System der Sittenlehre" 1812 heisst es: Es giebt Menschen, die ohne alle Sittlichkeit auf blossen Antrieb der geistigen Natur in sich diese in einer neuen Weltordnung darstellen wollen. „Es ist in ihnen Begeisterung, sie sind Helden, sie sind die Wohlthäter des Menschengeschlechts, aber als bewusstlose Werkzeuge irgend eines einzelnen Begriffs. So denke ich mir viele gefeierte Helden der Geschichte. Muhamed: ein Enthusiast für den Begriff der Einheit Gottes, voll bitteren Hasses gegen die Vielgötterei, wo er sie anzutreffen glaubte; der mit Feuer und Schwert das Bekenntniss dieser Einheit einführt. Andere, die mit Feuer und Schwert die Menschen nöthigen frei zu sein, oder glücklich nach der Weise, die sie ihnen vorschreiben. Sie können Wunder thun und Berge versetzen; aber es hilft ihnen alles nichts, denn sie haben die Liebe nicht" [11, 75]. Damit stimmen die „politischen Fragmente" 1813 überein: „In das Morgenland ist zur alten Zeit die Idee der Einheit Gottes gefallen, aber ohne Freiheit und Sittlichkeit, mithin ohne Perfektibilität: — in der neueren Geschichte der Islam" [7, 600, vgl. 601].

a. Die Religion der alten Zeit.

Religion ist ihrem Wesen nach, wie im vorhergehenden gezeigt worden, Liebe des Guten: zunächst des Guten, das man als das allein gute **erkennt**, indem man es liebt. So gefasst, ist Religion Erkenntniss, Klarheit über das wahrhaft Gute und seine Beziehungen zu uns, und im Bestreben diese Erkenntniss mitzutheilen, Lehre.

Wenn aber in der Religion der Zentralpunkt unsres ganzen Wesens liegt, so kann es nicht fehlen, dass dieser auch bestimmend einwirke auf unser **Handeln.** So wird die Religion mittelbar praktisch im eminentesten Sinne des Wortes, da, wie vom Mittelpunkte zur Peripherie alle Radien gehen, von ihr aus im Grunde alle Verhältnisse des Einzel- und Volkslebens gebildet und durchdrungen werden. Die Religion kann nicht eine bloss todte, kalte Erkenntniss bleiben, sondern muss nothwendig sogleich eingreifen in das thätige Leben. Denn wie unsre Lebensauffassung ist, so wird auch unsre Lebensgestaltung sein.

Die Thaten der Völker sind aber ihre Staaten. Und wenn die Religiosität des einzelnen Menschen in seinen vielerlei Lebenslagen in werkthätigem Handeln und standhaftem Dulden sich äussert, so zeigt sich die Religiosität der Völker in dem Volksleben, in Verfassung und Kulturzustand ihrer Staaten. Also wird die Phänomenologie die Religion der alten und die der neuen Zeit in dieser doppelten Rücksicht zu behandeln haben, als Weltanschauung (Lehre) und als Weltbildung (Verfassung).

1) Die religiöse Weltanschauung der alten Zeit.

Eine ausgebreitete Kenntniss der ausserchristlichen Religionen hat Fichte nicht gehabt. Seine vorwiegend spekulative Natur hat ihm zu eigentlich historischen Studien weder Anregung gegeben noch Zeit gelassen. Andrerseits darf aber auch nicht vergessen werden, dass ein eindringenderes Studium der nichtchristlichen Religionen, sei es nun aus rein theoretischer Absicht (als allgemeine == vergleichende Religionswissenschaft), oder als Grundlage für die Praxis der Ausbreitung des Christenthums (als Missionswissenschaft) erst in der Gegenwart begonnen oder gar noch zu begründen ist.[16])

Der eigentliche Gegensatz zwischen der alten und der neuen Zeit besteht nun nach Fichte in ihrer entgegengesetzten Ansicht von Gott und seinem Verhältnisse zur Menschheit.

Im Christenthum ist Gott sittlicher Gesetzgeber der Freiheit. Nach der Anschauung der alten Zeit dagegen fordert Gott willkürlich einen gegebenen Zustand derselben [7, 605; 4, 529 u. sonst]. Nach dem Christenthume ist Gott im Grunde vollkommene Heiligkeit nach Wesen und Wirkung; der Gott der alten Welt dagegen ist allmächtige Will-

---

[16]) Die Nothwendigkeit einer solchen Disziplin in der Theologie hat übrigens Fichte klar erkannt und ihr selbst in seinem „deduzirten Plane einer zu Berlin zu errichtenden höheren Lehranstalt" 1807 die Aufgabe gestellt: „Das Kapitel aus der Historie, wovon die bisherige Theologie einen Haupttheil sich fast ausschliessend zugeeignet, ist die Geschichte der Entwickelung der religiösen Begriffe unter den Menschen. Es geht aus dem gebrauchten Ausdrucke hervor, dass die Aufgabe umfassender ist, als die Theologie sie genommen, indem auch über die Religionsbegriffe der sogenannten Heiden Auskunft gegeben werden müsste, und dass die wissenschaftliche Schule sie in dieser Ausdehnung nehmen wird. Mit diesen zu ihr gehörigen und sie erklärenden Bestandtheilen versehen, ferner ohne alles Interesse für irgend ein Resultat und mit redlicher Wahrheitsliebe bearbeitet, wird auch die eigentliche Kirchengeschichte eine ganz andere Gestalt gewinnen, und man wird der Lösung mehrerer Probleme (z. B. über die wahren Verfasser mehrerer biblischer Schriften, über die echten oder unechten Theile derselben, die Geschichte des Kanon u. s. w.), die dem Unbefangenen noch immer nicht gründlich gelöst zu sein scheinen könnten, näher kommen, oder auch genau finden und bekennen, was in dieser Region sich ausmitteln lasse und was nicht" [8, 139].

k ü r. Mit reiner Willkür hat nach der alten Zeit Gott die Welt hervorgebracht, er hätte sie auch ungeschaffen lassen können; mit Willkür erhält und regiert er sie auch.

Die Annahme einer Schöpfung also, das Urprinzip des Juden- und Heidenthums, ist der absolute Grundirrthum aller falschen Metaphysik und Religionslehre. Das Setzen einer Schöpfung ist in Beziehung· auf eine Religionslehre immer ein Kriterium ihrer Falschheit, dagegen das Ableugnen einer solchen, falls dieselbe durch vorhergegangene Religionslehre gesetzt sein sollte, das erste Kriterium ihrer Wahrheit; wie denn auch die reinste Urkunde des Christenthums, das Evangelium Johannis, im direkten Widerspruche zu der Schöpfungslehre der Genesis beginnt mit den Worten: Im Anfang — schuf Gott nicht, denn es bedurfte keiner Schöpfung, sondern es — war schon, es war das Wort, durch das alle Dinge gemacht sind [479 f.].

Annahme einer Schöpfung widerspricht wahrer religiöser Erkenntniss. Denn einerseits wird der religiöse Gottesbegriff getrübt, wenn Willkür in ihm gesetzt wird. Andrerseits wird die Ansicht vom Menschen verdeckt, als ob er etwas sei ausser und neben Gott, und sogar wider Gott sich stellen könnte, während es doch sündlicher Hochmuth der Menschen ist, zu glauben, dass sie sündigen und dadurch den göttlichen Weltplan realiter stören könnten [4, 562]. Zugleich verkehrt die Schöpfungstheorie auch alle Vernunft und verwandelt das Denken in ein träumendes Phantasiren, denn eine Schöpfung lässt sich gar nicht ordentlich denken — das, was man wirklich denken heisst, und es hat noch nie ein Mensch sie also gedacht [479].[17]

Der Gott, der die Welt willkürlich geschaffen hat, er-

---

[17] Ebenso 2, 303 (1800); 7, 130 (1804); 10, 345 (1812); 4, 522; 9, 23 (1813). Vgl. auch die Kritik des Schöpfungsbegriffs in der vorigen Periode, s. o. S. 77 f.

hält und regiert sie selbstverständlich auch mit reiner Willkür. Daher denn der Wunderglaube der alten Zeit, der rein heidnisch ist und gegen die echten Prinzipien des Christenthums verstösst. Gott ist der Herr des Geistigen, nicht des Sinnlichen, das ihn gar nichts angeht. Zeichen und Wunder mag der Fürst der Welt thun, Beelzebub, der oberste der Teufel, wie denn Jesu Zeitgenossen dies für wahrscheinlich ansehen, darin gar nicht inkonsequent (Matth. 12, 24; 9, 34. Mark. 3, 22. Luk. 11, 15): des himmlischen Vaters ist dies durchaus unwürdig, in seinem Reiche soll innerhalb dieser Sinnenwelt nichts geändert werden, ausser durch Freiheit unter dem göttlichen Pflichtgebote, und wer es anders will und Wunder begehrt, der will sich seiner Pflicht entziehen [4, 547 f.]. Der Sittliche gehorcht dem Sittengesetze wie es ist, und will, dass die ganze Menschheit demselben gehorche. Er glaubt darum an keine besonderen Wunder, denn eine solche Annahme ist Verleumdung gegen die Majestät des Gesetzes (und damit seines Grundseins, Gottes) und widerspricht dem Glauben an dasselbe [11, 101], wie sie denn auch nur aus Finsterniss im Geiste und aus Unheiligkeit im Willen entstammt [7, 305].

Schöpfungs- und Wunderglaube setzen die Vorstellung eines Willkür-Gottes voraus, wie dieser in der alten Zeit der herrschende war.

Dieser Gottesbegriff war nun nicht ein metaphysischer, sondern ein Erfahrungsbegriff: der Gott, der nach dem Glauben der Völker sich so und so bezeugt haben sollte durch wirkliche Lebenszeichen, Begebenheiten und Aeusserungen, worauf sich eben seine Offenbarung gründet: — wie nemlich geràde diese Aeusserungen im Glauben der Völker sich vorfanden.

Da aber dieser Offenbarungen bei verschiedenen Völkern höchst verschiedene angenommen wurden, musste die Vielgötterei entstehen. Von der Einheit Gottes im völlig abgezogenen, bildlosen Begriffe, die rein metaphysisch ist und die eigentliche Metaphysik selbst — zu der freilich selbst jetzt noch den Menschen* fast unmöglich fällt, sich zu erheben — konnte in der alten Zeit keine Rede sein. Jener Zeit galt ein Göttliches überhaupt, bestimmt durch seinen Gegensatz mit dem Menschlichen, das sich nun gestaltete und personifizirte, hier so, dort anders, durch seine Aeusserungen. Die Götter der alten Zeit sind die Personifikationen der verschiedenen Erscheinungen des einen Göttlichen, gegründet durchaus nicht auf Spekulation, sondern auf wahr geglaubte Geschichte. Sie erscheinen demnach als wirkliche lebendige Naturen, die sich offenbart haben und fortoffenbaren, leben und wirken.

Jeder glaubte nun natürlich am meisten s e i n e m Gotte, hielt diesen für den mächtigsten und versteckt für den wahren und einzigen. Dazu halfen Selbstliebe und Selbstvertrauen. Jedoch konnte er den andern nicht geradezu abläugnen und musste ihn problematisch stehen lassen. Wie es damit stehe, musste sich finden. Jeder Gott nemlich hat die Tendenz, der alleinige und rechte zu werden. Das Werkzeug eines jeden ist sein auserwähltes Volk. Vermag also ein Volk ein anderes zu besiegen und zu unterjochen, so ist dies der Erfahrungsbeweis, dass es den rechten Gott gehabt hat. Der kapitolinische Jupiter bekriegte so den delphischen Apollo. Darum galt auch der Sieg zugleich als ein Sieg über die Götter, die herausgerufen wurden. Sehr natürlich freilich auch; dass man sie trotzdem mit Achtung behandelte. Denn man konnte immerhin nicht wissen, ob sie sich nicht doch vielleicht noch rächen könnten [4, 501 ff.].

2) Das religiöse Prinzip in der Verfassung der alten Welt.

Die vorhergehenden Sätze zeigten schon, wie die Religion der alten Zeit gestaltend auf die Staatsverfassung einwirkte, sofern dadurch klar wurde, warum in der alten Welt das Recht des Krieges und der Unterjochung durchaus als ein göttliches

Recht angesehen wurde, sich gründend auf das Recht eines mächtigeren Gottes, sich einen untⸯrgeordneteren zu unterwerfen. So zwischen Griechen und Persern, zwischen Römern und allen übrigen Nationen, weil jene eigentlich eine neue Gottheit hatten. Die Hellenen dagegen hatten gemeinsame Gottheiten (damit auch gemeinsame Spiele, Wettkämpfe, als deren gemeinsame Verehrung: dies ihr eigentliches natürliches Volksband). Darum hatten sie kein Kriegs- und Unterjochungsrecht gegen einander: — wohl aber das Recht der gegenseitigen Aufsicht, ob die gemeinsamen Stammgötter nicht zum Schaden des Ganzen von einzelnen beleidigt würden; daher ihre heiligen Kriege. Der religiöseste Staat in Griechenland war der spartanische, der irreligiöseste der athenische. Diese Einsicht giebt den wahren Grund von ihrer gegenseitigen Abneigung, und erklärt auch, warum die grossen griechischen Schriftsteller — selbst die athenischen gegen sich selbst — für die Spartaner Partei nehmen, wie z. B. Xenophon, Thukydides, Platon und Aristoteles.

Die Staaten des Alterthums waren so ihrem Grundcharakter nach Theokratieen, das Volk galt als Werkzeug seines Gottes, der an ihm und durch dasselbe seine Macht und Oberherrschaft offenbaren will, ausgehend auf ein Universalreich. Am deutlichsten tritt dies bei dem jüdischen Staate hervor, weil dies ein künstlicher, der Natur nachgeäffter Staat war, gleich nach dem Begriffe gebaut (weswegen es in Wirklichkeit auch nie zu ihm kam, vgl. 7, 600 f.): Sehe man es bei den Naturstaaten des Alterthums nur auch ein, und wende seine Aufmerksamkeit nicht bloss auf ihre geistige Bildung, ihren Verstand, sondern vor allem auf ihren Glauben, resp. Aberglauben (4, 594), so wird einem das Licht aufgehen über vieles, was in der Regel so unbegreiflich ist. Man wird z. B. den Grund der Grösse Roms in seinem Glauben, in seiner Religiosität finden, wie das übrigens römische Schriftsteller, zumal Livius, ausdrücklich hervorheben [4, 503 f.].

Nach der Anschauung der alten Welt hat Gott gar keine Beziehung auf den einzelnen Menschen, ausser mittelbar durch den Staat. Gott ist nicht ein Gott jedes einzelnen Menschen und so der ganzen Menschheit, sondern der Gott des Staates. Nur dieser ist für ihn da, als sein eigentliches Werkzeug und Wille, sein Anliegen und Leidenschaft. Die Individuen sind nur in der Staatsordnung als Glieder des Vereins und als Mittel für dessen Zweck. Nach dem Willen Gottes war das Individuum aufgegangen im Staate.

Dieser Unterschied des Gottesbegriffs der alten und neuen Zeit zeigt sich klar in der verschiedenen Beurtheilung der Wunderzeichen. In der alten Zeit wurden alle Andeutungen der Gottheit auf den Staat bezogen. Wenn in meiner Heerde eine Missgeburt erzeugt wird, wem wird es, wenn ich abergläubisch bin, etwas bedeuten? Nach neueren Zeitbegriffen mir: bei den Alten dem Staate, welchem die prodigia gemeldet werden mussten und der sie prokurirte (procurare) [4, 500 f.].

Die Staaten des Alterthums sind Theokratieen, schon ihrem Ursprunge nach. Das der Geschichte zugängliche Entstehen der Staaten verläuft allenthalben nach der gleichen Regel: Pflanzvölker aus den gebildeten Reichen (Abkömmlinge des Normalvolkes) kommen unter mehr oder minder Wilde, machen dieselben bekannt mit den Künsten des Lebens, Feuer, Getreide, Metalle; — Ehe, bilden sie zu einem Staate. Grösstentheils die Wenigeren die Mehrheit aus einem zwanglosen, freilich gar dürftigen Leben zu einem gezwungenen bringend: nur durch Achtung zu erklären.

In diesem Staate werden die Ankömmlinge Regenten, die Eingebornen die Unterworfenen und Regierten (Aristokratie der Familien, der Stämme). Sobald sich die Unterworfenen so weit besinnen, um die Frage aufzuwerfen: aus welchem Rechte dies? so ist die Antwort: aus göttlichem, es ist so Gottes Wille, und wir sind seine Bevollmächtigten und handeln in diesem Auftrage. Ist die Antwort einmal gefunden, der Glaubenssatz ausgesprochen und bekannt: so wird er auch wohl, ohne erst die Antwort abzuwarten, gleich bei der uranfänglichen Stiftung des Staates angekündigt, wie bei Gründung der jüdischen Theokratie [4, 497 f.].

Der Staat und seine Verfassung ist also für das Alterthum eine absolut göttliche Ordnung, worüber nicht weiter zu grübeln ist, die den Verstand durchaus abweist. Eine Glaubenssache für alle Welt: für die Stifter natürlicher Glaube, für die Untergeordneten Autoritätsglaube [4, 500].

So indessen bleibt es nicht. Der Autoritätsglaube, gegründet aufs Imponiren, unterdrückt und betäubt die Untergeordneten nur. Es kann nicht fehlen, dass diese häufig glauben sollten, sie hätten dieses oder jenes besser verwaltet, als die Regierenden. So giebt sich ihnen der Zweifel an der Untrüglichkeit der Regenten von selbst in die Hände, besonders bei eigenem Leiden oder Ungemach. Es beginnt der Streit der Demokratie, die das Verstandesprinzip vertritt, mit der Aristokratie, deren eximirte Stellung auf religiösen Gründen ruhte.

Und so stürzt mit dem Glauben an die Unfehlbarkeit der Gottgeborenen auch die Theokratie. Der Staat liegt keinem mehr am Herzen, weil er für Niemandem mehr Bedeutung hat, weder um in ihm seine eigenen Angelegenheiten zu bedenken, da diese schon ohnehin bedacht sind, noch um in ihm das Werk Gottes zu treiben, weil dieser den Gedanken entschwunden ist. Das Augenmerk wird nun das persönliche Wohlsein, und der Staat in Folge dessen das Gehege für die Sicherheit des Lebensgenusses. Letzterer ist Zweck des Lebens, der Staat nur Mittel dazu. Mit dem Verfalle der Religion tritt so auch jene „incuria rei publicae ut alienae" ein.

Dem religiösen Zeitalter folgt das geniale, in der einzelne begeistert und getrieben sind durch das bewusstlose religiöse Prinzip. Diese einzelnen, nicht gross an sich, sondern nur durch die Kleinheit ihrer Umgebung, begeistert durch Bilder der Nationalgrösse, der Nacheiferung oder des persönlichen Ehrgeizes, sind durch ihr über den nackten Eigennutz sich erhebendes Prinzip der genialen Begeisterung allein im Stande und allein Willens zu regieren. Alle übrigen, deren Lebensmittelpunkt nicht mehr die Religion ist, sondern die Sinnlichkeit, können nicht widerstehen, wollen es auch gar nicht, wenn nur für ihre persönliche Sicherheit und Wohlsein gesorgt ist. Und so folgt auf die Theokratie nunmehr eine Geniokratie. Cäsar glaubte nicht mehr daran, es sei Wille des kapitolinischen Jupiter, die Parther zu besiegen, oder Augustus, Tiber die germanischen Völker: die Berufung auf die sibyllinischen Bücher war blosser Vorwand.

Aus dieser Zersetzung des Autoritätsglaubens durch den Verstand musste sich nun das Gefühl innerer Leere und Unbefriedigtheit entwickeln. Jene „Aufklärung" machte sich den Aufgeklärten selbst doch bald als Ausklärung (7, 40) bemerkbar, denn in jedem Gemüthe liegt unaustilgbar ein Prinzip des Inhalts, dass die Person der Idee zum Opfer gebracht werden solle, und dass, wer irgend ein Leben und Sein und irgend einen Selbstgenuss begehrt ausser in der Gattung und für dieselbe, im Grunde nur ein gemeiner, kleiner, schlechter und dabei unseliger Mensch sei (7, 37; 35). Daher das damals verbreitete Gefühl des Ausgestossenseins von Gott, des Zornes Gottes, der Sündhaftigkeit (7, 605). Ueberall hatte sich gegen den Anfang der römischen Weltherrschaft ein Erschrecken über die Sünde und Unheiligkeit verbreitet und ein angstvolles Streben, in das Bewusstsein, den Schutz, die Liebe einer Gottheit aufgenommen zu werden durch alle Mittel. So Einweihung in die ägyptischen, persischen, griechischen Mysterien; die Judengenossen, die Summe Geldes, die aus allen Ländern im Tempel zu Jerusalem aufgehäuft war [4, 509—520; 556].

„Dieser Durst nun sollte auf eine ganz andere Weise befriedigt werden, wie er auch das Gelingen dieser Weise vorbereitete: Ein Durst, der nur zweimal also sich zeigte in der Geschichte, damals und zur Zeit der Reformation, und der zum dritten Male dereinst [18]) noch wiederkommen wird in einer anderen Gestalt" [4, 520].

b. Die Religion der neuen Zeit.

Das Sündengefühl, die schmerzhafte Empfindung innerer Leere und die Sehnsucht nach Wahrheit und Klarheit, wie sie Ausgangs der alten Zeit so allgemein herrschend waren, sind nichts anderes gewesen denn die Geburtsschmerzen des seiner vollendeten Entwickelung entgegen ringenden höheren Lebens. Sie bereiteten das Christenthum vor, d. h. die wahre Religion.

Beide Ausdrücke gelten ganz gleichbedeutend [19]). Aber dadurch, dass das Christenthum in die Welt eintrat und Prinzip einer ganz neuen Welt ward, musste seine Reinheit getrübt werden. Denn alles, was Prinzip einer Erscheinung wird, geht eben darum in der Erscheinung verloren und wird, dem äusseren Sinne unsichtbar, nur noch bemerklich dem schärferen Nachdenken [7, 213].

Es ist daher ganz begreiflich, dass das Christenthum in seiner Lauterkeit und seinem wahren Wesen noch nie zu

---

[18]) In unsern Tagen würde Fichte jenes dritte Mal wohl kommend finden. Denn immer verbreiteter scheint, je mehr und mehr, das Sehnsuchtswort Geibel's (Gedichte und Gedenkblätter, 5. Aufl. 289) zu werden:

> „Woll' uns deinen Tröster senden,
> Herr, in dieser schweren Zeit,
> Da die Welt an allen Enden
> Durstig nach Erlösung schreit!
> Denn es geht ein heilig Sehnen
> Durch der Völker bangen Sinn,
> Und sie seufzen unter Thränen:
> Hüter, ist die Nacht bald hin?" u. s. w.

[19]) Vgl. 7, 188, 213, 226, 354 u. sonst.

allgemeiner und öffentlicher Existenz gekommen ist, obwohl es in einzelnen Gemüthern hie und da von jeher ein Leben gewonnen [7, 186]. Denn schon frühe, bereits durch die Apostel und immer mehr in den späteren Entwickelungsformen des Christenthums, ist die wahre Religion in demselben durch Hüllen verdeckt worden, die theils im Gegensatze gegen Heiden- und Judenthum, theils aber auch geradezu in der positiven Einwirkung beider ihren Ursprung fanden.

So gleich bei seinem ersten Bekanntwerden. Das Christenthum ist die Vollendung der im alten Asien [20]) aufbewahrten wahren Religion. Nun ist aber im Gegensatz zu dem ausgesprochenen Sinne für Recht bei dem Europäer, der Charakterzug des Asiaten Fatalismus, religiöse Ergebung [7, 177]. Kein Wunder, dass das Christenthum so schon bei seinem ersten Eintritt in die Welt a s i a t i s c h verdorben wurde, nur stumme Ergebung und blinden Glauben predigend [7, 344].

Dazu kamen noch ursprünglich jüdische Irrthümer hinzu, die von Anfang an das reine Christenthum trübten. Rein, wenngleich aus der individuellen Beschränktheit des zeitigen Gesichtspunktes Jesu selbst und seiner Apostel [482] findet sich die Grundlehre des Christenthums bei dem Evangelisten J o h a n n e s. Ganz anders aber verhält es sich mit P a u l u s, durch den Johannes vom Anfange einer christlichen Kirche an

---

[20]) Nach Fichte schreibt sich das Christenthum selbst asiatischen, nicht jüdischen Ursprung zu 7, 175. Das Judenthum hält er, wie es Johannes auch schildere, für spätere Ausartung der ersten ursprünglichen Religion 7, 98. Im Zusammenhange damit steht es, wenn es nach ihm bei Johannes immer zweifelhaft bleibe, ob Jesus aus jüdischem Stamme sei, oder falls er es doch etwa wäre, wie es mit seiner Abstammung sich eigentlich verhalte 7, 99. Das Alles erklärt sich aus Fichte's Voraussetzung, dass Asien wahrscheinlich der Sitz des Normalvolkes war, weshalb denn aus ihm die wahre Religion hervorgegangen sei. 7, 196 vgl. 181, 182, 184. Jesum betrachtet er als einen Abkömmling der uranfänglichen sittlichen und religiösen Vorstellungen des Normalvolkes 4, 482.

verdrängt wurde. Paulus, ein Christ geworden, wollte dennoch nicht Unrecht haben ein Jude gewesen zu sein [21]): beide Systeme mussten daher vereinigt werden und sich in einander fügen. Diese Zusammenkittung bewerkstelligte er iu der nachher in der Kritik der kirchlichen Christologie (s. S. 165) zu besprechenden Weise, wie es denn füglich gar nicht anders bewerkstelligt werden konnte [7, 99].

Die erste Folge dieses Paulinischen Systems, welches einen Einwurf, den das vernünftelnde Räsonnement der Juden machte — ohne dass übrigens Paulus die Prämisse desselben, dass nämlich das Judenthum irgend einmal wahre Religion gewesen sei, mit dem Johanneischen Jesus abläugnete — welches also einen solchen Einwurf zu lösen unternahm, war d i e Folge, dass dieses System sich an das vernünftelnde Räsonnement wenden und dasselbe zum Richter machen musste; und zwar, da das Christenthum sich für alle Menschen bestimmte, an das Räsonnement Aller. So thut Paulus wirklich: er räsonnirt und disputirt trotz einem Meister, und rühmt sich, gefangen zu nehmen (d. h. zu überführen) alle Vernunft.

Dadurch war denn aber auch der Grund zur Auflösung des Christenthums schon gelegt. Denn räsonnirt Paulus aus seiner Zeitphilosophie heraus, so muss er uns eben auch erlauben zu räsonniren mit dem philosophischen Rüstzeug unsrer

---

[21]) Ein Vorwurf soll dem Paulus damit keineswegs gemacht werden. Seine Theorie, wenngleich eine Ausartung des Christenthums, ist doch zugleich ein nothwendiges Produkt des damaligen ganzen Zeitgeistes am Christenthum. Dass gerade dieser Mann diesen Zeitgeist zuerst ausprach, ist zufällig; hätte er es nicht gethan, so hätte jeder andere, der nicht durch innige Verschmelzung in das wahre Christenthum über sein Zeitalter erhaben gewesen, dasselbe gethan: wie es denn noch bis auf den heutigen Tag jeder, der den Kopf mit jenen Bildern angefüllt hat und von einer nöthigen Mittlerschaft zwischen Gott und den Menschen träumt, thut und das Gegentheil nicht begreifen kann. [7, 190 f.]

Tage, und sollte unser Räsonnement auch dem seinigen widersprechend ausfallen. Dieser Erlaubniss bediente man sich denn auch in den ersten Jahrhunderten der christlichen Kirche sehr fleissig, forträsonnirend immer über Dogmen, welche ganz allein dem Paulinischen Vermittlergeschäft ihr Dasein verdankten: und es entstanden in der einen Kirche die allerverschiedensten Meinungen und Streitigkeiten, alle aus jenem Gnostizismus, d. h. der Maxime hervorgehend, dass der Begriff Richter sei. Dabei konnte nun die Einheit der Kirche nimmer bestehen, und da man weit entfernt war, die wahre Quelle des Uebels in der ursprünglichen Abweichung von der Einfachheit des Christenthums zu Gunsten des Judenthums zu entdecken, blieb nichts weiter übrig, als ein sehr heroisches Mittel, dies: alles weitere Begreifen zu untersagen und festzusetzen, dass in dem geschriebenen Worte, sowie in der vorhandenen mündlichen Tradition durch eine besondere Veranstaltung Gottes die Wahrheit niedergelegt sei und eben geglaubt werden müsse, ob man sie nun begreifen möge oder nicht; für weiterhin nöthige Fortbestimmung aber dieselbe Unfehlbarkeit auf der versammelten Kirche und der Stimmenmehrheit derselben ruhe, und an ihre Satzungen ebenso unbedingt geglaubt werden müsse, als an das erstere. Von nun an war es von Seiten des Christenthums mit der Aufforderung zum Selbstdenken und Selbstbegreifen zu Ende, vielmehr war das auf diesem Gebiete ein untersagtes und mit allen Strafen der Kirche belegtes Unternehmen, das jeder, der es noch nicht lassen konnte, nur auf seine eigene Gefahr betrieb.

In diesem Zustande blieben die Sachen lange, bis die Kirchenreformation ausbrach, nachdem vorher das Werkzeug dieser Reformation, die Buchdruckerkunst, erfunden worden. Diese Reformation war aber eben so weit entfernt, als die zuerst sich konstituirende Kirche, den wahren Grund der Ausartung des Christenthums zu entdecken [7, 100 f.].

Luthern selbst zwar hat sein redlicher Eifer noch mehr gegeben, als er suchte und ihn weit hinausgeführt über sein Lehrgebäude. Nachdem er nur die ersten Kämpfe der Gewissensangst, die ihm sein kühnes Losreissen von dem ganzen bisherigen Glauben verursachte, bestanden hatte, sind alle seine Aeusserungen voll eines Jubels und Triumphs über die erlangte Freiheit der Kinder Gottes, welche die Seligkeit gewiss nicht mehr ausser sich, und jenseits des Grabes suchten, sondern der Ausbruch des unmittelbaren Gefühls derselben waren. Er ist hierin das Vorbild aller künftigen Zeitalter geworden und hat für uns alle vollendet [7, 349 f.].

Der Protestantismus als Lehrsystem jedoch blieb in Absicht der Verwerfung des Gnostizismus und in der Forderung des unbedingten Glaubens, wenn man es auch nicht begreife, mit dieser Kirche einig: — nur dass sie diesem Glauben ein anderes Objekt gab, indem sie die Unfehlbarkeit der mündlichen Tradition und der Konziliensatzungen verwarf und nur auf der des geschriebenen Wortes bestand [7, 101 f.]. Dies sehr inkonsequent. Denn theils gründet sich ja die Echtheit, das kanonische Ansehen und die Unfehlbarkeit dieser Bücher selbst auf Tradition und Satzungen: die Reformation lässt darum an dieser Stelle gelten, was sie überhaupt läugnet; theils ist, da der authentische Erklärer an der Kirche und ihrem Oberhaupte aufgehoben ist, die Erklärung anheimgefallen dem Verstande, der nicht umhin kann, die Analogie des Glaubens, d. i. was aus der Einheit des Begriffs folgt, als die Erklärungsregel aufzustellen [4, 595].

Die Erklärung der Bibel war anheimgefallen dem Verstande. So war es natürlich, dass im Schosse des Protestantismus bald ein neuer Gnostizismus entstand; als Protestantismus zwar sich haltend an die Bibel, als Gnostizismus aber das Prinzip aufstellend, dass die Bibel vernünftig erklärt werden müsse: dies hiess nemlich so vernünftig, als diese Gnostiker selbst es waren: sie waren aber gerade so vernünftig, als das allerschlechteste philosophische System, das Lockische. Sie brachten nichts weiter zu Tage, denn die Bestreitung einiger Paulinischer Ideen von stellvertretender Genugthuung u. dgl., ruhig stehen lassend den Hauptirrthum von einem willkürlich handelnden, Verträge machenden und dieselben nach Zeit und Umständen abändernden Gotte. Dennoch verlor dadurch der Protestantismus fast alle Gestalt einer positiven Religion und liess sich von der altgläubigen Kirche sehr füglich für absolutes Unchristenthum ausgeben [7, 103].

Aber beide Parteien haben Unrecht, der Katholizismus sowohl, wie der Protestantismus, denn sie stehen auf einem an sich völlig unhaltbaren Grunde, der Paulinischen Theorie, welche, um dem Judenthume auch nur für gewisse Zeit Gültigkeit beizumessen, von einem willkürlich handelnden Gotte ausgehen musste; und beide Parteien, über die Wahrheit jener Theorie vollkommen einverstanden und hierüber nicht den mindesten Zweifel hegend, streiten nur über das Mittel, diese Paulinische Theorie aufrecht zu erhalten. Da ist nun an Vereinigung und Frieden nimmer zu gedenken. Ja es wäre sogar schlimm, wenn zu Gunsten jener Theorie ein Friede abgeschlossen würde.

Alsbald aber würde Frieden sein, wenn man diese ganze Theorie fallen liesse und zum Christenthume in seiner Urgestalt, wie es im Evangelium Johannis dasteht, zurückkehrte. Dort findet kein andrer Beweis statt als der innere, am eigenen Wahrheitssinne und geistlicher Erfahrung. Der reine Christ kennt gar keinen Bund noch Vermittlung mit Gott, sondern bloss das alte, ewige und unveränderliche Verhältniss, dass wir in ihm leben, weben und sind; er fragt nicht, wer etwas gesagt habe, sondern was gesagt sei; selbst das Buch, worin dies niedergeschrieben sein mag, gilt ihm nicht als Beweis, sondern nur als Entwickelungsmittel — den Beweis trägt er in seiner eigenen Brust.

„Dies ist meine Ansicht der Sache, und ich habe diese

Ansicht, welche nichts gefährliches zu haben scheint und die Grenzen der unter Protestanten hergebrachten Freiheit, über religiöse Gegenstände zu philosophiren, keineswegs überschreitet, mitgetheilt, damit Sie dieselbe an Ihren eigenen Kenntnissen der Religion und ihrer Geschichte erproben und versuchen möchten, ob Ihnen dadurch Ordnung, Zusammenhang und Licht in das Ganze komme; keineswegs aber will ich hierüber die Theologen zum Streit herausgefordert haben. Ich bin — selber in den Schulen derselben gebildet — mit ihren Waffen zu gut bekannt und weiss, dass sie auf ihrem Boden unüberwindlich sind; auch kenne ich meine eigene, soeben vorgetragene Theorie zu gut, als dass es mir entgehen sollte, dass sie die ganze Theologie mit ihren dermaligen Ansprüchen rein aufhebe und das, was an ihren Untersuchungen Werth hat, in das Gebiet der historischen und der Sprachgelehrsamkeit, ohne allen Einfluss auf Religiosität und Seligkeit, verweise: ich kann darum mit dem Theologen, der Theologe bleiben und nicht etwa lieber Volkslehrer sein will, gar nicht zusammen kommen" [7, 104 f.].

Nun zu einer gedrängten Kritik der Hauptdogmen der bisherigen Theologie. Je klarer die Irrthümer als solche erkannt werden, um so eher sind sie aufzuheben!

1) Kritik der Hauptdogmen des bisherigen Christenthums.

a) Das Himmelreich. (Die Eschatologie.)

So tief auch das Christenthum herabsinken mochte, so bleibt doch immer in ihm ein Grundbestandtheil, in dem Wahrheit ist und der ein Leben, das nur wirkliches und selbständiges Leben ist, sicher anregt, die Frage: Was sollen wir thun, dass wir selig werden? [7, 346.] Die Seligkeit, das ewige Leben, oder das Himmelreich ist der wesentliche Einheitsbegriff des Christenthums [4, 531].

Himmel bedeutet das Uebersinnliche, durchaus nicht Erscheinende, rein Intelligible (Luk. 17, 21), die Freiheit (2. Kor. 3, 17). Der Gegensatz ist das Erscheinende, Irdische, was da ist von der Welt. Ein Reich ist dieser Himmel, weil in ihm alle diejenigen, die ihm angehören, zu einer geistigen Lebensgemeinschaft zusammengefasst sind.

Wir kennen diesen Begriff des Himmelreichs aus dem Vorherigen als die Erscheinung des göttlichen Wesens. Danach ist es ganz korrekt, wenn durch Jesum, den geschichtlichen Verkündiger des Himmelreichs, Gott als der unmittelbare Bestimmer desselben, und als Bedingung für das freie Subjekt, in dasselbe zu gelangen, die Forderung, sich ihm mit gänzlicher Absterbung des eigenen Willens hinzugeben, aufgestellt wird.

Aber diese Wahrheiten sind durch spätere Umdeutung in Irrthümer verkehrt. Zunächst ist die Wahrheit, dass das ewige Leben oder das Himmelreich erst nach dem Sichabsterben als Individuum erworben wird, und dass das Leben des Himmelreichs ein ewiges d. h. in seinem wahren Wesen unveränderlich ist, umgedeutet werden zur Lehre von der Auferstehung nach dem Tode. Aber mit jenem Sterben ist nicht der physische Tod gemeint: der äusserliche Tod macht in der wahren Religion und im wahren Christenthum keine Epoche. Von einer Auferweckung der Todten kann also gar keine Rede sein. Himmel ist ewiges Leben aus, von und durch sich. Wer aber hier nicht dazu kommt, der nie [4, 531 ff.].

b) Der Erstling des Himmelreichs. (Die Christologie.)

Dass jene Grundlehre vom Himmelreich zuerst in Jesu von Nazareth aufgegangen und durch ihn zuerst an die übrigen Menschen gelangt ist, haben wir bereits oben gesagt. Er ist also das Mittel geworden für die nachfolgenden, zur Seligkeit zu gelangen, wobei freilich immer vorausgesetzt ist, dass die Möglichkeit und die Bestimmung dazu von Anfang an in jedem menschlichen Wesen liegt.

Wurde aber von dieser Möglichkeit ab und nur auf das Mittel gesehen, durch welches die wahre Religion in die Welt eingetreten ist, so musste sich ein Dogma von der Person Christi bilden. Ein solches lag den ersten Christen und Jesu selbst nahe. Denn was Jesus verkündigte, war vorher noch nie gehört worden. Und wenn er auch an die Schriften und Vorstellungen des alten Testamentes anknüpfte, die er unendlich tiefer erfasste als die Schriftgelehrten seiner Zeit und die Mehrzahl der unsrigen (571), so hatte er doch die Wahrheit des Himmelreichs nicht aus diesen, sondern in seiner unmittelbaren Gewissheit, dass er von Gott berufen sei, dasselbe zu stiften: dies war ihm der Beweis und so hatte er auch für andere keinen anderen. So ist also der Glaube, den Jesus forderte, der Glaube an ihn als den von Gott berufenen Stifter des Himmelreichs [4, 546].

Der historische Satz nun, dass in Jesu zu allererst und auf eine keinem anderen Menschen also zukommende Weise das ewige Dasein Gottes eine menschliche Persönlichkeit angenommen habe, dass alle Uebrigen nur durch ihn und vermittelst der Wiederholung seines ganzen Charakters in sich zur Vereinigung mit Gott kommen können — dieser historische Satz wurde metaphysisch genommen, indem man dieses Faktum in seinem Grunde zu begreifen strebte und etwa zu erklären versuchte, wie das Individuum Jesus als Individuum aus dem göttlichen Wesen hervorgegangen sei [569].

Rein und lauter und in einem hohen Sinne finden wir das charakteristische Dogma des Christenthums im Evangelium Johannis. Dort erscheint Jesus allerdings auch, mit Anlehnung an die jüdische Messiashoffnung, als der Messias = Christus, als der verheissene Beseliger der Menschheit; aber dieser Christus ist für Johannes doch wieder das Fleisch gewordene Wort, ist völlig mit Gott eins, und wird dadurch,

dass die übrige Menschheit ihr Fürsichsein aufgiebt und sein
Fleisch isset und sein Blut trinkt, d. h. in seine Person sich
verwandelt ohne Abbruch oder Rückhalt (488), auch für diese
das Mittel zur seligen Gottesgemeinschaft.

Nicht mehr rein, sondern vermischt mit jüdischen Träumen
von einem Sohne Davids und einem Aufheber eines alten
Bundes und Abschliesser eines neuen ist die Christologie des
Paulus und der an ihn sich anschliessenden übrigen Apostel
[483].

Um Juden- und Christenthum mit einander zu ver-
schmelzen, ging Paulus aus von dem starken, eifrigen, eifer-
süchtigen Gotte des Judenthums, demselben, der zugleich der
Gott des gesammten Alterthums gewesen ist; mit diesem
Gotte hatten nun, nach Paulus, die Juden einen Vertrag abgeschlossen, und das war ihr Vorzug vor den Heiden: während der Gültigkeit dieses Vertrages hatten sie nur das Gesetz zu halten und sie waren vor Gott gerechtfertigt,
d. h. sie hatten kein weiteres Uebel von ihm zu befürchten.
Durch die Ertödtung Jesu aber hatten sie diesen Vertrag aufgehoben, und es konnte seit dem nichts mehr helfen, das
Gesetz zu halten. Vielmehr trat seit dessen Tode ein neuer
Vertrag ein, zu welchem beide, Juden wie Heiden, eingeladen
waren; beide hatten nach diesem neuen Vertrage nur Jesum
für den verheissenen Messias anzuerkennen und waren dadurch
ebenso, wie vor Jesu Tod die Juden durch die Haltung des
Gesetzes, gerechtfertigt. Das Christenthum wurde ein neues,
erst in der Zeit entstandenes und ein altes Testament ab-
lösendes Testament-oder Bund. Nun musste auch Jesus
freilich zum jüdischen Messias, und der Weissagung zufolge
zu einem Sohne Davids gemacht werden. Es fanden sich
Geschlechtsregister ein und eine Geschichte seiner Geburt
und seiner Kindheit [7, 99], die die Persönlichkeit Jesu besonders auszuzeichnen im Stande waren.

Diese besondere Hervorhebung der Persönlichkeit Jesu

ist bei Paulus sehr erklärlich. Denn, wenn er Jesum zum Ankündiger eines alten Bundes mit Gott und Abschliesser eines neuen in desselben Namen macht, so muss er allerdings eine bedeutende Legitimation desselben nachweisen können [7, 104]. Eine solche wurde nun durch Metaphysizirung des historischen Satzes von der Gottessohnschaft Jesu gewonnen. Und immer wichtiger wurden die christologischen Untersuchungen, je mehr vom Anfang einer christlichen Kirche an die wahre Urgestalt des Christenthums, wie sie im Evangelium Johannis dasteht (7, 104), durch die paulinische Theorie verdrängt wurde [7, 99].

So sagte man: 'Gott erzeugte in der Zeit den Sohn, damals nemlich als sein Beruf ihm klar ward. Dieser Moment war es, von welchem in der Zeit der Beginn des Himmelreiches datirte.' Klar ward, sagen auch wir und können nicht anders sagen, den Beruf an sich vor seiner Erscheinung im klaren Bewusstsein voraussetzend. 'Nein,' sagte man: 'die Dürftigkeit und Unzulänglichkeit der Zeit überhaupt fehlt; er hat ihn gezeugt von Ewigkeit.' Auch dies ist richtig. Denn ein Christus lag schlechthin nothwendig und nach ihren inneren Gesetzen in der Erscheinung: sie gesetzt, ist er gesetzt [4, 549 f.].

So liegt diesen und den folgenden christologischen Dogmen ja immer eine Wahrheit zu Grunde. Aber das Dogma selbst, so fern es ein rein historisches Faktum metaphysisch wendet, ist falsch. Denn streng genommen ist das Historische und das Metaphysische geradezu entgegengesetzt; und was nur wirklich historisch ist, ist gerade desswegen nicht metaphysisch und umgekehrt. Denn das rein Historische an jeder Erscheinung ist dasjenige, was sich nur eben als blosses und absolutes Faktum, rein für sich dastehend und abgerissen von allem Uebrigen, auffassen, keineswegs aus einem höheren Grunde' erklären und ableiten lässt: metaphysisch dagegen und der metaphysische Bestandtheil jeder besonderen Erscheinung ist dasjenige, was aus einem höheren und allgemeineren Gesetze nothwendig folgt und aus demselben abgeleitet werden kann [567 f.].[22])

Anhang.

Die Dreieinigkeitslehre.

An die Christologie schliesst sich die Dreieinigkeitslehre. Christus ist der Sohn Gottes, er ist selber Gott, sagt man. Nach seinem Weggang von der Erde hat er den heiligen Geist zu senden versprochen, der das von ihm begonnene Geschäft vollenden soll. Auch dieser muss also Gott sein. Folglich haben wir drei Personen des einen Gottes.

In dieser Dreieinigkeitslehre ist es zunächst absolut unmöglich, Gott selbst jenseits seiner Erscheinung, ihn, den Gegenstand des die Erscheinung vernichtenden Gedankens, als ein mehrfaches zu denken. Denn Mannigfaltigkeit ist nur im Begriff, der die Einheit und das Zusammenfassen derselben ausmacht, ohne welches sie nicht ist, mithin nur im Bilde und der schon fertigen Erscheinung [4, 551]. Sonach kann nur von einer dreifachen Form der Offenbarung Gottes die Rede sein. Gott ist nicht an sich eine Dreipersönlichkeit, sondern er offenbart sich als Vater, als Sohn und als Geist.

---

[22]) Metaphysiziren ist wie Allegorisiren in seiner Wurzel deutender Unglaube, deutend weil er nicht glaubt [4, 502]. Das Historische muss man fallen lassen oder aus seinem Zusammenhange verständlich machen. Die es metaphysiziren, sind solche, die es nicht glauben und die doch nicht kühn genug sind, ihren Unglauben zu bekennen. So metaphysizirten die Heiden ihre Mythologie, nachdem der Glaube daran verloren gegangen war und doch den Formen nach zu etwas gebraucht werden sollte, aus altem Respekt. So allegorisirten die Juden ihr altes Testament, Origines das neue, weil ihnen der einfache Inhalt, metaphysisch betrachtet, nicht genügte. Ewig diese Verwechselung des Historischen mit dem Metaphysischen! [7, 607.]

In dieser Form hat die Trinitätslehre Recht: denn Gott offenbart sich wirklich in dreifacher Form. Der **Vater** ist das Uebernatürliche, das Absolute in der Erscheinung, das allgemein Vorausgegebene, das der Spaltung der Individualität Vorhergehende. Der **Sohn** ist die absolute Steigerung der Erscheinung zur Anschauung des Reiches Gottes, zum Bilde der übersinnlichen Welt. Der **Geist** ist die Vereinigung der beiden und die Anwendung des ersten auf das letztere, die Anerkennung und Auffindung der übersinnlichen Welt durch das natürliche Licht des Verstandes [4, 552 und 569].

c) Die Aufnahme in das Himmelreich. (Die Rechtfertigungslehre.)

Das Wesen des Christenthums ist die Mittheilung des himmlischen Reichs durch Jesum von Nazareth. An wen konnte sich aber das Christenthum wenden, wen hielt es für des Himmelreichs fähig? Die Antwort ist: Jeder Mensch ohne Ausnahme dadurch, dass er ein Mensch geboren ist und solches Angesicht trägt, ist fähig ins Himmelreich zu kommen. Gott ist bereit ihn zu beleben und zu begeistern; denn nur dazu eben ist jeder Mensch da, und nur unter dieser Bedingung ist er ein Mensch [4, 555].

Mit diesem Satze trat das Christenthum in die Welt, aber mit diesem Satze trat es auch der herrschenden jüdisch-heidnischen Anschauung total entgegen. Nach jener sind alle Menschen **Sünder** d. h. von Gott Ausgestossene, Unheilige, die erst durch Beschneidung, Aufnahme in Mysterien, Einweihung zu Isis, Osiris und dergl. entsündigt werden mussten, ehe sie Gott nahen konnten [4, 556].

Aber mit diesen Entsündigungsmitteln, Weihung, Beschneidung, Taufe oder was es sei, bleibt Gott der willkürliche, eigensinnige Despot, der ohne Grund befiehlt und dem man gehorchen muss ohne Einsicht nach dem Rechte des Stärkeren, der Fürst der Welt und Zaubergott, und wird nie

der himmlische Vater des Christenthums, dem der Mensch
so, wie er ist, kindlich und ohne Furcht sich nahen kann.
Also jener Begriff einer erst zu tilgenden Sünde musste durch
das Christenthum aufgehoben werden. Das wahre Christenthum kennt keine Sünder mehr, die sich erst durch Zeremonien reinigen müssten, ehe sie vor Gott annehmbar seien.
Dies die Lehre Jesu und des Johannes, der gemäss jeder Mensch
gerecht werden kann ohne Beschneidung und äusseren Werkdienst, lediglich durch die Selbsthingabe an Christum und
durch ihn an Gott: „Wer mein Wort hört, der hat das ewige
Leben und ist vom Tode zum Leben hindurchgedrungen“
(Joh. 5, 24).

Paulus und die übrigen Jünger Jesu aber, die, weil sie
bei Einrichtung einer christlichen Gemeinde die Berührung
mit dem Judenthume nicht vermeiden konnten, dasselbe mit
seinen eigenen Mitteln anzugreifen versuchten, gaben mit dem
Judenthume die Sündhaftigkeit des Menschengeschlechtes zu,
die erst gesühnt werden müsste, bevor der Sünder gerecht
werden könnte. Aber nach ihnen sind nun auch die Juden
noch Sünder; denn es ist nicht wahr, dass die Beschneidung
und das Halten des Gesetzes rechtfertigt. Die ganze alte
Welt bis auf Christus war in der Sünde. Erst durch diesen
ist die Sünde gesühnt, und zwar, so lehrten sie, gesühnt durch
seinen Tod. Denn die Jünger datirten den Beginn des Reiches
Gottes vom Tode Jesu an, weil sie als die Bestimmung seines
Lebens nur ihre Vorbereitung ansahen und sie erst nach diesem
Tode ausgesandt wurden an die ganze entsündigte Welt. Daher die, besonders bei Paulus, häufigen Bilder vom Tode Jesu
als dem Sühnopfer für die Welt,[23]) vom Gnadenstuhl und
dergl. [4, 557 ff.].

---

[23]) Dagegen ist das Wort des Johannes (1. Joh. 1, 7): „Das Blut
Jesu Christi, des Sohnes Gottes, macht uns rein von aller Sünde“, nicht
wie ähnliche Aeusserungen des Paulus, metaphysisch zu verstehen, als

Diese paulinische und damit zum grössten Theile biblische Theorie von der Entsündigung der Menschheit durch den Opfertod Christi ist also historisch bedingt lediglich durch den Einfluss der heidnisch-jüdischen Vorstellung, dass, um die Heiligung eines Menschen möglich zu machen, eine äussere Rechtfertigung vorhergehen müsse.

Dermalen ist nun aber durch die Wirkung des Christenthums diese heidnische Voraussetzung aus der christlichen Welt rein verschwunden. Und dadurch ist es gekommen, dass jener alte Begriff der Sünde von denen, die aus der Schrift nichts umkommen lassen wollen, umgedeutet wurde zu dem der Unsittlichkeit. Nach der wirklichen Lehre der Schrift ist Jesus die Genugthuung für des Geschlechtes Sünde. Nach dieser neuen Theorie, die, konsequent lutherisch, die „Halleschen Theologen und die Brüdergemeinde" insonderheit ausgebildet haben (4, 563) sei er das Sühnemittel für die persönliche Unsittlichkeit. Aber Unsittlichkeit ist ein philosophischer, durch Abstraktion entstandener, durchaus kein historischer und ein Faktum bezeichnender Begriff, dessen die alte Welt, so auch Jesus und seine Apostel, durchaus unfähig waren (also kein christlicher Begriff). Wenn nemlich von der äusserlichen Gesetzlichkeit, welche allein der Vorwelt bekannt war, sodann auch von den Handlungen aus Gott gethan die blosse Form abgezogen wird, so heisst diese sittlich, das Gegentheil unsittlich. Nun aber ist keine lebendige Handlung blosse Form. Es lebt sich darum niemals rein aus dem Begriffe der Sittlichkeit oder der Unsittlichkeit, obwohl allerdings die Handlung unter einer dieser Formen stehen wird. Sondern das eigentliche Leben hat einen anderen Antrieb, entweder den aus der sinnlichen Persönlichkeit heraus: und da sei die Handlung noch so glänzend legal, sie ist doch nichts, leerer Schein

---

ob sein zur Abbüssung unserer Sünde vergossenes Blut die menschliche Sünde tilge, sondern unter dem Blute ist sein in uns eingetretenes Geblüt und Gemüth, sein Leben in uns zu denken [Vgl. 491].

ohne Gehalt, nicht einmal Sünde; denn es ist selbst ein sündlicher Hochmuth des Menschen, zu glauben, dass er sündigen
und etwa den göttlichen Weltplan, realiter stören könne;
(vgl. 496) — oder das Leben lebt aus Gott, so ist es Gottes
Erscheinung, und wer aus Gott geboren ist, sündigt nicht.
Von der Sünde nun im ersten Sinne, wenn wir sie einmal
so nennen wollen, von der Nichtigkeit des Fleisches werden
wir erlöst doch wohl nur durch unsere eigene Heiligung;
und von dieser wird doch hoffentlich uns Jesus nicht erlöst
haben und in dieser Rücksicht unsere Stellung vertreten, da
ja seine eigene Heiligung nur eben darin besteht, dass durch
ihn wir alle geheiligt werden [4, 561 ff.]. Der Christ will
eben nichts sein ausser Gott, und, ausser diesem seiend, will
und mag er nichts gutes an sich finden. Jene moderne Sün-
den- und Erlösungstheorie dagegen schiebt ihm das antichrist-
liche Prinzip der Selbstliebe und der Selbstobjektivirung unter
und macht die Menschheit zu Heiden, so gut sie kann, damit
sie Gelegenheit finde, ihr Kunststück, zu Christo zu bekehren,
auszuüben [4, 565].

Während uns als allererste Voraussetzung gelten sollte,
dass in der Wurzel des Menschen ein reines Wohlgefallen am
Guten sei und dass dieses Wohlgefallen so sehr entwickelt
werden könne, dass es dem Menschen unmöglich werde, das
für gut erkannte zu unterlassen und statt dessen das für bös
erkannte zu thun, hat so die bisherige Theologie angenommen
und ihre Zöglinge von früher Jugend an belehrt, theils dass
dem Menschen eine natürliche Abneigung gegen Gottes Gebote beiwohne, theils dass es ihm schlechthin unmöglich sei,
dieselben zu erfüllen. Was aber lässt von einer solchen Belehrung, wenn sie für Ernst genommen wird und Glauben
findet, anderes sich erwarten, als dass jeder einzelne sich in
seine nun einmal nicht abzuändernde Natur ergebe, nicht
versuche zu leisten, was ihm als doch unmöglich vorgestellt
ist, und nicht besser zu sein begehre, denn er und alle übri-

gen zu sein vermögen, ja dass er sich sogar die ihm angemuthete Niederträchtigkeit gefallen lasse, sich selbst in seiner radikalen Sündhaftigkeit und Schlechtigkeit anzuerkennen, indem diese Niederträchtigkeit vor Gott ihm als das einzige Mittel vorgestellt wird, mit demselben sich abzufinden: und dass er, falls etwa eine solche Behauptung wie die unsrige an sein Ohr trifft, nicht anders denken könne, als dass man bloss einen schlechten Scherz mit ihm treiben wolle, indem er allgegenwärtig fühlt in seinem Innern und mit den Händen greift, dass dieses nicht wahr, sondern das Gegentheil davon allein wahr sei? [7, 307 f.]

Aber nicht indem man sich in seiner radikalen Bosheit anerkennt, darf man hoffen, von Gott dafür Verzeihung zu erlangen, sondern sich selbst muss man entwerden, nicht mehr für sich selbst und um seiner selbst willen sein wollen, sondern Gott sich hingeben, auf dass er sei Alles in Allem.

„In Summa: Alle Heilsordnungen ohne Ausnahme, ausser der einfachen, dass man sich selbst verläugne und vernichte in jedem Sinne, mögen dieselben nun bestehen in historischen Erkenntnissen oder in gewissen auf dieses Historische gegründeten Uebungen, [24]) gehen hervor aus jenem Selbst und sind Aufrechterhaltungen desselben, mithin feindselig dem Christenthume und antichristisch.

---

[24]) Denn auch deren hat man erfunden. Insbesondere wurde der äusserliche Einweihungsakt zum Christenthum, die Taufe, eine mysteriöse Sündenreinigung, welche unmittelbar von den ewigen Strafen erledigte und ohne weiteres den Himmel öffnete [7, 191]. Die Grundblindheit, wie überall, besteht auch hier darin, dass man die Freiheit nicht als die Wurzel alles wahrhaften Seins erblickt. Das Gute möchten sie denn doch gern haben, und dazu haben sie sich nun einen Gott verordnet, der es ihnen anwachsen lässt und zufliegen, ohne dass sie sich selbst zu regen brauchen, durch blosse physische Vereinigung. Daher die Zaubermittel der Religion, ein Wasserbad, welches gebraucht, eine Speise, welche genossen, ein Salböl, welches angestrichen ohne weitere Dazwischenkunft den Menschen heiligt zur Tugend [4, 416].

„Wie die Juden stolz waren auf ihre Abkunft von Abraham und die Menschen erst beschneiden wollten, ehe sie ihnen die Erlaubniss, sich Gott zu nahen, und die Empfänglichkeit für seine Einwirkung zugestanden, so sind bis auf den heutigen Tag die, welche dieser Art sind, stolz auf ihre Abkunft aus der Christenschule und machen statt der Beschneidung das Erlernen und Bewundern ihres Katechismus zur Bedingung der Rechtfertigung. Was Paulus von den Juden, was Luther von den Papisten in Absicht der Verfälschung der Lehre von der Rechtfertigung allein durch den Glauben an Jesus und der Verkleinerung des Verdienstes Jesu jemals hartes gesagt hat, gilt also von diesen Christianern, nicht Christen. Die letzteren sind die, welche auf das Wesen der Lehre Jesu, welches man sehr gut in die Lehre von der Rechtfertigung, die ich oben vorgetragen, setzen kann, ausschliessend dringen: erstere dagegen, welche um den Buchstaben, den sie missverstehen, eifern und die Person Jesus dem wahrhaften Christus und seiner Wirksamkeit in den Weg stellen" [4, 565 f.].

2) Das religiöse Prinzip in der Verfassung der bisherigen christlichen Welt.

Das Christenthum wurde durch sich selbst eine Lehranstalt: so betrachtete Jesus sich selbst, so seine Jünger, so die ganze erste Kirche, und dies naturgemäss, so lange sie von Unchristen in der Gesellschaft, in der sie unmittelbar lebten, umgeben waren.

Der heidnische Staat aber, in dem diese Lehranstalt sich zuerst bildete, war mit ihr im völligen Widerstreit der Prinzipien, da er auf die religiöse Anschauung der alten Zeit gebaut war, während dieser das Christenthum mit seiner Lehre christlicher Freiheit, Gleichheit und Brüderschaft gegenübertrat. In den Prinzipien des Christenthums lag so schlechthin Aufhebung des alten Staates. Das ganze bisherige Wesen fiel weg. Bezeichnend ist es, wenn die Bibel „Fürst dieser Welt" = Teufel setzt. [25])

Daher das Verhältniss der Apostel und ersten Christen zum Staate. Sie mussten ihn anfeinden, denn für sie war der göttliche Bestandtheil heraus aus dem Staate und untergebracht in dem Reiche der Himmel. Wenn der alte Staat auf Verehrung der Götter gegründet war, diese aber Teufel waren, konnten sie den Teufelsdienst anfrecht erhalten wollen? (Vgl. 7, 603).

Auf der andern Seite aber brauchten sie diesen Staat als Polizeianstalt, nicht für sich selbst unter sich, sondern für die, die draussen waren [7, 605 f.] Er war der um sie hergezogene Zaun, der ihren Frieden und ihr Fortbestehen sicherte gegen die Willkür des Einzelnen. Jedermann soll unterthan sein der Ordnung des Staates; selbst Gewalt leiden, um erhalten zu werden; dies sei der Wille Gottes, aber nicht der ordnende — dieser erst im Reiche Jesu —, sondern der zulassende: 'Gebet dem Kaiser, was des Kaisers ist, und Gott, was Gottes ist!' [4, 592 f.]

So konnte es nicht bleiben, wenn anders das Christenthum das weltumgestaltende Prinzip der neuen Zeit war. Einmal in die Geschichte eingetreten, zu einer Zeit, wo die Sehnsucht nach Erlösung allgemein herrschend war, musste es schnell und gerade durch seine Verfolgung an Boden gewinnen. So entstand die christliche Kirche, durchaus nach dem göttlichen Weltplane. Denn die Welt geht aus von einer geglaubten, und endet in einer durchaus verstandenen Theokratie [7, 613]. Die Zeitgeschichte, die mit einem absoluten Staate begann, sollte in einer absoluten Kirche enden, es bedurfte darum des Mittelzustandes eines

---

[25]) „Glaube man doch, dass Meinungen, die sich selbst machen, nicht gemacht werden, ihren guten Grund haben! Desshalb sind diese Begriffe historisch zu nehmen, nicht metaphysisch. Man muss sie nicht über ihre historische Gültigkeit ausdehnen wollen" [Ebd.].

Staates, der die Kirche anerkannte. Dieser zweite Staat erzeugte sich aus der germanischen und aus den nachher mit ihnen in den Völkerverein getretenen Nationen, welche den eigentlichen Staat gar nicht gekannt, sondern im Naturzustande gelebt hatten und erst durch das Christenthum und gleichzeitig mit der Annahme desselben den Staat bildeten, darum den heidnischen Staatsgott nicht zu vergessen brauchten weil sie ihn nie gehabt [4, 593].

Sie sind darum recht eigentlich das volkische Element zu den im Christenthume gefundenen Prinzipien [7, 600 vgl. besonders auch 7, 193 f.]. Gott lernten sie kennen nicht als Stifter des Staates und darin aufgehend, sondern als sittlichen Gesetzgeber; den Staat darum als eine nur menschliche Einrichtung, eine künstliche, unter den Grundgesetzen des Christenthums und diesem nicht entgegen, als Einrichtung menschlicher Klugheit und dieser freigegeben bis zu jenen Gesetzen: dies der Grundbegriff des neueren Staates, der sich allenthalben bestätigt. Nur unter der Bedingung des Christenthums und damit dieses bestehen könne, wurde er anerkannt, sodann unter der Bedingung seines Grundgesetzes absoluter Gleichheit der Menschen in der Kirche und der bürgerlichen, dass jene bestehen könne; so ferner der Gewissensfreiheit: kein Staatsgesetz gegen Gottes Gebot. Aus dem ersten folgte seine Pflicht, das Christenthum als eine Lehranstalt zu erhalten, und die Menschen in die Schule desselben zu nöthigen.

Staat und Kirche kamen dadurch in gegenseitige Wechselwirkung: der Staat wurde der Zwingherr der Kirche, inwiefern sie einen solchen bedurfte und zulassen konnte, nemlich zur Schule und zur Erhaltung derselben, nicht jedoch zum Glauben und zur Erkenntniss. Die Kirche hinwieder erleichterte dem Staate sein Geschäft, indem sie Gehorsam, nicht zwar als gegen ein unmittelbares göttliches Gebot, aber als ein mittelbares, als gegen eine menschliche Ordnung befahl.

Dadurch, dass der Staat gleich im Grundbegriffe aufgestellt war als ein Werk menschlichen Verstandes, ohne alle höhere und göttliche Autorität, war der Fortschritt desselben gesichert, der Verstand in diesem Felde geradezu durch den Glauben unabhängig gemacht vom Glauben, und durch diese freie Wirkungssphäre ihm ein kräftiges Bildungsmittel angewiesen, das der Kirche selbst zum Nutzen gereichen musste. So wurde der Staat durch diese seine Form auf eine andere Weise dienstbar der Kirche, die ihm erst diese Form gegeben und dadurch im voraus sich selbst gedient hatte.

Ursprünglicher Verstand also war bei dieser Entstehung des christlichen Staates nirgends zu finden, weder im Staate selbst, der soeben erst ausging aus dem Naturstande, noch in der Kirche, die auf den faktischen Glauben sich gründete. Der freigegebene Verstand musste darum gesucht werden in der alten Welt. Das war es auch eigentlich, was in der neueren Zeit erst zur Tradition, sodann zur Litteratur des Alterthums führte: das Bestreben, die Regierungskunst von ihm zu lernen.

Diese Entwickelung des freien Verstandes an weltlichen Dingen, worüber die Kirche ihn freigegeben hatte, konnte nun nicht ermangeln, sich auch an die Kirche selbst zu wenden und dadurch ein höchst wichtiges Werk in der menschlichen Entwicklung zu vollziehen.

Der heidnische Aberglaube nemlich konnte in der alten Welt durchaus nicht mit dem Verstande durchdrungen und aufgelöst werden; denn weil auf ihm der Staat beruhte, wäre dieser zugleich mit aufgelöst worden und die Welt zu Grunde gegangen. Wenn der Chemiker eine Gasart, vereinigt mit einem Stoffe, nicht verflüchtigen kann, so lockt er sie in Verbindung mit einem andern: so der göttliche Weltplan mit dem Aberglauben. Nach dem Untergange des Heidenthums flüchtete er sich in das Christenthum. In diesem konnte er aufgelöst und verflüchtigt werden, weil dieses sich auch mit dem Verstande vereinigt, und der Staat durch dasselbe in jeder Form gesichert war.

Auf eine höchst merkwürdige Art wurde ein auffallender Anfang dieser Operation gemacht durch Luther's Reformation, indem sie abschaffte die Tradition und die Satzungen der Kirche und allein band an den Inhalt der schriftlichen Urkunden [4, 593 ff.].

Vollkommen im Rechte mit ihrer Negation blieb dieselbe aber positiv auf halbem Wege stehen. Denn in Wirklichkeit war es nicht darum zu thun, den äusseren Vermittler zwischen Gott und den Menschen nur zu verändern, sondern gar keines äusseren Mittels zu bedürfen und das Band des Zusammenhanges in sich selber zu finden [7, 349].

So ist, weil einerseits die Reformation ihre Prinzipien selbst nicht bis zu Ende durchführte, ihr auch die Umschaffung des Staates nach vollkommen christlichen Prinzipien noch nicht gelungen. Dazu trug aber andererseits auch der Umstand bei, dass die Reformation im wesentlichen auf die germanischen Völkerschaften beschränkt blieb. Denn nur deutscher Gründlichkeit bei den Regierenden und deutscher Gutmüthigkeit beim Volke war es möglich, diese Lehre verträglich mit der Obergewalt zu finden und sie also zu machen [7, 351].

Durch die Reformation und die in ihr hervortretende Entwickelung des Christenthums vom Staate aus geräth dasselbe jedoch mit diesem in eine Verlegenheit anderer Art. Wenn der Staat das Christenthum als Lehranstalt aufrecht erhält und die Unterthanen in die Schule nöthigt, so thut er dies selber als ein Gläubiger und aus dem Glauben; weil er durch die Unterlassung sich den Zorn Gottes und alles Unglück zuzuziehen glaubt, oder weil er die Verstärkung des Gehorsams vom Christenthume aus erwartet, welches ein Staat, der sein Handwerk versteht, durchaus nicht bedarf. Fällt nun dieser Aberglaube weg, fällt er auch bei den Staatsbeamten weg, was soll sie dann ferner verbinden, die Kirche zu erhalten, und für sie Güter und Kräfte aufzuwenden, die wohl anderwärts für ihre Zwecke besser angewendet wären?

Auf dem historischen Prinzipe bestehend wird die Kirche sogar läugnen, dass eine das Historische im Christenthume nur als eine Sache der Verstandesbildung behandelnde und übrigens das Wesentliche nur auf den Verstand gründende Lehre überhaupt noch Christenthum sei, sondern menschliche Aufklärung, welcher der Schutz des Staates keineswegs versprochen und welche unter die nach den Vorkommnissen zu tolerirenden Konfessionen auf keine Weise gehöre. Was soll denn sodann, nachdem die Lehranstalt selbst ihre bisherige Stütze im Staate sich hinweggezogen hat, dieselbe erhalten? [4, 595 f.].

Die Antwort auf diese Frage führt uns aus der Geschichte der bisher in die Erscheinung getretenen Verfassung, sofern sie auf der Religion der neuen Zeit beruht, und damit aus der Phänomenologie der Religion heraus zu einer Darlegung der Aufgaben, die die Religion noch gegenwärtig zu lösen hat, d. h. zur Kunstlehre der Religionswissenschaft.

Kunstlehre der Religionswissenschaft.

Die Religion ist der Gipfel alles menschlichen Bewusstseins, in ihr erst wird der Mensch vollendet und wahrhaft Mensch. Wie das Herz der Mittelpunkt des äusseren Lebens, so ist sie das Zentrum alles inneren, des wahren Lebens. Darum aber ist sie mittelbar auch im eminentesten Sinne des Wortes praktisch, im Volks-, wie im Einzelleben. Sie allein kann desshalb auch die Lösung der letzten Lebensfragen bringen.

Wie soll nun aber das arme herumgetriebene Menschengeschlecht jemals ganz zu dieser Religion kommen und vermittelst derselben in den Hafen sicherer Ruhe eingeführt werden?

Zunächst seien die Vorbedingungen angegeben, die zu diesem Zwecke vorläufig zu Stande gekommen sein müssen. Durch das Christenthum als Grundprinzip der neueren Zeit sind sie bereits je mehr und mehr in die Welt eingeführt, und eben durch das Christenthum werden sie auch fernerhin und noch vollkommener zur Wirksamkeit kommen.

Zuvörderst muss der gesetzliche Zustand der Staaten und die innere und äussere Ruhe fest gegründet sein, das Reich der guten Sitte muss begonnen haben, der Staat muss nicht mehr so ängstlich mit seiner eigenen Noth zu ringen und dieselbe den Bürgern aufzulegen haben [7, 236].

Daher ist es ein nothwendiger Zweck der menschlichen Gattung, dass die sie umgebende und auf ihre Existenz sowie auf ihr Handeln Einfluss habende Natur ganz und vollkommen unter die Botmässigkeit des Begriffs gebracht werde. Keine Naturgewalt soll schaden, soll die Zwecke der Kultur stören, oder die Resultate solcher Zwecke vernichten können; jede ihrer Aeusserungen soll sich im voraus berechnen lassen, und es sollen Vorkehrungsmittel gegen die Verletzung von ihnen vorhanden und bekannt sein [7, 163]. Es ist unzweifelhaft, dass es dazu kommen wird und je mehr und mehr kommt. Denn die Natur ist ja nur um der Menschen willen da. Und so kann denn die unregelmässige Gewaltthätigkeit der Natur nicht auf die Dauer bleiben. Alle jene Ausbrüche der rohen Gewalt, vor welchen die menschliche Macht in Nichts verschwindet, jene verwüstenden Orkane, jene Erdbeben können nichts anderes sein, denn das letzte Sträuben der wilden Masse gegen den gesetzmässig fortschreitenden, belebenden und zweckmässigen Gang, zu welchem sie ihrem eigenen Triebe zuwider gezwungen wird — nichts denn die letzten erschütternden Striche der sich erst vollendenden Ausbildung unseres Erdballs. Jener Widerstand muss allmählich schwächer und endlich erschöpft werden, da in dem gesetzmässigen Gange nichts liegen kann, das seine Kraft erneuere; jene Ausbildung muss endlich vollendet, und das uns bestimmte Wohnhaus fertig werden. Die Natur muss allmählich in die Lage eintreten, dass sich auf ihren gleichmässigen Schritt sicher rechnen und zählen lasse, und dass ihre Kraft unverrückt ein bestimmtes Verhältniss mit der Macht halte, die bestimmt ist, sie zu beherrschen — mit der menschlichen [2, 267 f.].

Durch Kultur, durch die er sie bearbeitet, beherrscht der Mensch zugleich die Natur, je länger, je mehr. Angebaute Länder sollen den trägen und feindseligen Dunstkreis der ewigen Wälder, der Wüsteneien, der Sümpfe beleben und mildern; geordneter und mannigfaltiger Anbau soll rund um sich her neuen Lebens- und Befruchtungstrieb in die Lüfte verbreiten, und die Sonne soll ihre belebendsten Strahlen in diejenige Atmosphäre ausströmen, in welcher ein gesundes, arbeitsames und kunstreiches Volk athmet [2, 268].

Die eigene Kraft des Menschen soll durch zweckmässige Vertheilung der nöthigen Arbeitszweige unter mehrere, deren jeder nur eines, aber dieses recht lerne, durch Naturwissenschaft und Kunst, durch schickliche Werkzeuge und Maschinen bewaffnet und über alle Naturgewalt erhöhet werden: so dass ohne viel Zeit- und Kraftaufwand alle irdischen Zwecke des Menschen erreicht werden und er Zeit übrig behalte, um seine Betrachtung in sein Inneres und auf das Ueberirdische zu wenden. Dies ist der Zweck der menschlichen Gattung als solcher [7, 163 f.]. Zum Lastträger ist das Vernunftwesen nicht bestimmt [2, 269].

Und in der That ist uns die äussere sinnliche Naturgewalt schon grossentheils unterworfen. Die Mechanik hat die schwache menschliche Kraft beinahe ins Unendliche vervielfältigt und fährt fort, sie zu vervielfältigen. Die Chemie hat uns an mehreren Stellen in die Werkstätte der Natur eingeführt und uns fähig gemacht, manches ihrer Wunder für unsern Zweck nachzuthun und vor grossen Beschädigungen durch sie uns zu schützen. Die Astronomie hat den Himmel erobert und seine Bahnen gemessen [7, 44]. Wer zählt alles übrige? —

Hätte Fichte in unserer Zeit gelebt, er würde noch eine ganze Reihe neuer Erfindungen und Entdeckungen haben aufführen können, die in noch weit höherem Grade dem von ihm (2, 268) aufgestellten Zwecke der äusseren Kultur näher gebracht zu haben scheinen, dass nemlich die erleuchtete und durch ihre Erfindungen bewaffnete menschliche Kraft ohne Mühe die Natur beherrsche. Aber als Selbstzweck würde ihm auch diese so weit gesteigerte Kultur nicht gegolten haben. Der Staat der Kultur deckt sich ihm freilich mit dem Staate des Christenthums (7, 189), doch aber so, dass die Kultur ihm nur als Mittel gilt für das reine Christenthum, wie er denn auch die Kultur als von der Religion zumeist ausgegangen annimmt (7, 45). Ein Kulturkampf würde ihm vorgekommen sein, wie wenn ein Glied eines Körpers mit dem Herzen im Streite läge, während doch beide nicht gegen, sondern für einander dienen sollen. Die Kultur ist ihm durchaus nur Mittel zur allmählichen Herbeiführung der reinen Vernunftherrschaft, des Vernunftreiches, mag sie nun selbst sich als solches erkennen, oder lediglich das Interesse des Staates zu befördern glauben. Denn auch der Staat, da er doch die physische Existenz seiner Bürger wollen muss, sucht die Mittel dieser Existenz durch Erhöhung der beschriebenen Herrschaft über die Natur zu erweitern. Er wird somit die Industrie zu beleben, die Landwirthschaft zu verbessern, Manufakturen, Fabriken, das Maschinenwesen zu vervollkommnen, Erfindungen in den mechanischen Künsten und in der Naturwissenschaft zu ermuntern suchen. Möge man immer glauben, dass er dies alles nur darum thue, um die Auflagen vermehren und eine grössere Armee halten zu können; — mögen sogar die Regierenden selber, wenigtens dem grösseren Theile nach, keines höhern Zweckes sich bewusst sein: dennoch befördert er ohne alles sein Wissen den angezeigten Zweck der menschlichen Gattung, als Gattung [7, 164. vgl. 4, 597].

Zu demselben Zwecke, dem allein die Kultur dienen soll und zuletzt auch wirklich dient, gereicht auch eine andere Art, in der die Vernunft die Natur sich unterwirft, indem sie sie dem höheren, geistigen Bedürfnisse des Menschen dienstbar macht: die schöne Kunst [7, 164]. Diese drückt den uns umgebenden Lebenselementen das äussere Gepräge der an die Idee verlorenen, d. h. in das göttliche Leben aufgegangenen Menschheit auf — sie möge es nun wissen oder nicht, lediglich darum, damit die künftigen Generationen gleich bei ihrem Erwachen ins Leben das Würdige umfange, und durch . eine gewisse sympathetische Kraft den äusseren Sinn derselben erziehe, wodurch der Gestaltung des Inneren mächtig vorgearbeitet wird.

Also in jener einzelnen Gestalt strebt die ganze Idee (das eine göttliche Leben) sich selbst ganz an und arbeitet für sich als ganzes [7, 61]. Wahre Kunst ist Ausfluss ihrer Urthätigkeit [26]) vermittelst unserer materiellen Kraft in Materie ausser uns, gleichgeltend in welche; ob nun der körperliche Ausdruck der in eine Idee verlorenen Menschen — denn nur dieser, nur als solcher, ist Gegenstand der Kunst — fixirt werde im Marmor, gebildet werde auf der Fläche, u. dgl., oder ob die Bewegungen eines begeisterten Gemüthes in Tönen

------

[26]) Dieselbe strömt nur aus sich selber, sich selbst genügend, und stützt sich keineswegs auf Erfahrung und Beobachtung der Aussenwelt. Denn sonst gäbe sie nur das individuelle und darum unedle und hässliche, welches schon um das einemal, dass es in der Wirklichkeit da ist, zu viel da ist, durch dessen Wiederholung sonach und Vervielfältigung durch die Kunst ein schlechter Dienst geleistet würde [7, 59].

ausgedrückt werden, oder die Empfindungen und Gedanken desselben Gemüthes rein, wie sie sind, sich selber in Worten aussprechen [7, 59].[27])

[27]) Es leuchtet ein, welch hohe Bedeutung hier der „unkünstlerische" Fichte der Kunst einräumt. So ausführlicher schon in der „Sittenlehre" von 1798 § 31: „Die schöne Kunst bildet nicht, wie der Gelehrte, nur den Verstand, oder, wie der moralische Volkslehrer, nur das Herz; sondern sie bildet den ganzen vereinigten Menschen. Das, woran sie sich wendet, ist nicht der Verstand, noch ist es das Herz, sondern es ist das ganze Gemüth in Vereinigung seiner Vermögen; es ist ein drittes aus beiden zusammengesetztes. Man kann das was sie thut vielleicht nicht besser ausdrücken, als wenn man sagt: sie macht den transzendentalen Gesichtspunkt zu dem gemeinen" [4, 353]. An der Stelle, aus der obige Sätze entnommen sind (in den „Grundzügen des gegenwärtigen Zeitalters" 1804—1805) sieht Fichte die Kunst = Ausströmen der Urthätigkeit in die Materie ausser uns, vermittelst unsrer eigenen materiellen Kraft als „die unter der Menschheit am frühesten ausgebrochene und dermalen — es war die zweite Blüthezeit der deutschen Literatur — am weitesten verbreitete Art jenes Ausflusses der Urthätigkeit" an und stellt sie parallel der „höheren, in weniger Individuen hindurchgebrochenen Form der Idee",. dem Zivilisationsgenie = Ausströmen der Urthätigkeit in die gesellschaftlichen Verhältnisse der Menschheit, und so Quelle der weltbürgerlichen Ideen, ferner der Wissenschaft = Ausströmen der Urthätigkeit in die Erbauung und Nacherschaffung des gesammten Universums, rein aus sich selber, d. i. aus dem Gedanken, und endlich der Religion, der umfassendsten, alles in sich aufnehmenden und durchaus an jedes Gemüth zu bringenden Form der Idee, dem Hinströmen aller Thätigkeit in den einen unmittelbar empfundenen Urquell des Lebens, die Gottheit. -- Dabei ist übrigens zu bemerken, dass die Wissenschaftslehre (Vernunftwissenschaft) nicht zur Wissenschaft gezählt wird. Denn nach derselben Schrift (7, 119) äussert sich die Idee auf zweifache Weise, entweder in ihren ursprünglichen Zerspaltungen (als Kunst, Heldenthum, Wissenschaft und Religion) oder in ihrer absoluten Einheit: „dann ist sie der eine, in sich selbst klare und durchsichtige Gedanke der Vernunftwissenschaft, der an und für sich zu keinem Handeln in der Sinnenwelt treibt, sondern lediglich ein freies Handeln in der Welt des reinen Gedankens oder die wahre und echte Spekulation ist." — In späteren Schriften ändert sich nur die Stellung

Wie Kultur und Kunst oftmals unbewusst das Werkzeug zur Erweiterung der Vernunftherrschaft sind, so kann es auch die Kultur noch wilder Volksstämme, die Zivilisation sein. Denn wo immer die Wildheit mit den Zwecken der Kultur zusammentrifft, steht sie mit denselben in vollstem Widerspruche und bedroht die zivilisirten Staaten. Also sehen diese schon dadurch, lediglich um ihrer Erhaltung willen sich genöthigt, der sie umgebenden Wildheit so viel Abbruch zu thun, als irgend möglich. Dazu sind sie aber gründlich nur dadurch im Stande, dass sie die Wilden selber in Gesetz und Ordnung bringen, sie zivilisiren. Andere gebildete Nationen mögen dann auch durch blosses Handelsinteresse getrieben

-----

der Kunst im System der Ideenäusserungen, ihr Wesen wird immer gleich tief gefasst. So wenn 1808 in den „Reden an die deutsche Nation" 7, 330 Wissenschaft und Kunst als „ewiger Fortfluss des wahren Lebens aus ihm selber" beigeordnet wird dem reinen Gedanken, der die Religionseinsicht giebt — wohl Religion und Wissenschaftslehre zusammenfassend — als der Form, in der das Leben als geschlossene Einheit da ist. Nicht anders in den „fünf Vorlesungen über die Bestimmung des Gelehrten" 1811. Nach diesen 11, 170 ff. spricht sich das übersinnliche Wissen auf eine doppelte Weise aus 1) entweder überhaupt bloss, dass ein Uebersinnliches sei ohne alle weitere Bestimmung: so in der Religion, die unmittelbar allen Menschen zugänglich ist; 2) oder in einer besonderen Bestimmung, als welches es unmittelbar nur einigen wenigen dazu von Gott bestimmten erscheint, während das Volk d. h. alle übrigen danach gestaltet werden sollen, a) in der alten Zeit, wo das Volk noch ein Auge für Begeisterung hatte und von derselben wie von einer Naturgewalt unmittelbar zu dem beabsichtigten Handeln fortgerissen wurde, waren diese Auserwählten Propheten und Wunderthäter, b) später jedoch, wo das äussere Auge für den Geist und die Naturkraft desselben schwindet, und die Sichtbarkeit des Geistes sich nach innen zurückzieht, sind dieselben α) entweder Dichter und Künstler, die die Begeisterung und das übersinnliche Sehen selbst als solches in seiner Form darstellen, β) oder Wissenschaftliche, die nicht die Begeisterung selbst, sondern nur ein in der Begeisterung erblicktes bestimmtes Gesicht in der wirklichen Welt darzustellen streben.

werden, wilden Völkerschaften die Zivilisation zu bringen. So ungerecht ihre Zwecke auch erscheinen mögen, so wird dennoch der erste Grundzug des Weltplans, die allgemeine Verbreitung der Kultur, auch dadurch mit befördert, und nach derselben Regel muss es unablässig so fortgehen, bis das ganze Geschlecht, das unsere Kugel bewohnt, zu einer einzigen Völkerrepublik der Kultur zusammengeschmolzen ist [7, 162].[28]) Dann erst findet das Christenthum seine Welt erbaut und seinen Schauplatz bereitet, auf welchem es mit seiner ganzen Herrlichkeit hervorzubrechen bestimmt ist.

Aber Kultur, Kunst und Zivilisation sind nur Hülfsmittel, nur Vorbedingungen für das Kommen des Himmelreiches. Denn durch die äussere Umgebung, und durch blosse Geschmacks- und Verstandesbildung kann die Religion in den Völkern nur vorbereitet, nicht erzeugt werden. Schon reine

---

[28]) Fichte würde es unterschreiben, wenn wir hinzufügen: In noch viel höherem Grade und wahrhafter wird Kultur und Zivilisation verbreitet werden, wenn sie nicht aus Eigennutz, sondern von solchen getrieben werden, die keines Eigennutzes mehr fähig sind, von Religiösen, welche „in dem festen Glauben, dass es Gottes Wille ist, dass der scheue Flüchtling in den Wäldern zu einem gesitteten Leben und in ihm zu der beseligenden Erkenntniss der menschenliebenden Gottheit gebracht werde", bereit sind, Heimat, Familie, Freunde und Verwandte zu verlassen und in die öde Wildniss hinauszuziehen, um den Verlassenen da draussen das Evangelium zu predigen. Dies aber ist die gewaltige Aufgabe der christlichen Mission, die freilich noch lange nicht gelöst, ja noch nicht einmal als Aufgabe zum allgemeinen Bewusstsein gekommen ist. Noch heutigen Tages findet sich im Systeme der theologischen Wissenschaft statt des breiten Raumes den darin die Missionswissenschaft einnehmen sollte, eine mehr oder minder klaffende Lücke. — Dass Fichte die Forderung einer umfassenden Mission nicht erhoben hat, darf nicht befremden, da er überhaupt kein zusammenhängendes System weder der Religionstheorie noch der Kunstlehre der Religionswissenschaft geschrieben hat. Doch lag überhaupt die Mission seiner Zeit fern: weiss doch die „kurze Darstellung des theologischen Studiums" von Schleiermacher 1810 und selbst noch 1830 nichts von ihrer ausserordentlichen Bedeutung.

Sittlichkeit, durch die der Mensch nothwendig hindurch muss, ehe er zur Religion zu gelangen vermag, kann die Umgebung, Natur und Staat, nicht hervorbringen. Denn der Quell derselben ist innerlich in den Gemüthern der Menschen und in ihrer Freiheit.

Doch kann und soll der Staat durch Gesetzgebung und Aufsicht zu einer negativ guten, und durch die Gleichstellung aller zu einer positiv guten Sitte treiben und dadurch die kräftigsten Hindernisse der Entwickelung der Sittlichkeit wegräumen [7, 236 f. vgl. 187 ff.].

Die positiv gute Sitte freilich in der Freiheit und Gleichstellung aller in der Gesellschaft wird nicht eher möglich sein, als bis alle gelernt haben, die Freiheit zu tragen. Dies aber wird erst dann eintreten, wenn alle zu reiner Sittlichkeit und Religion gelangt sind. Und so werden beide Entwickelungen, die der richtigen religiösen Ansichten und die der politischen Einrichtungen neben einander hergehen und in gewissem Maasse gleichen Schritt halten. Wie sehr auch das allgemeine Kommen des Vernunftreiches durch jene Staatseinrichtungen gefördert wird, so sind doch diese wiederum erst möglich, veranlasst durch die tiefere Religionseinsicht wenigstens einzelner [7, 189].

Selbst zu einer bloss negativ guten Sitte wird der Staat erst dann um so vollkommener treiben, je mehr die Vertiefung der religiösen Erkenntniss allgemein an Boden gewinnt. Denn soll religiöse Denkart überhaupt im Staate bestehen und immer mehr Wurzel schlagen, so dürfen die Einrichtungen des Staates mit derselben nie in Streit gerathen. Desshalb aber ist der Staat genöthigt, mit der Vervollkommnung der religiösen Beurtheilung seiner Bürger stets fortzuschreiten und durchaus nichts mehr zu gebieten, was wahre Religion verbietet und zu verbieten, was sie gebietet. Nie also darf die Anwendung des bekannten Satzes eintreten: Man muss Gott mehr gehorchen, als den Menschen; denn die Menschen sollen gar nichts anderes befehlen, als was Gott auch befiehlt. Und es bleibt den Gehorchenden nur die Wahl, ob sie es als menschliches Machtgebot, oder als Gebot des Gottes, den sie über alles lieben, vollbringen wollen.

Ueberhaupt liegt in dieser völligen Freiheit und Erhabenheit der Religion über den Staat die Anforderung an beide, sich absolut zu trennen, und allen unmittelbaren Zusammenhang unter sich aufzuheben. Die Religion soll nie die Zwangsanstalt des Staates für sich in Anspruch nehmen; denn die Religion ist, als die Liebe des Guten, innerlich im Herzen und unsichtbar, und sie erscheint nie in der äusseren Handlung, welche, obwohl sie dem Gesetze gemäss ist, aus ganz andern Triebfedern hervorgegangen sein kann: der Staat aber vermag nur das zu richten, was vor Augen liegt. Die Religion ist Liebe, der Staat aber zwingt; und nichts ist verkehrter, als Liebe erzwingen zu wollen. Ebenso wenig soll der Staat sich der Religion für seine Zwecke bedienen wollen; denn er würde sodann etwas in Rechnung bringen, das nicht in seiner Gewalt steht und welches eben darum auch wohl ermangeln könnte, in welchem Falle er falsch gerechnet und seines Zweckes verfehlt hätte: er muss erzwingen können, was er begehrt, und nichts begehren, als das, was er erzwingen kann [7, 187 f.].

Der Staat hat das Recht zu zwingen, aber nur zu dem zu zwingen, was recht ist und was die Gezwungenen bei richtiger Einsicht von selbst gethan haben würden. Nur solcher Zwang darf einem freien Wesen, wie der Mensch ist, auferlegt werden. Denn in Wahrheit ist es gar kein Zwang, und der Schein eines solchen wird den einzelnen verschwinden, sobald sie zu der Einsicht des Rechten gelangen.

Daraus ergiebt sich aber mit dem Zwangsrechte des Staates unmittelbar gesetzt die Pflicht, für die bessere Einsicht seiner Bürger zu sorgen. Mit der Zwangsanstalt muss also eine zweite Anstalt verbunden werden, um alle zur Einsicht der Rechtmässigkeit des Zwanges und zur Entbehrlichkeit desselben zu bringen. Denn ohne diese zweite Anstalt ist der Zwang, der freilich nicht gegen ihr äusseres Recht auf Handlungen ist, gegen ihr inneres Recht und ihre Freiheit, nur zu gehorchen ihrer eigenen Einsicht. Der Zwingherr muss also zugleich Erzieher sein, um in der letzten Funktion sich als den ersten zu vernichten [4, 437].

Erziehung nun ist das eigentliche Mittel, um das menschliche Geschlecht für wahre Religion empfänglich zu machen, nicht bloss als Erziehung der Jugend, sondern überhaupt des Volkes. Wer die rechte Einsicht noch nicht besitzt, in dem soll sie hervorgebracht werden, soweit sie sich überhaupt hervorbringen lässt. Aber durch wen? Offenbar durch diejenigen, die von der religiösen Wahrheit selbst erfüllt sind.

Dies sind nun zunächst diejenigen einzelnen Individuen, welche von irgend einem Punkte der Religion angezogen, erwärmt und begeistert sind und die Gabe besitzen, ihre Begeisterung mitzutheilen, die religiösen Heroen oder Genien. So waren, nachdem in Jesu Christo bereits die ganze Fülle der Wahrheit erschienen und nur immer wieder missverstanden war, im Anfange der neuesten Zeit die Reformatoren, so standen nach ihnen, als fast die ganze Religion in die Aufrechterhaltung des orthodoxen Lehrbegriffs gesetzt und die innere Herzensreligion vernachlässigt wurde, die sogenannten pietistischen Lehrer auf und erhielten den unstreitigen Sieg — denn was ist die ganze moderne, die Bibel zu ihrer flachen Vernunft bekehrende Theologie anderes, als die Ausartung der erstgenannten Ansicht, beibehaltend die Geringschätzung des orthodoxen Lehrbegriffs und aufgebend die Heiligkeit des Sinnes, durch welche jene geleitet wurden? — Und so werden auch in unserm Zeitalter, wenn es sich von den mancherlei Verirrungen, unter denen es herumgetrieben worden, ein wenig erholt und gesetzt haben wird, begeisterte

Männer aufstehen, welche demselben geben werden, was ihm noth thut [7, 237 f.].

Zu diesen zählt nun Fichte sich selbst — wenn er es auch nicht mit dürren Worten ausspricht. Er weiss sich als einen jener Männer, die, ergriffen von der göttlichen Idee, den ungemessenen Drang in sich fühlen, ihr weiteren Eingang zu verschaffen. Er ist selbst ein „Seher weltgestaltender Gesichte" [11, 169].

Aber er weiss sich — nicht durch eigene Kraft, sondern durch den Platz, an den ihn Gott gestellt — mehr als dies. Denn in ihm ist Philosophie und Christenthum, Form und Gehalt, zum ersten Male in lebendige und bewusste Gemeinschaft getreten. Es war der heilige, vom Vater ausgehende Geist, der schon vor Christus in Sokrates, ohne dass dieser es wusste oder zu wissen brauchte, objektiv geworden und in dieser Objektivität faktisch herausgetreten war. In ihm hatte der Verstand sich selbst ergriffen und sich entdeckt als eine eigenthümliche und rein apriorische Quelle von Erkenntnissen, und war also durch die Entwickelung von Wahrheit aus ihm gebraucht worden: in Beziehung auf die Form der Wahrheit gerade ein so grosses Wunder und eine so mächtige Förderung der Menschheit, als das in Jesu in Beziehung auf ihren Gehalt. Dieser so bearbeitete Verstand sollte nun im Verfolge mit dem Christenthume vereinigt und der christliche Gehalt aufgenommen werden in die Form der Sokratik, indem nur in dieser Vereinigung er sicher zur allgemeinen Klarheit der Erkenntniss kommt. So ist es denn erfolgt, bis endlich durch Kant — und insonderheit durch Fichte, der Kant hierin allein verstand — der letzte Schritt geschah, dass jene Sokratik, jene Kunst des Verstandes sich selbst erkannte, und sich von anderer, von dem Verstehen in der Anschauung unterscheiden lernte, wodurch nun endlich die Verwirrung zwischen historischem Verstande und der Erkenntniss durchs Gesetz gehoben ist.

Nun erst vermag, wie Jesus in der Weissagung von dem Kommen des Trösters, des heiligen Geistes, vorausgesagt hatte, der Geist ein heiliger zu werden, und den Christen Alles zu sagen, in alle Wahrheit sie zu leiten, und für den historischen Jesus, welchem gegenüber er seine Selbständigkeit gewonnen hat, zu zeugen und ihn zu verklären. Diese Epoche tritt so recht eigentlich mit unserer Zeit ein, und durch sie erst ist jene Weissagung vollkommen erfüllt.

Durch diese Epoche ist nun die Fortdauer und der letzte Endzweck des Christenthums durchaus gesichert. Vorher war dieselbe bedingt durch die zufällige Form des Glaubens, jener besonderen individuellen und gleichsam genialischen Verwandtschaft zum Christenthume, die vom Vater gegeben ist, gestützt darum auf das fortdauernde Wunder, dass in der Christengemeinde immer solche geboren wurden, welches Gott denn auch ohne Zweifel gethan hat, da das Christenthum bis jetzt erhalten worden ist. Seit dieser Zeit sind Jesu a l l e vom Vater gegeben, und es bedarf keiner besonderen Genialität mehr, weil das Christenthum sich anknüpft an das, was eben allen gegeben ist, an den gemeinsamen Verstand aller [4, 570 f.].

Die klare Erkenntniss dessen ist nun zuerst Fichte aufgegangen. „So bin ich drum wahrhaft Stifter einer neuen Zeit: der Zeit der Klarheit, bestimmt angebend den Zweck alles menschlichen Handelns, mit Klarheit Klarheit wollend. Alles andre will mechanisiren; ich will befreien" [7, 581]. Die Wissenschaftslehre ist Verständniss dessen, was seit Christus Verstandesaufgabe ist, das Christenthum genetisch, d. h. verständlich zu machen. Der Stifter ihrer Form ist Sokrates, das Christenthum ihr Gehalt. Das Gefundene endlich mitzutheilen, in dieser Form gemeingültig werden zu lassen, ist Sache der Volkserziehung [7, 606 ff.]. Wer die Wissenschaftslehre erkannt hat, ist in alle Bedingungen eines reinen Willens eingesetzt, und es fehlt eben nur noch am reinen Willen selbst, den freilich kein Wissen geben kann. Sie soll eine Wegbahnung der Sittlichkeit sein: eine klare Kunst des Sittlichwerdens, und das ist ihre höchste Bestimmung [10, 491]. Damit ist zugleich ihre letzte und höchste Aufgabe die, die christliche Lehre recht zu ergründen oder auch zu berichtigen [7, 214].

Dies nach Fichte die weittragende Bedeutung der Wissenschaftslehre. Sie tritt an die Spitze der Weltgestaltung im eigentlichen und höchsten Sinne [4, 389], eine völlige Umschaffung ist für die Menschheit von ihr zu erwarten [9, 3], da sie die Anerkennung des Himmelreichs unabhängig macht vom historischen Glauben und der besonderen Gemüthsverwandtschaft einzelner dazu und ihr die Form giebt eines von Jedermann, der nur natürlichen menschlichen Verstand hat, zu erschwingenden. Freilich ringt dieselbe noch und wird vielleicht noch Jahrhunderte ringen um ihr Verständniss und ihre Anerkenntniss unter den Gelehrten [4, 589]. Es kann aber auch gar nicht anders sein, denn nur auf lebendiges wirkt lebendiges; in dem wirklichen Leben der Zeit aber findet sich gar keine Verwandtschaft zu dieser Philosophie, indem dieselbe ihr Wesen treibt in einem Kreise, der für jene noch gar nicht aufgegangen, und für Sinnenwerkzeuge, die jener noch nicht erwachsen sind. Sie ist gar nicht zu Hause in diesem Zeitalter, sondern sie ist ein Vorgriff der Zeit und ein schon im voraus fertiges Lebenselement eines Geschlechtes, das in demselben erst zum Lichte erwachsen soll. Diese Zeit aber wird kommen, in der sie verstanden und mit Freuden aufgenommen werden wird; und darum wolle das Zeitalter nicht an sich selbst verzagen [7, 309 f.]. Untergehen können ihre in der Welt begonnenen Anfänge nicht, denn sie ist eine absolute Forderung des Geschlechtes durch Gott und aus Gott; sie muss aber die Beziehung auf das Reich Gottes nehmen und behalten, und ausdrücklich dies als ihren Grundpunkt aussprechen, denn nur so nimmt sie in sich auf eine lebendige Kraft und erhebt sich über die Leerheit an praktischer Wirksamkeit, die der blossen Spekulation beiwohnt [4, 589].

Und so tritt denn Fichte mit dem zuversichtlichen Vertrauen, dass die Zeit einst kommen werde, wo die in ihm zuerst mit Bewusstsein vollzogene Durchdringung des Glaubens durch das Wissen allgemein, wo die Wissenschaftslehre selbst von Bauernkindern in der Schule wird verstanden werden, hin zunächst vor seine Nation, und hält ihr den Spiegel vor, in welchem sie mit klarem Begriff erkenne, was sie bisher ohne deutliches Bewusstsein durch die Natur ward, und wozu sie von derselben bestimmt ist, und macht ihr den Antrag, unter diesem klaren Begriffe und mit besonnener freier Kunst vollendet und ganz sich zu dem zu machen, was sie sein soll, den Bund zu erneuern und ihren Kreis zu schliessen [7, 375]. [29])

Die Wissenschaftslehre ist denn aber doch Wissenschaft und muss sich als solche zunächst an das wissenschaftliche Publikum wenden, da Bauernkinder in der Schule zwar ihren Grundgedanken, gewiss aber nicht die begriffsmässige Deduktion desselben zu verstehen im Stande sein werden. Zugleich ist sich Fichte wohl bewusst, dass seine bisherige Forschung lange noch nicht tief genug gegangen ist [7, 596]. Schon also um die Wissenschaftslehre zu vollenden bedarf es der Fortarbeit daran durch Wissenschaftliche, durch Gelehrte. Zu derselben Forderung eines gelehrten Publikums führt die Absicht der Wissenschaftslehre, bildend in das Leben einzugreifen. Denn bilden kann nur der selber Gebildete, der Gelehrte.

Gelehrsamkeit setzt ein gewisses Maass von Verstandesbildung und empirischem Wissen voraus. Aber das Wesen

---

[29]) Man beachte in diesen Worten Fichte's die Grundzüge unsrer Eintheilung seiner religionsphilosophischen Andeutungen in Phänomenologie, Ontologie und Kunstlehre.

des Gelehrten besteht nicht in einer immer nur relativen Summe von Kenntnissen, sondern dies ist es, dass die Idee in ihm ihr eigenthümliches, selbständiges Leben begonnen hat, dass sein persönliches Leben wirklich in dem Leben der Idee aufgegangen und in ihm vernichtet ist [6, 412, 418]. Der wahre Gelehrte also kann nicht anders als religiös sein, wie es denn auch sein eigentlicher und letzter Zweck und innerster Beruf ist, die Ueberzeugung, dass es überhaupt eine göttliche, den Menschen zugängliche Idee gebe, zu erhalten, diese Idee immerfort zur höheren Klarheit und Bestimmtheit zu erheben und sie in dieser sich stets verjüngenden und verklärenden Gestalt von Geschlecht zu Geschlecht fortzupflanzen [6, 428].

Die Gelehrtengemeine ist das Lehrercorps des Christenthums, ob sie sich nun in einzelnen Gliedern dafür erkenne oder nicht; davon geht sie aus, darauf geht sie hin: in der Mitte eines langen Weges kann man wohl den Anfangs- und Endpunkt aus den Augen verlieren [4, 589]. Auf die Dauer wird aber auch ein solches Sich-selbst-missverstehen nicht bleiben. Denn es ist nicht wohl möglich, dass dem wissenschaftlichen Menschen, der überall auf Klarheit und Zusammenhang in seiner Erkenntniss ausgeht, der wahre Grund seiner Anschauung und seines Lebens sich lange verbergen sollte. Kam er auch nicht mit einem religiösen Gemüthe in die Welt seiner Anschauungen, so kann er doch sicher nicht lange in derselben bleiben, ohne zu dem Geiste hingezogen zu werden, dem sie entströmt. Wahre wissenschaftliche Begeisterung geht entweder von Religion aus, oder sie führt zu derselben hin [11, 163].

Zu diesen Gelehrten nun müssen auch die berufenen Volkslehrer und Leiter der religiösen Erziehung gehören. Pfarrer und Konsistorien zu besolden nach altem Herkommen genügt ja nicht [7, 526], einer gänzlichen Umgestaltung der Gesammterziehung bedarf es. Denn soll das Vernunftreich einmal Wirklichkeit werden, so wird vorausgesetzt, dass alle zur Fähigkeit, den Willen Gottes klar an sich einzusehen, erzogen werden. Und da alle ohne Ausnahme, die da geboren werden, zu dieser Einsicht gebildet werden sollen ohne Unterschied, ohne etwa eine besondere Genialität und Verwandtschaft zum Uebersinnlichen vorauszusetzen, so ist es klar, dass dazu eine unfehlbare und an jedem Individuum ihren Zweck erreichende Kunst einer solchen Menschenbildung, eine vollendete Erziehungskunst gefunden sein müsse. Diese Erziehung lässt durch ihren allgemeinen Zweck sich leicht bestimmen. Jeder soll mit klarer Einsicht verstehen den Willen Gottes an ihn: sich in klarer Selbstanschauung, die kein Unterschied in ihm stellvertreten kann, subsumiren jenem allgemeinen Gesetze der Geisterwelt. Dies setzt voraus die klare, allgemeine Einsicht, dass der Mensch unter dem Willen Gottes stehe, und dass er ohne den Gehorsam nichts sei und eigentlich gar nicht da. Diese Einsicht ist nun die des Christenthums oder auch, welches in diesem Zusammenhange gleichgeltend ist, der Wissenschaftslehre. Die geforderte Erkenntniss muss darum die Kunst besitzen, alle Menschen ohne Ausnahme unfehlbar zu dieser Einsicht zu bringen, und damit dies möglich sei, die Menschen von Beginn an, aus dem, was allen gemeinschaftlich ist, so zu bilden, dass diese Kenntniss mit Sicherheit an sie gebracht werden könne [4, 583 f.].

Diese Bildungskunst des Menschen, welcher durch die Wissenschaftslehre erst ihr letztes Ziel, der Anfangspunkt, sich als Geist zu erkennen, und das Mittel sich selbst zu verstehen gegeben ward, ist die nächste Aufgabe, die an der Zeit ist. Unser Zeitalter hat sie in der That schon ausgesprochen in Pestalozzi [4, 590 vgl. 7, 277].

Ihrem innersten Wesen. nach ist diese Erziehung die Kunst, den ganzen Menschen durchaus und vollständig zum Menschen zu bilden. Hierzu gehören zwei Hauptstücke: zuerst in Absicht der Form, dass der wirkliche lebendige Mensch

bis in die Wurzel seines Lebens hinein, keineswegs aber der
blosse Schatten und Schemen eines Menschen gebildet werde;
sodann in Absicht des Inhalts, dass alle nothwendigen Bestandtheile des Menschen ohne Ausnahme und gleichmässig
ausgebildet werden. Diese Bestandtheile sind Verstand und
Willen; und die Erziehung hat zu beabsichtigen die Klarheit des ersten und die Reinheit des zweiten. Zur Klarheit
des ersten aber sind zu erheben zwei Hauptfragen: zuerst
was es sei, das der reine Wille eigentlich wolle, und zugleich
durch welche Mittel dieses Gewollte zu erreichen sei, durch
welches Hauptstück die übrigen dem Zöglinge beizubringenden
Erkenntnisse befasst werden; sodann was dieser reine Wille
in seinem Grunde und Wesen selber sei, wodurch die Reli-
gionserkenntniss befasst wird. Die genannten Stücke nun,
entwickelt bis zum Eingreifen in's Leben, fordert die Erziehung schlechtweg und gedenkt keinem das mindeste davon zu
erlassen, denn jeder soll eben ein Mensch sein; was jemand
nun noch weiter werde, und welche besondere Gestalt die allgemeine Menschheit in ihm annehme oder erhalte, geht die
allgemeine Erziehung nichts an und liegt ausserhalb ihres
Kreises [7, 301]. Denn deren Zweck ist nicht eine Summe
von Kenntnissen, sondern Sittlichkeit [7, 296], ihr letztes Geschäft die Erziehung zur wahren Religion [7, 298].

Die bisherigen Mittel dieser Erziehung sind — und werden zunächst als solche bestehen bleiben — die verschiedenen
Kirchen. Jeder soll daher Mitglied einer Kirche sein
[11, 104].

Die verschiedenen Kirchen unterscheiden sich durch ihre
verschiedenen Symbole. Jedes Symbol enthält eine Erkenntniss vom Standpunkte der Sittlichkeit aus; es gründet
sich allemal auf eine Offenbarung an eine oder mehrere begeisterte Individuen; es enthält dasjenige, worüber alle an
diese Offenbarung gläubigen und durch sie belehrten, die eine
Kirche heissen, einig sind. Darin liegt, dass das Symbol,

wenn die Kirche nicht ganz erstarren und ohne Frucht sein soll, veränderlich sein muss, denn das, worüber alle übereinstimmen, wird doch bei fortgesetzter Wechselwirkung der Geister in immer fortgehender Erziehung sich steigern und vermehren. Jedes Symbol ist seinem Wesen nach nur Nothsymbol, denn es enthält das durch das sittliche Bewusstsein gleichsam für das Auge gegebene in einer Gestalt, die nothgedrungen von dem jeweiligen Grade der geistigen und religiösen Erkenntniss abhängig ist. Daher muss es perfektibel sein, und es ist der Hauptzweck der Kirche, dass es immerfort vervollkommnet werde (11, 104 ff. vgl. die entsprechenden Ausführungen aus der älteren Sittenlehre, oben S. 97 ff.).

Jedes Symbol hat einen wahren, ewig gültigen Inhalt, den Satz: es giebt überhaupt etwas Uebersinnliches und über alle Natur Erhabenes, und die Bestimmung des Menschen ist, das Leben und Werkzeug dieses Ueberirdischen zu werden [11, 105]. Die wohl verstandene protestantische Kirche hat in sofern Recht, wenn sie alle Symbole nur für eine mehr oder minder richtige und deutliche Interpretation eines Grundsymbols ansieht [11, 112]. Auch darin hat sie, wenigstens von ihrem Standpunkte aus, ganz Recht, dieses in der Bibel zu sehen. Denn die Bibel enthält die Urkunden über die Offenbarungen, auf welche sich die Kirche gründet [Ebd.]. Und in der That ist sie das klassische Symbol des reinen Christenthums. Nur muss man sie auch richtig verstehen und erklären.

Sie ist ein historisches Buch, entstanden in einer gewissen Zeit, und muss daher zunächst geschichtlich begriffen werden, durch Sprach- und historisches Studium [11, 113]. Das Historische aber hat für sich keinen Werth. Man muss es nur verstehen, damit man davon das metaphysische abzusondern vermöge, und nicht historische Begriffe über ihre lediglich historische Gültigkeit ausdehne und metaphysisch nehme [7, 606], oder umgekehrt Mythen, die ihrem Wesen nach allemal zur Metaphysik gehören, wie z. B. die Mythen

über die Uranfänge des Menschengeschlechts und der Natur,
als Geschichte hinstelle [7, 107, 132, 137]. Das wirklich
Historische muss erst verstanden und abgestreift werden, und
dann wird die Bibel in der That den reinen metaphysischen
Gehalt des lauteren Christenthums und zugleich der Wissenschaftslehre klar zeigen.

Unter dem gelehrten Publikum bedarf es vor allem eine
klare und wahre Exegese. An derselben fehlt es aber noch
immer: jene biblischen Urkunden sind seit ihrem Entstehen
noch niemals ganz und richtig verstanden worden. Kein
Wunder, denn wenn man dem Stifter unsrer christlichen Religion zugesteht, dass er ein von Gott begeisterter und durch
diese Begeisterung aus allem Zuhammenhange des natürlichen Fortganges der Bildung mit seiner Vorwelt und Nachwelt herausgerissen, ein ausserordentliches sittliches Genie
gewesen sei, wie wir ja auch unter andern Völkern des Alterthums Genien anderer Art anerkennen — welches doch wohl
das wenigste ist, was diejenigen, die hier mitsprechen dürfen, mit dem Munde bekennen —, so sollte man es doch nicht
für so schlechthin unmöglich halten, dass er manches einge-
sehen haben könne, was wir trotz unserer Kultur und unserer
Philosophie dennoch bis auf diese Stunde nicht wissen und
von ihm lernen könnten: es wäre darum allerdings wohl möglich, dass man ein unbefangenes Studium jener Urkunden,
lediglich um sie zu verstehen und aus ihnen zu lernen, sich
zum Zwecke machte. Aber auch da wäre der Sinn der Untersuchung nicht der, zu erforschen, wer etwas gesagt habe,
sondern was gesagt worden sei. Was wir etwa verstehen
werden, soll uns gelten, nur inwiefern wir es verstehen und
selbst von der Wahrheit uns überzeugen, nicht wie wir es
verstanden vorfinden, ungeachtet wir es freilich selbst nicht
erfinden konnten [11, 113].

Derselbe Kanon gilt auch für die Bibelerklärung in der
Kirche. Nur kommt es dem Volkslehrer nicht darauf an,

die biblischen Schriftsteller nach ihrem wahren, von ihnen selbst beabsichtigten Sinne zu erklären,[80]) denn er hat die Bibel nicht sowohl zu interpretiren, als anzuwenden und aus ihr den Inhalt echter Religion und Sittlichkeit zu entwickeln [8,137].

Symbole, Bibel, Kirchen haben nach Fichte nur einen Zweck, den, die Menschheit zur wahren Religion und zu religiöser Verfassung zu führen.

Aber jenes „Fortgehen vom Symbol", jenes „Fallenlassen des Historischen" in der Bibel, jene Aufgabe für die einzelnen Kirchen, mit Bewusstsein auf ihre eigene Auflösung in eine Universalkirche hinzuarbeiten, dies alles waren Forderungen, für deren Erfüllung Fichte schwerlich viele willige Hände erwarten durfte.

In der Zeit der „Reden an die deutsche Nation" jedoch, wo er für die Verwirklichung seines Planes einer Nationalerziehung die besten Hoffnungen hatte, schien ihm auch jenes Ziel schon aus der Ferne zu winken. Wir haben noch ein merkwürdiges Fragment aus den Jahren 1806—7, „Die Republik der Deutschen zu Anfang des zweiundzwanzigsten Jahrhunderts unter ihrem fünften Reichsvogt" (7, 530 — 545). Deutschland wird hier als Republik vorgestellt: „Es ist uns nicht bekannt geworden, ob plötzlich wie durch ein Wunder die Fürsten und der Adel des Landes, einsehend, dass sie selber der Führung nur allzu bedürftig und also durchaus unfähig seien die Nation zu führen, freiwillig und aus eigener Bewegung zur Gleichheit mit allen herabgestiegen und der neuen Or-

---

[80]) „Wie denn ohne Zweifel auch bisher, ohngeachtet es beabsichtigt und häufig vorgegeben worden, weder bei ihm noch auch oft bei seinem Professor in der Exegese dies der Fall gewesen, und wir somit nicht einmal eine Neuerung, sondern nur das Geständniss der wahren Beschaffenheit der Sache und das besonnene Aufgeben eines unnöthigen und vergeblichen Strebens begehren." [Ebd.]

ganisation willige Hände geboten; oder ob die Nation selber, wie durch einen elektrischen Schlag getroffen und durch die Umstände begünstigt, sich jener auf gute Weise erledigt und mit dem Beistande der wenigen Redlichen, die noch geblieben waren, sich organisirt habe. Nur so viel ist sicher, dass einige Zeit nach jenem Verfalle (1806) die deutsche Nation, deren Geschichte in der Zwischenzeit sich völlig verliert, abgerechnet einige seichte Anmerkungen der Ausländer, die das Gepräge der Falschheit an der Stirne tragen, wiederum vorkommt ohne Erbfürsten oder Adel und unter einer Verfassung, welche zu beschreiben der Zweck ist des folgenden Werkes" [7, 531].

Aus demselben mögen nun hier eine Reihe von Sätzen über das „Religionsbekenntniss der Deutschen" Platz finden.[81]) „Die Gesetzgeber fanden die drei bekannten Hauptkonfessionen des Christenthums im Besitzstande. Sie hielten für nöthig,

---

[81]) Freunde der Feuerbestattung wird es interessiren, · dass sie nach dieser Schrift Fichte zu den ihrigen zählen dürfen. „Es giebt solche, die den Menschen wohl zu kennen glauben", sagt er 7, 539, „die bei diesem Punkte anmerken, der Uebergang zu dieser Art der Bestattung sei zugleich der Uebergang zum allgemeinen Christenthume gewesen". — In Bezug auf die Sonntagsfeier heisst es 7, 540: „Ohnerachtet die Gesetzgeber der Deutschen ·den Anfang des Jahres vom Beginn des Frühlings an, und was daraus folgt, ganz so wie früher eine andere europäische Nation, die späterhin dessen unwürdig gefunden wurde, als vernunft- und zweckmässig eingeführt: so liessen sie denn doch den·Sonntag, als eine übrigens sehr zweckmässige Epoche, seinen Weg für sich gehen, und in jene Zeitordnung gar nicht eingreifend als Versammlungstag der Christen bestehen." — Eine Art Taufformel — richtiger Einweihungsformel, die an Stelle der Taufe feierliche Eintragung in das Bürgerbuch als Aufnahme in die Gemeinde stattfinden soll — sei hier noch genannt: „Wir nennen dich *(Name)* zum Zeichen, dass wir, und durch uns das gesammte Vaterland der deutschen Nation, dich anerkennen als ein der Vernunft fähiges Wesen, als theilhaftig aller Rechte unseres Bürgerthums, als Miterben des ewigen Lebens, welches auch wir hoffen" [7, 544 f.].

ein viertes Bekenntniss zuzulassen, wovon sie wussten, dass alle frei Gebildeten, die über diesen Gegenstand je nachgedacht, ihm zugethan seien, — indem ihnen bekannt war, dass durch diesen Umstand diese von aller öffentlichen Andacht so gut als ausgeschlossen seien, und der Staat bei seinem Bedürfnisse einer Religion in die Lage gesetzt werde, gerade mit seinen würdigsten Bürgern aus Vorstellungen zu handeln, an die weder sie, noch die eigenen Geschäftsträger des Staates glaubten, —, dasselbe bestimmt auszusprechen, anzuerkennen und es zur allgemeinen bürgerlichen, die Staatsverhandlungen begleitenden und sanktionirenden Religion zu erheben. Den Katholiken ihren fremden Namen lassend, nannten sich die Anhänger dieses Bekenntnisses allgemeine Christen. Die Gelehrten unter ihnen liessen Jesu Christo die Gerechtigkeit widerfahren, dass er zuerst unter allen und, soviel sich absehen lasse, ohne alle Anleitung gewusst und gelehrt habe den höchsten Endpunkt aller Wahrheit; aber sie bestanden darauf, dass sie diese Lehre nicht für wahr hielten, noch dass irgend einer sie für wahr halten solle darum, weil Jesus sie gelehrt, sondern nur weil und inwiefern er selbst sie für wahr anzuerkennen innnerlich sich gedrungen fühlen werde. Selbst jene aus historischer Forschung erwachsene tiefe Verehrung für Jesus drangen sie keinem auf, der entweder jene historischen Forschungen mit ihnen gar nicht anstellen mochte, oder den dieselben zu andern Resultaten führten; vielmehr erkannten sie jeden, der nur mit ihnen den Inhalt der christlichen Theologie, oder welchen Beinamen er ihr geben mochte, annahm, für ein Mitglied ihres Glaubens an. Auf die vom Gegentheile erhobene Frage, ob diese Erkenntniss in der Welt sein würde, wenn kein Jesus gewesen wäre, liessen sie sich als auf eine niemals zu entscheidende, und, selbst wenn sie entschieden werden könnte, zu keiner vernünftigen Anwendung führende Untersuchung durchaus nicht ein.

„Als es zwischen ihnen und dem Gegentheile zu scharfer

dialektischer Diskussion kam, und die versuchte Ausflucht, dass sie es glaubten, zugleich weil sie es selber als wahr einsähen, zugleich aber auch noch zum Ueberflusse, weil Jesus es gelehrt hätte (oder auch diese zugleich in umgekehrter Ordnung gesetzt) in ihrer völligen Absurdität jedem vor Augen lag: so mussten diejenigen, die sich nicht schon damals entschlossen zu ihnen überzutreten, als ihren Unterschied in der Lehre das Bekenntniss aufstellen, dass sie es keineswegs als wahr einsähen, noch dass irgend eine Liebe oder Wunsch sie dahin anziehe, sondern dass sie es lediglich glaubten auf das Wort eines im Grunde ihnen sehr unbekannten Mannes. So nannten sich die ersteren auch Christen schlechtweg, wie einer der ersten Symbole dieses Bekenntnisses redet, deswegen ‚weil wir selber, obwohl nicht nach den Verhältnissen der Zeit, die da vorüber sind, dennoch aber im Wesen der Anlage nach Christo gleich zu sein fest glauben und uns und die unserigen mit allem Fleisse anhalten dasselbe auch in der Wirklichkeit zu werden: dagegen unsre lieben Mitbürger von der andern Seite bekennen, dass Christus ganz verschiedener Art sei gegen die ihrige, und dass ihm gleichwerden, sei es auch nur im Wahrfinden dessen, was er für wahr gefunden hat, nicht nur an sich unmöglich, sondern auch das Bestreben darnach eine thörichte Vermessenheit sei: daher ihr Verhältniss zu ihm, das sie dennoch selbst behaupten und es überdies uns anderen aufdringen wollen, am füglichsten Christianismus zu nennen sein würde.‘ Diese Benennung der Christianer eigneten sich denn auch jene in der Hitze des Streites, sowie einst die Lutheraner die ihrige, an, und so blieb den ersten der Name der Christen.

„Ausser den schon oben angegebenen Gründen der öffentlichen Anerkennung dieses Glaubensbekenntnisses haben die Gesetzgeber in ihrer Rechenschaft sich noch tiefer also erklärt: ‚Die erste Bedingung aller menschlichen Bildung ist unumschränkte Selbständigkeit, und diese besteht darin, dass

man seine Schranken anerkenne als die durch klare eigene
Einsicht vom festen eigenen Willen gesetzten. Wer nach
fremder Einsicht wollen muss, ist nicht frei. Das System
des blinden Autoritätsglaubens geht hervor wo nicht aus Des-
poten-, denn doch sicher aus Sklavengemüthern. Keine Kon-
stitution aber für ein freies Volk darf irgend eine Verfügung,
die der eigenen Einsicht Grenzen zu setzen anmuthet, als
verfassungsmässige Bedingung des Bürgerthums entweder aufstellen, oder es auch nur stillschweigend stehen lassen.'

„Diesem Prinzipe der Befreiung der Gewissen verfuhren
denn die Gesetzgeber ganz gemäss. Sie errichteten einen
Kultus dieser allgemeinen christlichen Kirche, liessen aber
gleichfalls den Kultus der übrigen drei Konfessionen völlig
also stehen wie er war, und stellten allen Bürgern es frei,
zu welchem sie sich halten wollten, vollziehend übrigens die
bürgerlichen religiösen Verhandlungen, wie Bestattung, Einweihung der Neugeborenen u. dgl., ohne Ausnahme nach der
neuen Weise, aber mit der Freiheit für jedermann, die Voll-
ziehung nach seiner bisherigen Weise nachzuholen, oder auch
vorauszuschicken.

„Nur ein einziger Umstand hätte beinahe gefährliche Un-
ruhen herbeigezogen. Die Gesetzgeber nemlich, welche auf
eine Religion der Liebe auch allgemeine Bürgerliebe zu gründen
dachten, bestanden darauf, dass jeder der für sich selbst auf ein
anderes, seliges Leben hoffe, jeden seiner Mitbürger, welches
besonderen Glaubens dieser auch sein möge, für fähig anerkennen müsse derselben Seligkeit, und dass keine gegen diesen
Satz streitende Lehre geduldet werden könne: sie machten
die öffentliche Anerkennung dieses Satzes zur Bedingung der
Aufnahme zum Bürgerthume, sie setzten sie in ihre öffentliche Taufformel, sie mutheten den Lehrern aller Konfessionen
an, also ausdrücklich zu lehren. ‚So jemand — hatten sie
bei einer gewissen Gelegenheit sich über diesen Gegenstand
erklärt — ein anderes Leben für sich selbst entweder leug-

net oder auch nur bezweifelt, so können wir diesem nicht
anmuthen, von anderen grösser zu halten, denn von sich
selbst; er ist ohne alle Religion, und so wie ohne gute, so
auch ohne die widrigen Gesinnungen, welche dieselbe ein-
flössen kann, und wir werden unsre Gesetzgebung also ver-
fassen, dass wir auch ohne Religion mit ihm zurecht kommen. — Wer aber zu wissen versichert, dass ihm und seinen
Glaubensgenossen ein seliges Leben bevorstehe, wovon er
andre, die doch auch seine Mitbürger, ausschliesst, der hält
sich und die Seinigen offenbar für besser denn die letzteren,
und es ist, was er auch versichern möge, durchaus unmöglich
und ihm nicht zu glauben, dass er diejenigen, von denen er
in einem andern Leben völlig abgesondert zu werden glaubt,
ebenso hoch achte, so liebe und so geneigt sei ihnen zu
dienen, als denen, mit denen er die ganze Ewigkeit hindurch
zu leben erwartet.'

„Gegen diese Anmuthung nun setzte sich ein beträcht-
licher Theil der Lehrer einer gewissen Konfession.[32]) Zum
Glück erklärte durch ein edleres Gefühl getrieben der bessere
Theil der Laien ihrer Gemeinden durch ihre öffentlich abge-
gebenen Bekenntnisse sich gegen ihre Lehrer, und so ward
denn der streitige Satz von der Mehrheit der Diener dieser
Kirche angenommen, und diejenigen, welche widerspenstig
blieben, starben allmählich aus und verloren sich vor der
Macht der besseren Erkenntniss. Noch waren bei weitem nicht
alle bei der ersten Entstehung der Trennung lebende Lehrer der
beiden protestantischen Konfessionen gestorben, als die Mitglieder dieser Konfessionen insgesammt dem allgemeinen Christenthume beigetreten waren. Die dritte ist länger abgesondert
geblieben, jetzt aber — „zu Anfang des 22. Jahrh." —,

---

[32]) Ohne Zweifel der katholischen. Denn die Protestanten haben
nach 7, 556 (1813) zu der allgemeinen Religion weiter nichts hinzuzu-
thun, als die Sakramente. „Aber die meisten lassen sie schon fallen."

nachdem die ganze lebende Generation schon in ihren Eltern und guten Theils in ihren Grosseltern durch die neue Erziehung hindurchgegangen, sind nur noch in einigen altkatholischen Provinzen einige wenige zerstreute katholische Gemeinden übrig, deren Mitglieder mit derselben Liebe umfasst, und ihr Kultus mit derselben Sorgfalt gepflegt wird, wie der der andern Gemeinden.

„Die Hauptvorschrift für die Lehrer der Christen, wie wir diese Hauptgemeine der Deutschen von nun an ohne Beinamen nennen wollen, war, dass es wirklich Religion sei, worin sie ihre Lehrlinge einweiheten, und womit sie ihre erwachsenen Mitglieder unterhielten, keineswegs aber etwa statt derselben Moral oder Politik oder Glückseligkeitslehre, oder, so es ihnen gefiele, die Kunst des Landbaues.[33]) Religion aber war ihnen und denen mit ihnen einverstandenen, für deren Bedürfniss diese neue Kirche errichtet wurde, die Erkenntniss unsres Seins allein in Gott und unsrer ewigen Fortdauer in demselben, und die Gewissheit, dass er sich am unmittelbarsten in uns offenbare, wie seine durchsichtige Klarheit, seine unerschütterliche Festigkeit, seine strenge Ordnung und seine allumfassende Güte, ohne Unterlass und rund um uns her durch uns hindurch ausströme auf die andern Geschöpfe. Da sie die Bibel als Nationalbuch vorfanden, auch übrigens glaubten, dass besonders im sogenannten neuen Testamente Bücher befasst seien, denen, wenn sie nur nicht an einem einseitigen Maassstabe gemessen würden, kein anderes Buch der Vorwelt oder der Nachwelt zu vergleichen sei, von dem andern aber, das nicht ganz die Probe hielte, glaubten, dass es gerade um seiner Unbestimmtheit willen

---

[33]) Man denke an die Zeit, in der diese Worte geschrieben wurden. Heutzutage wird freilich kein Prediger mehr, wie damals geschehen, an die Krippe im Weihnachtsevangelium anknüpfend, das Christfest zu einer Predigt „über die beste Methode der Stallfütterung“ benutzen.

sehr leicht in die rechte Meinung herüber erklärt werden
könne: so wiesen sie diese Lehrer an, ihren Unterricht,
dessen Inhalt und Bestätigung sie übrigens aus sich selbst
geschöpft haben müssten, für das Gedächtniss des Volkes und
der Nation und für immer neue Belebung desselben an die
Bibel anzuknüpfen; ablehnend übrigens durchaus, ihrem Grund-
bekenntnisse zufolge, irgend ein Beweisen der Autoriät dieser
Bibel." —

Dieser Abschnitt wird genügen, um zu zeigen, in welcher
Weise etwa Fichte sich sein Vaterland auf einer seinem Ide-
ale näher gerückten Entwickelungsstufe vorstellte. Erreicht
war ihm auch damit das Ziel noch lange nicht. Denn das
Endziel ist die Verwirklichung des Vernunftreiches, der absoluten oder Universalkirche [4, 593], der vollendeten, wahrhaften, weil nicht mehr bloss blind geglaubten, sondern durchaus verstandenen Theokratie [7; 613]. Die Verwirklichung
dieses Zieles nun, glaubte Fichte, werde von Deutschland ausgehen, „nur von den Deutschen, die seit Jahrtausenden für diesen
grossen Zweck da sind und langsam demselben entgegen-
reifen; — ein andres Element ist für diese Entwickelung in
der Menschheit nicht da" [4, 423 f.].

Jene künftige religiöse Republik der Deutschen würde
also nach Fichte dieselbe Aufgabe haben, die er zunächst
der Erziehung neben und in den bestehenden Kirchen stellt:
die ganze Menschheit soll gebildet werden und in ihr jeder
einzelne, und zwar der ganze Mensch, und da die Religion der
Gipfel des menschlichen Bewusstseins ist, ist dies ihr letzter
Zweck, die Menschheit empfänglich zu machen für das neue
geistige Leben in der Religion. Je mehr dies geschieht, um
so mehr wird sich auch zeigen, dass die Religion nicht allein
Lehre, sondern dass sie Verfassung ist im allergrossartigsten
Maassstabe und dass mit dem Christenthume das weltumgestaltende Prinzip der neuen Zeit gegeben ist eben durch seine
Lehre.

Denn nach dem Christenthume besteht das Sein des Menschen darin, dass er durchaus keinen Herrn habe ausser Gott, kein Gesetz anerkenne als das göttliche, das da sich richtet nur an seine Freiheit. Das mit dem Bewusstsein der Evidenz ergreifende Bild dieses Zustandes in allen beabsichtigt die Lehre.

Diese kann nun zunächst diesen Zustand setzen als einen, der da sein soll, und dadurch ist das wirkliche Sein in nichts geändert: das Christenthum ist dann noch weiter nichts geworden denn Lehre.

Ferner kann es innerlich den Willen aller bestimmen, dass sie innerlich mit diesem guten Willen keinen Herrn und Gesetz anerkennen als Gott und fertig sein würden, ihm allein zu gehorchen, wenn sein Gesetz sich nur zeigte und jede andre Gesetzgebung aufhöbe. Dies wäre die erste Weise des wirklichen Seins, wo das Christenthum innerlich in dem Willen des Menschen realisirt ist. Und es folgt daraus, dass ein Staat nach alterthümlicher Form, wenn er auch etwa noch ist und die Menschen zwingt, wenigstens des inneren Beifalls und Glaubens entbehrt, und dass jene Gesinnung ihm feindselig ist und ihn umstürzen würde, sobald sie äussere Thatkraft erhält.

Oder — welches die zweite, durch die erste bedingte Weise des wirklichen Seins ist — Gott wird wirklich und in der That alleiniger Herr, ohne Zweifel durch den Umsturz jedwedes anderen Herrn, es tritt eine Verfassung ein, in der jeder gehorcht nur dem von ihm selbst deutlich anerkannten Willen Gottes. Es ist wohl klar, dass nur im letzteren Falle das Christenthum wirkliche Verfassung des Menschengeschlechtes geworden wäre, und dass derjenige, der da sagt: das Christenthum ist nicht etwa blosse Lehre, sondern es ist wirkliche Verfassung des menschlichen Geschlechtes, sage: zu einer solchen Ordnung der Dinge soll es durch dasselbe

kommen, muss es dadurch mit absoluter Nothwendigkeit
kommen [4, 527 f.].

Und in der That muss es dazu kommen, wir können auf
diese Hoffnung ruhig sterben und, soweit wir zu diesem Zwecke
beizutragen berufen sind, auch mit der Freudigkeit arbeiten,
dass unser Werk, falls es nur in Gott gethan und nicht aus
uns ist, nicht verloren gehe. Denn die Erscheinung Gottes
als Erdenleben ist nichts anderes denn jenes Reich Gottes;
Gott aber erscheint nicht vergeblich, macht nicht einen miss-
lingenden Versuch des Erscheinens, also kommt es sicher zu
diesem Reiche Gottes und kann nicht nicht zu ihm kommen.[34]

Wenn aber gefragt wird: wie und wodurch kommt es
zum Reiche? so kann die Antwort nur sein: durch das in
der Zeit schon vorlängst niedergelegte Prinzip des Christenthums, welches nun auch mit dem an sich davon verschiedenen
Prinzipe des Geistes, des zu einer Kunst erhobenen Verstandesgebrauchs, durchdrungen zu werden anfängt [4, 581 f.].

Auf diese Weise wird irgend einmal irgendwo im Reiche
des Christenthumes die hergebrachte Zwangsregierung allmählich einschlafen, weil sie durchaus nichts mehr zu thun
findet. Was der gute und wackere Mensch schon jetzt kann,
und woran es unter uns nicht an Beispielen fehlt, dem Richter,
der Polizei und aller nöthigenden Gewalt mit sich gar kein

---

[34] „Dies ist es eben, was die Freiheit auch faktisch bindet, dass
in ihr nicht Nichts erscheine, wie es in der That ohne dieses Band
sein würde, sondern Gott. Die Freiheit bleibt darum Freiheit: es
ist ihr keine Zeit gegeben, sie kann in dem Leeren sich abtreiben
und das Rechte aufhalten; darin gilt ihr Recht: aber irgend einmal,
wie lange es auch dauern möge, kommt es dennoch zu dem Rechten.
Dieses geht einem nun nicht eher auf, als bis man das Prinzip der
Geschichte begreift; denn dies ist eben das faktische Gesetz der Freiheit, eine gewisse Geschichte zu bilden. — Das nimmt der Freiheit
den Grund, den sie dem Zweifel darreicht: die Freiheit muss, nur
nicht Dieses oder Jenes Freiheit, sondern die Freiheit überhaupt:
der Rechte wird sich schon finden“ [Ebd.].

Geschäft zu machen, das werden sie dann alle so halten und so wird denn die Obrigkeit Jahr aus Jahr ein kein Geschäft finden. Die Angestellten werden sich darum ein anderes suchen: und es ist zu hoffen, dass der Uebrigbleibende, der etwa durch Geburt für diesen Platz sich bestimmt hält, wenn auch etwa in einer künftigen Generation, müde werden wird, eine Prätension fortzusetzen, von der kein Mensch ausser ihm mehr Kunde nimmt. So wird der dermalige Zwangsstaat ohne alle Kraftäusserung gegen ihn an seiner eigenen, durch die Zeit herbeigeführten Nichtigkeit ruhig absterben, und der letzte Erbe der Souveränität, falls ein solcher vorhanden, wird eintreten müssen in die allgemeine Gleichheit, sich der Volksschule übergebend, und sehend, was diese aus ihm zu machen vermag. Zum Troste, falls etwas von dieser Weissagung vor ihnen verlauten sollte, lässt sich hinzusetzen, dass sie weichen werden nur Gott und seinem Sohne Jesu Christo [4, 599].

Denn dann wird erfüllt sein, was Jesus geweissagt hat von seiner Wiederkunft, vom Ende der Welt und jüngsten Gericht. „Neuerdings hat man diese Weissagung so ziemlich an ihren Ort gestellt, sie aufgegeben und sein Nichtverständniss derselben deutlich gefühlt. Wir nehmen dieselbe wieder auf als den eigentlichen Schlussstein und den Vollendungspunkt des Christenthums, weil wir anderwärts her, aus der durchgeführten Verstandeserkenntniss, ihren Inhalt erhalten und die Nothwendigkeit desselben a priori einsehen."

Jesus hat damit vollkommen richtig geweissagt, und wir verstehen, wie er zu dieser Weissagung kam. Sein Beruf war, Stifter des Himmelreichs zu werden auf der Erde, nicht etwa bloss Lehrer, die Ewigkeit schon hinieden in der That allgemein anzufangen. So sahe er sich an: also allerdings als Stifter eines Reiches, obwohl in dieser Welt, nur nicht von dieser Welt, wo die Gewaltigen herrschen (Luc. 22, 25 f.), sondern wo sie Diener sind aller (Mtth. 19, 30; 20, 25—27; Mc. 10, 31). Er sei ein König, so hat er von jeher

mit Recht über sich gedacht (Joh. 18, 37; Matth. 25, 34; 21,
5; Lc. 1, 33; 19, 38 u. s. w.). Was er nun auch im Anfange seines Geschäftes über die Zeit dieser Stiftung geglaubt
haben mag (vgl. Joh. 4, 35; Matth. 10, 7), so konnte sich
ihm im Fortgange, als er das Verhältniss der vorhandenen
Menschen zu seinem Antrage kennen lernte, nicht verbergen,
dass eine solche Aufgabe über die Grenze jedes einzelnen
Menschenlebens, geschweige des seinigen, dessen schleuniges,
gewaltsames Ende er sich leicht prophezeien konnte, hinaus-
liegen müsse (Lc. 21, 9—12; Matth. 10, 21—25). Nun sollte
aber Er es thun und kein Fremder. Dies war nur so zu
vereinigen: er sollte es thun durch seine Fortwirkung, durch
die Folgen seines Daseins, die er auf der Erde liesse; doch
er selbst in eigener Selbstheit, indem er durch keinen andern
stellvertreten werden konnte. Aus dieser Sicherheit sagte er
ihnen: er sei bei ihnen alle Tage, bis an der Welt Ende
(Matth. 28, 20; Joh. 14, 18), zuvörderst im Lehrgeschäfte
ihnen beiwohnend und lehrend durch sie hindurch (Matth. 24,
14; 28, 19; Mc. 16, 20; 13, 10 f.); am Ende aber dieser
Lehrepoche werde er nicht in der Schattengestalt der Lehre,
sondern in aller Kraft realen Wirkens wiedererscheinen (Mc. 13,
26; 1. Cor. 15, 23) und in der That und sichtbar auf der Erde
sein vom Vater ihm beschiedenes Reich beginnen (1. Tim. 6,
14 f.). Dann würden vor ihm alle Völker der Welt versam-
melt werden (Matth. 25, 32; Luc. 17, 24; 13, 29); es sei
dies das Ende der Welt (Matth. 13, 38 f.), des Reiches,
das da ist von dieser Welt, der Ueberbleibsel des Staates, die,
obwohl heidnischen Ursprunges, bisher aufbehalten würden im
Christenthume und neben demselben, als einer blossen vor-
bereitenden Lehranstalt, auch wohl bestehen konnten. In
diesem Reiche werde alles unterworfen sein dem Sohne; die
Heiligen würden mit ihm regieren tausend Jahre (Apc. 20,
2—6; Matth. 25, 31—34 u. s. w.) — eine unbestimmte,
jedoch lange Zeit. Nach diesen tausend Jahren erst komme

das eigentliche Ende (1. Cor. 15, 24 u. 28; Apc. 21, 3 f.; 22, 1—5 u. s. w.), von welchem an der Sohn wieder unterthan sein werde dem Vater mit allen, die er dem Vater unterwürfig gemacht hat; und wie er noch weiter in allen Weissagungen, die unter uns bekannt sind unter dem Titel der Weissagungen vom Ende der Welt und dem jüngsten Tage, sich über diesen Gegenstand ausgedrückt hat.

Das Christenthum ist nicht blosse Lehre, es soll eben dadurch Prinzip einer Verfassung werden; es muss dazu kommen noch auf dieser Welt, dass Gott allein und allgemein herrsche, als sittliches Wesen, durch freien Willen und Einsicht; dass schlechthin alle Menschen wahrhafte Christen und Bürger des Himmelreichs werden, und dass alle andere Herrschaft über die Menschen rein und lauter verschwinde. Dies ist der Sinn jener Weissagung, und muss der Sinn derselben sein, weil es nur diesen Sinn über das letzte Ziel des Menschengeschlechtes auf der Erde giebt [4, 573—581].

Rückblick.

In der „Anweisung zum seligen Leben" und später wiederholt hat Fichte fünf Standpunkte möglicher Weltanschauungen unterschieden. Der letzte von ihnen wird aber mit dem vierten zusammengestellt werden können, da er inhaltlich nichts anderes enthält als dieser und nur zu dem Dass das Wie des Zusammenhanges hinzubringt. So bleiben vier Standpunkte.

Mit diesen hat nun Fichte im wesentlichen die vier verschiedenen Perioden gekennzeichnet, die wir hier in seiner Religionsphilosophie unterschieden haben.

Selbst die Periode des deterministischen Idealismus. Zwar setzt diese als Idealismus das wahrhaft Reale nicht in die Sinnenwelt, sondern in ein übersinnliches Wesen, durch dessen Gedanken die Sinnenwelt erst entstanden sei, während Fichte als die unterste Stufe jener Weltanschauung die sensualistische bezeichnet, die nur dasjenige für die Welt und das wirklich Daseiende hält, was in die äusseren Sinne fällt und dies für das Höchste, Wahrhafte und für sich Bestehende annimmt [465 f.; 499 f.]. Aber das Grundprinzip in beiden ist trotzdem das gleiche, das stehende O b j e k t. Auch der deterministische Idealismus steht unter jenem Prinzip der Sinnlichkeit und glaubt an die Natur [10, 311]. Gott postulirt er nur, weil er die Natur ohne ihn nicht erklären kann. Gott ist ihm nichts als die Grundursache der Welt.

In den drei Perioden des ethischen Idealismus dagegen verschwindet das äussere Objekt, und das Prinzip wird die Sittlichkeit, zunächst sich darstellend als absolutes Gesetz an das Subjekt: subjektiver ethischer Idealismus. Dasselbe nun ist unter jenen fünf Standpunkten der zweite, der des Moralismus oder des Stoizismus, wie ihn Fichte nennt. Ein Gesetz, und zwar ein ordnendes und gleichendes Gesetz für die Freiheit mehrerer ist dieser Ansicht das eigentlich reale und für sich selber bestehende; das, mit welchem die Welt anhebt und worin sie ihre Wurzel hat [466].

Dieser Standpunkt wird überwunden und aufgehoben durch den folgenden, den der höheren Moralität, wie ihn Fichte nennt. Auch hier ist ein Gesetz das Erste, aber nicht ein bloss ordnendes, sondern ein schaffendes Gesetz ein ordo ordinans absolute, eoque ipso creans (11, 392): es ist dasjenige, was Fichte innerhalb der objektiven Stufe seines ethischen Idealismus allgemeines Leben oder Wissen = Gott nannte [468].

Unmittelbar aus dieser hervor geht die vierte Stufe, die die dritte nicht ausschliesst, sondern in sich aufnimmt, der Standpunkt der Religion [470].

Inhaltlich mit diesem übereinstimmend ist der Standpunkt der Wissenschaft als letzter aller möglichen Standpunkte einer Weltanschauung, der von jenem nur dadurch sich unterscheidet, dass er genetisch begreift, was für die Religion ein

blosses Faktum ist. Dies ist der Standpunkt der Wissenschaftslehre in ihrer Vollendung, die Stufe des absoluten ethischen
Idealismus [472].

In diesen vier Entwicklungsstufen nun, so verschieden
sie auch unter sich sein mögen, und so sehr namentlich der
deterministische Idealismus von den drei folgenden Perioden
des ethischen Idealismus sich unterscheidet, findet sich doch
eine und dieselbe Grundanschauung, die wir schon aus
den Aphorismen entwickeln konnten und in den beiden Sätzen
ausgedrückt haben: Das Uebersinnliche ist das wahrhaft Reale,
und es ist als solches dem Menschen erfassbar (S. o. S. 18 f.).
Dies ist ganz dasselbe, wie die Behauptung der Vorlesungen
über das Wesen des Gelehrten von 1805, „dass es eine göttliche, dem Menschen zugängliche Idee gebe“ [6, 428], oder
wie das, was die Sittenlehre von 1812 als den Inhalt der
Ontologie (den „Standpunkt der Wahrheit“) bezeichnet: „Der
Begriff (d. h. Gott, S. 58) lebt und erscheint“ [11, 44], und
was dieselbe Schrift als das Wesentliche jedes Symbols hinstellt: „Es giebt überhaupt etwas Uebersinnliches, über alle
Natur Erhabenes; die Bestimmung des Menschen ist, das
Leben und Werkzeug des Ueberirdischen zu werden“ [11, 105].

Ein entschiedener Idealist von Anfang an, der die ewig
wechselnde Natur nie für das wahre Sein zu halten vermochte,
hat Fichte stets vor allem nach Erfassung des Uebersinnlichen
gestrebt.[35]) So ist er immer spekulativ gewesen in dem

---

[35]) Das wirkliche Dasein der Natur hat Fichte selbstverständlich nie geläugnet; und wenn er sich auch einmal mit einem neuge-
bildeten Worte Akosmisten nennt, so geht dies nicht auf die Läug-
nung der Existenz der Sinnenwelt überhaupt, sondern ihrer selbst-
ständigen Existenz (269). Fichte kennt einen Unterschied zwischen
Etwas und Nichts, nemlich die Erscheinung (7, 361). Bloss
praktisch, meint er, und zur Bildung des Gemüths ist die Regel zu
empfehlen, die Sinnenwelt, wenn man sie nicht versteht, eben geradezu
abzuläugnen und sich nur an die höhere zu halten, indem in dem
Prinzipe der Sittlichkeit allerdings die Verläugnung der Sinnenwelt

ursprünglichen Doppelsinne des Wortes, in welchem es zugleich die theoretische Spekulation und die religiöse Kontemplation bezeichnet. Seine Philosophie war ein r e l i g i ö s e r I d e a - l i s m u s.

Wir können — im Sinne Fichte's — nicht besser schliessen, als mit den Worten, die er selbst einst zum Schlusse seiner Reden über die Grundzüge des gegenwärtigen Zeitalters gesprochen hat 7, 244, 253:

„Die Frage, was unsre ganze Untersuchung eigentlich gewesen, beantwortet sich durch das was wir gethan haben: Wir haben uns erhoben in den Aether der Religion auf dem Wege, der für unser Zeitalter der betretenste und der geläufigste ist, auf dem Wege des Verstandes. So gewiss unsre Untersuchung religiös war, schwebte sie, weit entfernt ein Produkt unsrer Zeitepoche zu sein, über allen Zeitepochen und aller Zeit; so gewiss sie an das in unserer Zeit herrschende Prinzip anknüpfte, erhob sie sich recht eigentlich aus unserer Zeit heraus über die Zeit. —

„Aber sind die hier angestellten Betrachtungen für uns bloss leere Worte und Gedankenspiele gewesen, höchstens dienlich, um eine müssige Stunde hinzubringen — oder haben sie etwas in uns selber Lebendes angesprochen? Wenn es uns zu Muthe war, als ob hier nur unsere eigenen von jeher gehegten Ahnungen und Gefühle deutlich ausgesprochen wurden, und als ob wir selber uns von jeher die Sache ungefähr ebenso gedacht hätten, wie sie hier dargestellt worden: so ist sicher etwas in uns Liegendes angesprochen. Dies ist jedoch nur

---

als e i n e r r e a l e n liegt, da sie als die einzig wahre die geistige hinstelle [11, 36]. Fichte's I d e a l i s m u s verträgt sich dabei mit dem strengsten E m p i r i s m u s auf dem Gebiete der Geschichts- und Naturwissenschaft, und fordert denselben sogar, denn der Schelling'schen Naturphilosophie hat er es mit Nachdruck vorgehalten, dass es nichts als leere Schwärmerei sei, wenn sie empirische Kenntnisse a priori deduziren zu können vermeine (7, 121—127).

ein vorläufiges und nur halb entscheidendes Kriterium. Das letztere deswegen: es kann einer aus voller Seele beistimmen, bei dem doch nur ein flüchtiges wissenschaftliches oder ästhetisches Wohlgefallen erregt ist, das da wohl in einer konsequenteren Ansicht der Welt oder in begeisterten Kunstprodukten sich zeigen, nie aber einfliessen wird auf die Tiefe des Gemüthes. Es kann ein anderer widersprechen, jemehr das geheime Einverständniss seines eigenen Gemüthes mit demjenigen, was seiner Theorie zufolge Irrthum sein muss, ihn reizt und peinigt; — der doch im Grunde einstimmt, und bei welchem die Einstimmigkeit allmählich die ganze Denkart und den Charakter ergreifen, und sein Verfahren in Widerspruch setzen wird mit seiner Theorie, — bis endlich diese selbst, da aus dem Herzen ihr keine weitere Nahrung zufliesst, verwelken wird und abfallen wie dürres Laub.

„Aber das sichere und völlig entscheidende Kriterium, ob etwas in uns schon Lebendes angesprochen und so kräftig angesprochen sei, dass es nicht wieder von neuem entschlummern könne, ist dies, ob dieses angeregte Leben unaufhörlich sich weiter ausbreite und Grund und Quell neuen Lebens werde. Allein unser künftiges Wachsthum an innerem Frieden und Seligkeit, sowie an innerem Verständnisse, kann den Beweis geben, dass die Lehre, welche hier gedacht worden, wahr sei, und dass sie an uns wirklich gekommen und ein Leben in uns gewonnen habe." —